三和良一

経済政策史の方法

緊縮財政の系譜

東京大学出版会

A Method for Historical Analysis of Economic Policies:
Case Study of Japanese Austerity Budgets.
Ryōichi MIWA
University of Tokyo Press, 2012
ISBN 978-4-13-040256-9

はしがき

二〇一一年三月一一日の東日本大震災とそれに続く福島第一原子力発電所事故が、現代を生きるわれわれに与えた衝撃は大きかった。被災された方々へのお慰めの気持ちを込めながら、『概説日本経済史　近現代』の改訂作業を進め、二〇一二年一月刊行の第三版でこの大災害の歴史的な位置づけを行うことで、ひとまず社会科学の研究者としてのささやかな対応を試みた。とはいえ、社会科学がなすべきことは山のように残されている。

大震災と原発事故を眼前にして、私の心に浮かんだのは旧約聖書詩編（五一編三節）のことばであった。「我はわが咎を知る、わが罪はつねにわが前にあり。」夏目漱石が『三四郎』で引用した有名な一節であり、「咎」は英語ではtransgressionsである。ダビデ王は姦通と謀殺を神への違反として悔いたとしても、現代のわれわれはtransgressionつまり「限界を超えたこと」をあらためて思い知るべきである。超えてしまった「限界」を数えあげれば限りもないが、せんじ詰めれば自然との関係における「限界」であろう。

大規模地震とそれにともなう大津波の発生は、現代人には「想定外」とはいえ長い地球の歴史では希なことではないのであるから、自然との間に設けるべき限界を超えた人間活動の広がりが、結果として大災害を招いたことは間違いない。原子力発電の安全性は自然科学が保証していたが、それは神話に過ぎなかったことが明らかになった。自然科学は、自然を対象とした科学的認識には限界があることを忘れて、その「限界」を超えた技術を開発してしまったのであった。とはいえ、原発事故の責任を自然科学のみに押しつけることはできない。経済成長を支える基礎産業として電力業を原子力発電に向かわせたのは経済界であり、それを促進することに利益をもとめた政治家や官僚であった。消費者も、「過剰富裕化」といわれるほどの「限界を超えた」豊かさを追い求め、原子力に頼る消費生活にのめり込んでいったのであるから、責任が無いとはいえない。

現代文明が「限界を超えた」ことに警鐘を鳴らす人びとは少なくない。核兵器が人類を破滅に導くことへの警告は、その開発途上から発せられていた。レイチェル・カーソンが『沈黙の春』(*Silent Spring*)で人間活動が自然環境に及ぼす影響の重大性を指摘してから一〇年後の一九七二年には、メドウズ夫妻らがローマ・クラブの委託によって『成長の限界』(*The Limits to Growth*)を発表して、経済成長には地球環境・資源の限界があることを明示した。あるいは、ノーベル賞を受賞した動物行動学者のコンラート・ローレンツは、一九七三年に『文明化した人間の八つの大罪』(*Die acht Todsünden der zivilisierten Menschheit*)と『鏡の背面』(*Die Rückseite des Spiegels*)を公刊して、文明の発達が動物の種としての人類に及ぼす破壊的な影響を指摘した。文化人類学・精神医学の研究者グレゴリー・ベイトソンが、『精神の生態学』(*Steps to an Ecology of Mind*)で人間の精神と自然との関係を総合的なシステムとして把握する見解を示したのも一九七三年であった。

日本でも、槌田敦が『石油と原子力に未来はあるか――資源物理の考え方』(一九七八年)で化石燃料と原子力発電の限界を指摘し、玉野井芳郎が『エコノミーとエコロジー――広義の経済学への道』(一九七八年)、室田武が『エネルギーとエントロピーの経済学――石油文明からの飛躍』(一九七九年)を公刊して資源環境論からの経済学の再検討を提起した。馬場宏二が「過剰富裕化」「過剰商品化」というキーワードを造語したのも一九七〇年代であった。おもえば、一九七〇年代は、科学者たちが、人類が生命体として地球に生きることの「限界」を強く意識しはじめた画期であったのかもしれない。

とはいえ、先賢の警告に耳を傾けないのが人の世の常である。『成長の限界』の著者たちは、一九九二年には『限界を超えて』(*Beyond the Limits*)、二〇〇四年には『成長の限界　人類の選択』(*The Limits to Growth : The 30-year Update*)を公表せざるを得なくなった。馬場宏二は、最後の作品となった『宇野理論とアメリカ資本主義』(二〇一一年)の最終章を「資本主義の自滅――過剰富裕化のツケ」と名付けて、二一世紀中の資本主義の消滅＝人類の滅亡を予見している。

「限界を超えた」ことは、アメリカを本拠とするGlobal Footprint Networkのウェブサイト（www.footprintnetwork.org）を訪れると数値的に知ることができる。そこには、一九六一年以来のEcological Footprintの推計値が示されている。Ecological Footprintとは、人間が消費する生物資源を供給する土地面積と化石燃料の排ガスを吸収するために必要な森林面積の合計を指す用語で、生態的必要土地量、あるいは生態負荷と訳される言葉である。この生態負荷は、一九六一年には、地球の供給可能量を一として、〇・五程度の数値に止まっていたが、一九八〇年代後半に一を越え、二〇〇七年には一・五一に達したと推計されている。人類の経済活動は、地球の生態的限界を五〇％以上も超えているという数値である。

三・一一に始まる大災害は、「限界をこえた」ことがもたらす不幸の重さを、われわれに痛烈に教えてくれた。被災された方々の生活の復興を願いながら、われわれは、「限界を超えた」ことを強く意識しなければなるまい。「限界を超えた」ことを感じて、言葉にはならないままに不安を抱いている人びとは増えてきている。

この不安は現代人が共有するものであろうが、いまだに、「現代の不安」を拭い去ってくれるような言説は聞くことができない。警鐘を鳴らす発言は多いが、選ぶべき進路を明示してくれる提言は少ない。グローバリゼーションの嵐の中、市場原理主義が経済成長の旗を高くなびかせている陰で、人々は、刹那的な物質的欲望充足で不安を押し殺しながら生活しているように見える。

不安や不平不満はいつの時代にもある。資本主義に導かれて経済が社会から離床して、人々を共同体的な社会関係から切り離しながら労働力の売り手として個別化しはじめた時代には、自己疎外の不安が広がり、その不安を癒す道として、マルクスの社会主義が提起された。二〇世紀に、新しい社会への実験がかなり多くの国々で試みられ、一時は、経済成長の面でも社会主義が資本主義に追いつくかに見えたが、本質的に成長体質を持たない社会主義は、人々の多様化する物質的欲望を満たすことはできなかった。絶対権力は新たな階級格差をつくりだし、権力維持のための人権抑圧は新しい不平不満を生んで、社会主義は崩壊した。自己疎外の不安は、結局、癒されることのないままに、現代に持ち越されてきた。

二〇世紀社会主義の失敗は、ただちにマルクスの失敗を意味するわけではなく、自己疎外からの回復を目指したマルクスの情熱は、いまだに熱い。しかし、社会主義を、資本主義を桎梏とするにいたる生産力を継承し発展させる経済社会として位置づけたことは、マルクスが、人間活動がまだ「限界を超えていなかった」時代、無限の生産力発達を善とした時代に生きたことによる思考の限界を示している。「現代の不安」に対して、マルクスは、一般論として、自然と人間の関係論、人間の類的存在論を残してはいるが、それを読み解いて現代に生かす試みはまだ充分展開されてはいない。あるいは、マルクスが立ち向かった人間の自己疎外問題と、「限界を超えた」現代が抱える問題とは、本質的に通底するところがある問題で、このふたつは、同時に解決されるべき性質のものであるかもしれない。

「限界を超えた」ことに対処する道を見いだすには、現代の諸科学の総合的な共同作業が必要である。しかしながら、現代諸科学は、精密化と細分化が進むなかで相互の協業関係の形成が難しい状況に入り込み、現代が直面する課題に立ち向かおうにも、戦略的な戦力配備ができず、いわば、蛸壺に籠もっての個別戦を強いられるありさまである。これでは、「現代の不安」はいや増すばかりである。諸科学の共同作業を可能にする方法を見つけなければなるまい。

自然科学・人文科学・社会科学の諸分野を共同作業へと導く道を提起することは能力に余るが、経済史・経済政策史の分野で研究活動を続けてきた者として、隣接科学分野との協業の可能性を探る試みはしてみたい。それには、まず、経済という人間行為が、ほかの人間行為である政治・社会・文化とどのように切り分けられ、分節化できるかを確認する作業のうえで（第一章）、経済行為の場、経済時空の歴史的変化を分析する方法を提起するのが適当であろう（第二章）。広い意味での経済学が対象とするものと、それの史的分析法を明示することによって、ほかの科学分野との知的交通橋を仮設することが狙いである。つぎには、「限界を超えた」状況に導いた資本主義という経済社会の歴史的変遷を分析する方法を明示することによって、経済史の立場からの現代批判の基本線を提起し、諸科学との連携の糸口をつくることにしよう（第三章）。

経済史の分野のひとつに経済政策史がある。経済政策は経済時空と政治時空の交点で展開される事象であり、社会科学が領域間で協業しながら研究を行う対象として適している。そこで、経済政策の史的分析方法を仮説的に構築することにする（第四章）。ここまでが、経済史・経済政策史を研究するために必要な、いわば理論編であるから、第一部としよう。

理論編をふまえて、具体的な経済政策を歴史的に分析することが、第二部の課題である。「あとがき」に書いたように、これまでもかなりの数の経済政策を対象とした分析をおこなってきた。本書では、日本の緊縮政策を対象としたケース・スタディによって、経済時空と政治時空との関連分析を試みよう。松方財政（第五章）、井上財政（第六章）、ドッジ・ライン（第七章）、そして、現代の緊縮政策（第八章）をとりあげ、〈状況場〉仮説を用いることによって、それぞれの経済政策がどのように歴史的課題に応えたかを評価してみよう。この評価の仕方からは、小泉内閣の政策が、「限界を超えた」状況、「現代の不安」に対しては、まったくの無策であることが明らかになる。

「限界を超えた」状況に対して、経済政策史の立場からは、どのような発言ができるのかを課題とした本書の結論は、「現代の不安」が現実化することを避けるためには、市場原理主義を掲げる資本主義からは決別して、新しい経済社会を構築することが必要ということになった。まだ、新しい経済社会の全体像は提起できないが、それが備えるべき特性は、経済史分析のなかから指摘することができたと思う（第八章むすび）。

「限界を超えた」状況と「現代の不安」に立ち向かおうとする知的営為を重ねる人々との連帯を求めながら、つたない本書を上梓した次第である。

二〇一二年七月

三和良一

目次

第一部　経済史と経済政策史

第一章　経済とは何か――経済空間の分節化

一　はじめに

経済学の対象が経済的事象であることは、ほぼ自明のように見える。しかし、あえて、「経済とは何か？」を問い直してみると、それが必ずしも自明な概念ではないことに気付く。二〇〇五年に鋼鉄製橋梁入札談合事件が摘発された。橋梁工事の入札は経済的事象であるが、事件となったのは、談合という不当な競争制限が独占禁止法違反に問われたためであり、入札という経済的行為は、法の枠内で行われなければならないという、政治的な規制を受けていることが分かる。官公庁発注工事では、天下り人事を媒介した官民癒着や、選挙絡みの政民癒着が取り沙汰されるように、経済と政治は絡み合っている場合がしばしば見受けられる。あるいは、競争よりも協調を好む日本的な社会のなかでは、談合の再発をおさえることは難しいという発言もよく聞かれる。経済行為も社会的風土に規定されるという見方であろう。つまり、入札という経済的事象も、政治や社会との関係を抜きにしては全体像を捉えることができない事象なのである。

一般的に考えて、われわれが目にし耳にする出来事は、経済とか政治、社会、文化など、いろいろな分野にまたがった事象である。たとえば、オリンピックは、運動競技の優劣を競う文化的な行為が軸となる事象であるが、そこでは、運動用具の宣伝競争や、放映権の獲得競争などの経済的行為も行われ、メダルの数を競って国家の威信を高めようという政治的意図も働き、また、同胞の勝利に歓喜して一体感を高揚させる社会的効果も現れる。このような、複合的な面を持つさまざまな人間の行為を、われわれは、経済とか政治などの部分的な人間行為に分別しながら理解しようとする。それでは、人間の行為は、どのようにして部分行為に分節化することができるのであろうか。この問いは意外に難問である。

現在のところ、人間の行為を、その全体を構成する部分行為に分節化する方法が確立されているとは言い難い。社会科学・人文科学の部門で、経済学・経営学・政治学・法学・社会学・文化人類学・心理学・教育学・文学あるいは哲学などが、それぞれに独自の対象として部分的人間行為を抽出してはいる。しかし、これらの学問研究が専門領域内で深化を続けるなかで、対象となる部分的人間行為がいわば純化され続けた結果、それぞれの学問対象たる部分的人間行為が他の学問の対象となる人間行為とどのような関連を持つのかが極めて不明確な学問的状況が生み出されてしまった。ある部分は他の部分との関連で、あるいは、部分は全体との関連で、意味を持つのであるから、このような状況では、人間行為の適切な分節化の方法が生み出されたとは言えまい。結局、人間行為の特定部分に関してはかなり膨大な知識が蓄積されてはきたが、その知識を総合して人間行為の全体像を構築しようとする時、ましてや、分子生物学をはじめとした自然科学の領域で急速に蓄積されつつある知識も総合して「人間」の全体像を描き出そうとする時、その方法を提供してくれる学問は皆無に近い。人間科学の現状は、いわば、「群盲評象」の諺、「バベルの塔」の暗喩に近い状況ではなかろうか。

もちろん、人間行為を分節化しつつそれらを総合的に把握する方法を追求した人々はいる。K・マルクス、M・ヴェーバー、T・パーソンズ、N・ルーマンらの名前がすぐに思い浮かぶ。これらの人々が提起した分節化の方法[1]は、ともに、なかなか魅力的ではあるが、まだ理論的抽象度が高すぎて、現実の人間行為分析の作業仮説として活用できる方法論としては確立されているとは言えない。これら先達たちの業績のうえに、人間科学の方法を構築する営為が、現代に生きる研究者に強く求められていると思われる。なぜなら、現代は、人類史の危機の時代だからである。

中世・近世を経て近代に入った時、人々は、合理的思考から生み出される自然科学的知識が物的生産力を限り無く発達させ、それが人類を至福の王国に導いてくれるという明るい展望を持った。近代資本制社会を強烈に批判したマルクスでさえも、資本家的生産様式の内部で発達する生産諸力そのものは、来るべき社会主義の物質的基盤として肯定的に評価していたのである。しかし、産業革命いらい急速に発達し巨大化した生産力が、資源を濫費し、環境を破壊し続けて、いまや地球を人類の生息場として不適切なものに変えつつあることを知る現代人としては、近代が開いた〈未来への明るい展望〉を、そのまま継承し続けることはできない。巨大な生産力を制御する能力を備えた新たな社会機構を構築することに成功しなければ、資源の枯渇によってにせよ、環境の制約によってにせよ、人類がこの惑星で存在し続けることがほとんど不可能になる時の訪れを覚悟せねばなるまい。

新たな社会機構の構築には、なによりも、専門分化が過剰に進み過ぎた社会科学・人文科学・自然科学の間、そして三科学内部諸分野間に、知的交通橋を架橋し、人間の総合的認識を可能にする方法論を作り上げる必要がある。なぜなら、これまで諸科学が、生産力の発展に無限の期待と信頼を寄せながら、専門分化した研究分野ごとに、つまりはバラバラな仕方で、現実の人間行為にたいして大なり小なりの影響を及ぼし続けてきたことと、人類史が危機の時代を迎えたこととは、決して無関係とは言えないからである。

もちろん、高度に分化した現代の諸科学・諸分野の間に知的交通橋を架橋する作業は、極めて難事業である。〈時代の必要〉が天才を登場させてくれるのを待ちたいところではあるが、そうも言ってはいられまい。凡才にも果たすべき役割はあろう。専門と選んだ研究分野から、関連する分野に向けて、細々ながら知的交通橋を架設する努力を払ってみることは無駄ではあるまい。

二　経済空間

人間行為のなかから経済行為を抽出し、そこに働く法則性を分析することによって、経済学は、社会科学のなかでは、かなりの成果を収めてきた。(2) しかしながら、現代は、マルクス経済学も近代経済学もともにその有効性が問題視される時代である。[3]「経済人＝ホモ・エコノミクス」を行為主体と措定する方法は、構造主義・制度派・システム論などから方法論的個人主義であるとの批判にさらされ、あるいは、ソシオ・エコノミクス論者などからは「ホモ・エコノミクス」とは「虚構」にすぎないとの批判を浴びている。さらには、経済学が、地球資源の供給や廃棄物処理の空間は、無制限・無制約であると暗黙裏に仮定してきたことへの批判も強くなりつつある。

経済学は、それが対象とする経済行為が、さまざまな人間行為のなかでどのように分節化されるかを再検討すべき時期に直面している。まずは、経済行為が、人間が行為する複雑な空間のなかで、どのような特性を持つ空間で起こるのかを明確にする必要がある。さらに、その空間では、どのような時間軸の上に経済行為が生じるかも確認すべきである。つまり、あらためて「経済とは何か？」と問い直して、経済行為が行われる経済空間と経済時間、すなわち経済時空を明らかにしなければならない。とはいえ、人間行為を分節化する方法が未確立である学問状況のもとでは、経済時空を厳密に設定することは不可能であるが、見取図程度のものを仮構しておいて、逐次修正をほどこすつもりで分析作業に着手することはできるであろう。この見取図は、さしあたり、各人の抱く世界像にしたがって描きだされるものであるから、同形の図柄にはならないであろうが、経済に関心を持つ者の間での意思疎通と協働関係を成立させるためには、たがいに自分の見取図を示しあうことが必要と思われる。本章では、経済空間の見取図を描いてみよう。

人間の社会的行為空間の分節化に関しては、前述のようにパーソンズやルーマン等が提起するシステム区分の理念的方法がある。しかし、ここでは、行為と組織・制度を統一的に捉える方法ではなく、人間行為の動機に即して、経済・政治・社会・文化の四つの空間を分節化する方法を採りたい。[4]

経済空間は、まず、人間の生物的存在と社会的存在を維持するために必要な物・サービスを獲得し消費することを原基的（一次的）動機とした行為が行われる空間と考えることができる。そこでは、①自然を対象とした労働を出発点とする生産行為（自然資源・生産財の中間的消費および生産過程における廃物・廃熱の棄却を含む）、②生産物

（物・サービス）と生産手段を対象とした分配行為（贈与・交換・再配分）、③生産物の消費行為（最終消費と廃物・廃熱棄却）が行われる。ただし、これらの経済行為の対象となる物・サービスが、なぜ人間にとって必要なモノとなるかについては検討を要する。「必要なモノ」という言い方をやや分解してみれば、「有用性・使用価値を持つ」「一定量のモノ」となる。

モノ（物・サービス）が有用性・使用価値を持つのは、人間がそれを有用であると評価するためであり、そこでは、経済とは別の人間行為からの評価基準も作用する。食物は、人間の生物的存在の維持に有用であるが、おいしさという味覚は、アジアでもアミノ酸に規定される地域（東アジア・東南アジア）と脂肪に規定される地域（西アジア）に分かれるという見解[5]があるように文化空間の作用が大きいし、イスラム世界の豚肉やヒンズー世界の牛肉のような禁忌は社会空間による有用性・使用価値の限定作用である。あるいは、超高級品志向を「衒示的消費（conspicuous consumption）」と呼んだT・ヴェブレン[6]や商品を差異化の記号として捉えるJ・ボードリヤール[7]のような見方も、社会空間が有用性・使用価値を規定する作用に着眼しているといえる。武器や兵器の有用性・使用価値が、戦争という政治的行為との関連で規定されるのは明白である。つまり、有用性・使用価値は、経済空間のなかで一義的に決定されるものではなく、他の空間における行為動機によって規定されるものでもある。

「一定量のモノ」についても同様に考えられる。生産行為のなかで原材料や燃料などとして中間的に消費されるモノの量については、投入産出分析（物量単位）あるいは原単位分析の手法で技術的に決定されるが、最終消費に必要とされるモノの量は、経済空間内で一義的に決定されるわけではない。生物的存在を維持するのに要するモノの最小限必要量は、食糧であればエネルギー（カロリー）量や必須栄養素量として栄養学的に、衣料品であれば繊維消費必要量として生活科学的に決定されるとしても、人間の社会的存在を維持するに要する量となると、それを計る基準は確定しがたい。日本国憲法（第二五条）が生存権として規定する「健康で文化的な最低限度の生活」を可能にするために必要なモノの量は、経済空間では決定できない。最終消費に向けられる各種のモノの生産可能量は、ある時代の生産技術水準と資源・労働力の存在量によって技術的に決定されているが、その生産可能量の枠内でそれぞれのモノがどれだけ必要なモノとして需要されるかは、個人・集団の選択の総和としてしか確定されない。その選択には、経済以外の諸空間の行為動機も作用するから、「一定量のモノ」も政治・社会・文化諸空間のあり方によって影響される性質のものである。

経済学の原論（原理論）の場合には、「必要なモノ」の有用性・使用価値・効用は、「所与」あるいは一定期間は不変として扱われるのが普通である。経済学は、有用性・使用価値・効用がどのように規定されるかという問題の検討を回避したままで、「商品」を経済的範疇として抽出し、その上に、極めて論理的な構成を持つ経済原（理）論を築いてきた。(8) 「商品」を学問対象として純化させることで、従来の経済学は、自らを「科学」として発達させてきたと言って良かろう。しかし、大衆消費社会のなかで肥大化し続ける消費が、地球の資源・環境制約と鋭く対立するに至った時代に、経済学が、「商品」の有用性・使用価値・効用を外在的な「所与」として取り扱う従来の方法を続けるとすれば、資源・環境問題という現代的課題への対応はほとんど不可能なのではなかろうか。

ところで、経済的行為は、「必要なモノ」の獲得・消費を原基的（一次的）動機とするが、「必要なモノ」が交換される行為のなかから、特定の物が「一般的等価物」＝貨幣として析出されてくると、その獲得を動機とする経済的行為が発生する。この二次的動機による人間行為が行われる空間も、経済空間と考えておこう。そこでは、交換行為とともに生産行為も貨幣増殖の手段となり、「必要なモノ」は「商品としてのモノ」に変わり、さらには、大地や人間の労働能力までもが商品化される。貨幣獲得を目指す経済主体は、「必要なモノ」のイメージを操作して、「まだ使えるモノ」を「古臭くて使えないモノ」に、「欲しくもないモノ」を「必要なモノ」に変えることによって、消費行為をも利潤実現の場に変身させる。「モノ」に関する欲望(9)の操作可能性が拡大するなかで、欲望の主体であるはずの人間が、「本当に必要なモノ」は何であるのか判別できなくなる状態も出現する。二次的動機による経済行為のなかでは、経済システムの自己完結性（他の空間からの経済空間の自立性、経済法則・価値法則の作用性）や効率性（時間と空間の節約度、投入産出比率、労働生産性）は高まるが、本来の経済行為はその「魂」ともいうべきものを失い、人間が行為する空間としての快適さが経済空間から失われる。労働は「苦役化」し、消費は「義務化」し、人間・自然関係は「敵対化」する。

三　政治空間・社会空間・文化空間

次に経済空間以外の空間の区分を簡単に試みておこう。まず、「必要なモノ」・大地・貨幣そして人間・労働などの〈奪取〉、あるいは、「社会的価値」（本章補論参照）やその形成・獲得手段の〈奪取〉を一次的動機とする人間行為が包摂される空間を政治空間としよう[10]。〈奪取〉とは、対象の全部または一部をその所有者の意思に逆らって取得することという程度の意味で使う。〈奪取〉が可能になるには、特定の個人・集団の命令に、他の個人・集団を服従させること、つまり支配が実現されなければならない[11]。支配される側が服従することを承認するのは、支配されることによって生じるであろう不利益と利益とを衡量したうえでの選択であろう。服従承認が利害の衡量という手続きを大なり小なり省略して形成される場合には、支配は持続しやすくなる。この場合には、支配される側が支配の正当性を包括的に承認しているといってよかろう。ヴェーバーが三理念型として提起した支配の正当性原理はこの例である[12]。支配が持続的に行われる場には権力が作用していると想定できる。権力は、制裁（不利益の発生）の威赫、利益誘導、利害衡量に必要な情報の操作、感情の操作、そして最終的には制裁の発動などの手段を通して、支配を持続させることができる力能である。権力を握ると、種々な欲望の充足手段（富・名誉・快楽対象・領土など）を奪取できる可能性が大きくなるから、権力を獲得すること自体が政治的行為の二次的動機となる。この二次的動機による行為が行われる空間も政治空間としよう。

服従承認が形成されない場合には、闘争が発生するか、支配しようとする側の譲歩が行われ、政治空間の局面が転換する。譲歩によって利害衡量が変化し、服従承認が形成されれば支配関係が成立する。しかし、その譲歩の仕方によっては、支配や服従が実質的な内容を持たなくなる場合もあり得る。そのような場合には、支配が実現したというよりも、利害の調整が行われたと言ったほうがよいであろう。近代では、この利害調整が、政治空間では大きな部分を占めるに至ったと見ることができる。

社会空間は、個人が他の個人との一体感を獲得することを一次的動機として行為を行う空間と考えておこう。この一体感は、「われわれ（我々）という主観的共同性」の意識であり、それによって個人の人格的自己同一性（Identity）が強化される。[13] この一体感の形成・維持を媒介するものは、性・血縁・祖先・民族性・地縁性・階層性・国民性・階級性・類的存在性や職業・趣味・好み・受苦、あるいはカミ（神）・聖性・イデオロギーなど様々であり得る。行為の形態も、性行為・祭儀・典礼・祭典・シンボル創出・行動パターン統一・互酬・互助・会同・共同労働・共同生活、あるいは外部から「共同性」が侵された場合の報復・復讐など様々である。一体感の形成・維持は、その反射として他の個人・集団との差異感をもたらす。そこで、顚倒したかたちで、差異感を強化すること自体が行為動機となる可能性がある。社会空間では、差異化を二次的動機とした、他の「共同性」を持つ個人・集団の差別化・迫害などの行為も生起する。

一体感を求める行為は、経済的・政治的目的を持つ行為とともに、「客観的共同性」（家族・イエ・同族・共同体・地域社会・民族・国民や宗教集団・同志・同窓・同郷・仲間など）を生み出す。日本では「会社」も「客観的共同性」として機能する。個人は、いくつかの「客観的共同性」に帰属することによって、人格的自己同一性を確保することになる。帰属する「客観的共同性」が複数の場合には、個人は、それらの間に主観的評価序列をつけることになるであろう。[14]

文化空間は分節化しにくいが、ひとまず、個人が他者（他の個人や集団）から自己の存在認証、あるいは評価（賞賛・尊敬）を得ることを一次的動機として行う行為が生起する空間と見ておこう。個人の人格的自己同一性は、他者の認証・評価によって維持・強化される。個人は、経済的富や政治的権力を獲得することによって他者からの認証・評価を得ることができるが、経済空間・政治空間以外にも、認証・評価を得られる行為空間がある。それを、文化空間として位置づけておこう。

文化的行為にかかわるキーワードを挙げると、学術・文学・芸術・技芸・芸能・スポーツ・遊び・冒険などとなろう。この空間における行為は、情報（識）の分析方法（知）を開発する、知識を表現（記号化）する、知識を学ぶ・教える・伝達する、技・芸を開発・習得（修行）・伝授する、技・芸を表現する、技・芸の優劣を競う、技・芸を鑑賞・評価する、などとなろう。[15]

文化空間での行為は、個人の感覚的快楽への欲望や知的好奇心を満足させたり、心理的抑圧・緊張を解除する結果をもたらすので、それらの実現を動機とする行為も文化的行為に含めておこう。たとえば、芸術家は、自己と環境世界の係わりについての直覚・認識を表現し、他者はそれを鑑賞し評価する。他者は、芸術家の技芸によってどれほどの満足が与えられたかによって芸術家を評価するが、そこでは、評価すること自体ではなく満足を得ること自体が、他者の文化的行為の動機となっている。あるいは、未知の世界を探索したり、自然の特性（風景・味・音・香・触感）を楽しむ行為なども、文化空間に含まれると見て良かろう。

四　むすび

以上、人間の社会的行為空間を四つに分節化してみた。念のため確認しておくと、現実の人間生活のなかでは、この四空間は相互に入り組んだ入子・モザイク型になっている。あえて視覚的に表現すれば図1-1のような構造である。[16]

たとえば現代の学校は、知識・技・芸の教学が行われる文化空間であるが、しばしば同窓・民族・国民などの一体

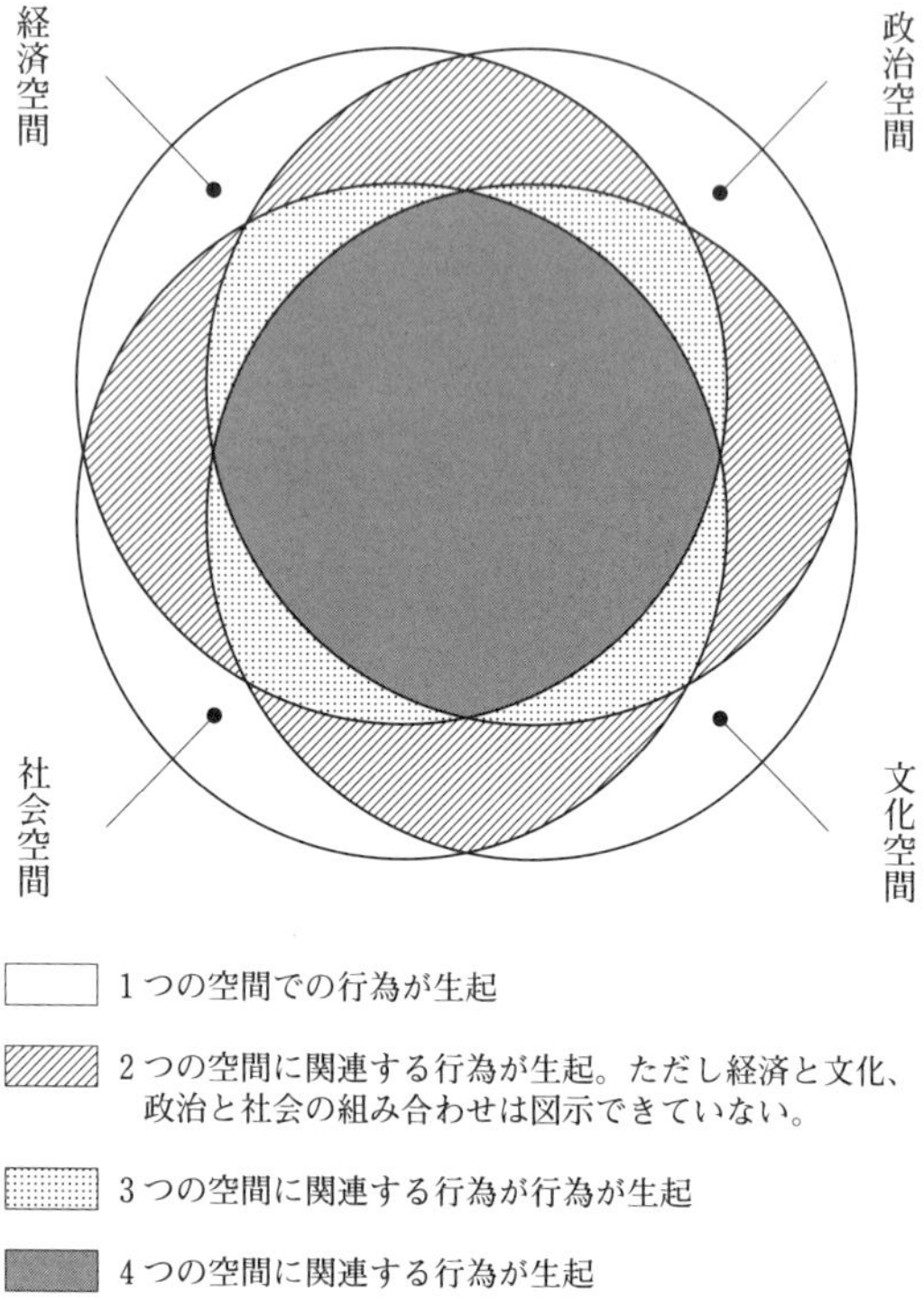

図1-1　人間の社会的行為空間の概念図

感を形成する社会空間でもあり、支配主体にとって好ましい行動パターンを受容させる政治空間でもあり、また、「優秀な」経営者・「有能な」労働力・「良き」消費者が再生産される経済空間でもある。学校における社会的行為は、図の中央のアミ部分で生起することになる。

あるいは、経済空間では、物・サービスが生産されているが、個人が消費する「必要なモノ」は社会・文化空間における選択行為がなければ具体的なモノとして確定されない場合があることは前に述べた。武器など政治的有用性を持つものを除けば、通常の物・サービスは、図の経済・社会・文化三空間が重なる黒点部分で、「必要なモノ」として生産されると言える。

政治空間は、そもそも経済的富や社会的地位、「美しいもの」などの奪取を動機として分節化されたものであるから、経済・社会・文化空間と直接にかかわっているといえる。封建領主が農民から年貢を取る行為は、図では、政治空間と経済空間が重複する斜線部分で発生していることになる。経済・社会・文化空間における行為主体が、利害対立から政治空間における行為を要請することもしばしばおこる。宗教的対立を武力で解決しようとする宗教戦争は、社会空間と政治空間の重複する部分（図では表示できていない部分）で発生していると考えられる。

では、このように分節化された空間相互の連関のなかから、何らかの序列化、あるいは審級区分を見出すことは可能であろうか。たとえば、唯物史観のように、土台である経済が、上部構造である政治・社会・文化などを規定すると考えること、つまり、経済空間における動機・「社会的価値」が、他の空間における人間行為を規定するなどという表現は有意であり得るであろうか。おそらく、歴史のあらゆる時代を通じて他の空間よりも優越する最終審級空間は有り得ないように思われる(17)。

現代の社会を見ると、たしかに経済空間の諸空間にたいする影響力は極めて大きい。他空間が生み出す「社会的価値」も、しばしばその価値を「貨幣」で尺度され、「貨幣」で獲得できる「モノ」化してきたし、政治空間における人間行為の動機は「貨幣」獲得に収斂し、文化空間の動機にも「貨幣」が絡みついている。社会空間の「客観的共同性」はおしなべて弱体化し、はなはだしきに至っては、原基的には経済組織である企業＝会社そのものが「客観的共同性」となり、一体感維持の主要な場として機能して、ヒトに過労死や自死さえ厭わせない。あるいは、「主観的共同性」を求め得ずして「よるべなさに身も心もやつれたよう」（五輪真弓「潮騒」(18)）になった人間が、ひたすら「自己差異化」の手段として「記号」たりうるモノを求め、あげくのはてには、「アディクテッド・ショッパー（嗜癖的乱買者）」となって必要もないものを買いあさる。売れるものが「必要なモノ」であり、需要は供給によって創りだせると信じて疑わぬ企業から「モノ」が商品として溢れ出て、「貨幣」が増殖する。「貨幣」獲得そのものがゲームとなって、「貨幣」はいやがうえにも自己増殖をつづける。

人間の欲望が渦を巻いて経済空間に流れ込む現代は、たしかに「唯物史観」を実証しているように見える。しかし、経済学は近代社会に入ってからはじめて独立した学問となったという事実が示しているように、人類史のなかで、経済空間があたかも一人歩きしているような状況が出現したのは、ごく最近のことにすぎない。現代のこのような状態が継続する時、人間の欲望は、地球の資源・環境の限界を突き破って肥大化し、人類史は「悲しき唯物史観」（馬場宏二(19)）の検証に終わる可能性が大きい。経済空間が帝王として君臨する中で地球人類が早死にしてしまうことを避けようとするならば、やはり、社会科学は、この経済空間優位の現代を歴史的に相対化する作業を急がなければならない。経済史・経済政策史の可能性の中心は、まさにこの歴史相対化作業にある。

補論 「社会的価値」と「規範」

人間の社会的行為を、一次的動機と二次的動機から区分してきたが、人間の具体的行為は、動機にもとづく行為であると同時に、なんらかの価値評価基準と「規範」にしたがって方向づけられた行為である。この価値評価基準となるものを「社会的価値」と呼んでおこう。四つに分節化されたそれぞれの空間では、人間行為のなかから、さまざまな「社会的価値」の意識が生み出され、また、一般的にはその行為に関する「規範」(禁止あるいは許容される行為の限定)が形成される[20]。

経済空間では、生産行為のなかで、「モノ作り」が自然法則に規制されており、目的と手段の間には合理的な関係があるとの認識が蓄積されて、「合理性」を「社会的価値」(以下では「価値」と省略)とする意識が生み出される。原始的な分配行為のなかでは、社会を構成するメンバーの間での生産物の平等な分配が原則とされ、「平等性」が「価値」とされるが、生産手段の私的占有が発生すると、「平等性」は「実質的平等性」と「形式的平等性」に分裂する。社会構成員の間での生産物分配は、必要に応じた実質的に平等な分配から、財産所有の多寡に応じた形式的に平等な分配へと移行し、やがて「平等性」は、「能力にたいする平等性」に転化して「自由競争」が「価値」となる。生産・消費行為のなかからは、モノの特性の優劣を判断する「機能性」「便宜性」が、また、利益を最大にする行為のなかからは、「効率性」「倹約」が「価値」として意識される。

政治空間では、支配が持続するなかで、「伝統的権威」「身分」「地位」などが、あるいは、支配に対抗する行為のなかから、「自由」「平等」「平和」「安全」などが、「価値」として意識されるようになる。「名誉」「正義」も、主として政治空間から意識化された「価値」といえよう。社会空間では、種々の「客観的共同性」内の「統一」「連帯」「調和」、あるいは「神聖性」「愛」（国家愛・同胞愛・家族愛など）が「価値」と意識される。文化空間では、「美」「真」「巧みさ」などが「価値」と意識される。

個人の行為を内面から方向付ける「社会的価値」として、「善」「徳」が、「仁」「義」「礼」「信」「節制」「禁欲」「勇気」などを内容として、主として政治・社会空間で意識化される。マイナスの形式で表現される「社会的価値」といえる「悪」「罪」「恥」「穢れ」も、政治・社会空間から生み出された意識といえよう。

人間の行為を規制する「規範」は、さまざまな社会組織・社会制度を規律するものとして形成される。「規範」は、いろいろな「社会的価値」を尊重し維持するために、「倫理」「道徳」「慣習」「法」などのかたちで、社会の構成員の行為を規制する。経済空間では、生産手段や生産物を暴力的に奪取したり詐欺・瞞着によって取得することを禁止し、公正な取引を行うことが「経済倫理」となる。この「経済倫理」は、歴史のなかで長い時間をかけながら形成されたが、今日でも、企業のコンプライアンス（規範の遵守）があらためて重視されているように、「利潤追求」と「経済倫理」とは、両立しがたいところがあるようである。社会空間では、一般に、人間関係を律する「道徳」が、さまざまな体系として樹立され、従うべき「社会慣習」も暗黙裡に形成されるし、宗教社会では、「聖典」が、最高規範として信者を規律する。文化空間では、行為を行う枠組みが「規則《ルール》」や「作法」として形成される。政治空間では、他空間の規範を、「法」（私法）として明文化し、それにたいする違反行為を処罰する立法・司法行為が行われるとともに、独自の領域では、政治的強制（支配）の及ぶ範囲の限定、社会的合意形成の手順、合意の効力確保手段が「法」（公法）として制度化される。近代国家では、基本法・憲法によって、基本的人権が保障され、立法・司法・行政の権限と限界が規定される。基本的人権は、自由権（人格・思想・信教・結社・表現・職業・移住など）、社会権（生存権・教育権・労働基本権・財産権）、参政権、受益権（裁判を受ける権利）を内容としているが、いずれも、人類の長い歴史の中で、徐々に権利として確立されてきたものである。

現代の人々が受け入れている「社会的価値」と「規範」は、国や地域によって、かなりの違いが存在し、その差異が原因となって、国家間・地域間の紛争が生じる場合も多い。「経済空間優位の現代を歴史的に相対化する作業」を行うとすれば、現代の「社会的価値」と「規範」のあり方自体も、歴史的に相対化して検討し直すことが必要であり、それなしには、現代の国際紛争への適切な対応も不可能に思われる。不可侵とされる基本的人権（特に財産権）についても、最善とされる民主主義（特に利害密着型選挙制度）にたいしても、それが、結果的にせよ、経済空間優位の現代を出現させるのに影響を及ぼしたことを考えれば、再検討の対象とすることを憚るには及ばないであろう。

（1） 人間がとりむすぶ生産諸関係の総体が「土台」を構成して、法律的・政治的「上部構造」と社会的意識諸形態を「制約」あるいは「規定」するとはマルクスの仮説（K・マルクス、武田隆夫・遠藤湘吉・大内力・加藤俊彦訳『経済学批判』一九五六年、岩波書店、序言。Karl Marx, *Zur Kritik der politischen Ökonomie*, Vorwort, 1859）であるが、「制約・規定」の仕組みが明示されているわけではなく、「上部構造」と「意識形態」の「土台」にたいする反作用のあり方も解明されてはいない。また、パーソンズは、行為システムをパーソナリティ・システム、社会システム、文化システム、行動有機体システムに四区分し、機能的要件（適応・目標達成・統合・潜在的パターン維持）を第一次的に受け持つサブ・システムとしてA・G・I・Lの四部門を設定し、部門間の相互交換メディアとして貨幣・権力・影響力・価値コミットメントの四つを想定した（T・パーソンズ、佐藤勉訳『社会体系論』一九七四年、青木書店。Talcott Parsons, *The Social System*, 1951, Free Press. T・パーソンズ、N・J・スメルサー、富永健一訳『経済と社会』（一）（二）、一九五八―五九年、岩波書店。T. Parsons & Neil Smelser, *Economy and Society*, 1956, Free Press.）。ルーマンは、パーソンズ理論を批判しながら、パースン・システムと社会システムを区分したうえで、社会システムを、経済・政治・科学・宗教・教育など、自己言及性（Selbstreferenz）を保持する数多くの部分システムに区分し、諸システム間の相互浸透 Interpenetration が行われてシステム統合が実現されるとする（N・ルーマン、佐藤勉訳『社会システム理論の視座』一九八五年、木鐸社。Niklas Luhmann, "Wie ist soziale Ordnung möglich?," in *Gesellschaftsstruktur und Semantik*, 1981, Suhrkamp.）。

（2） 経済学が成功した理由のひとつとして、経済的事象に関しては、人間の恣意性・偶発性が作用する度合いが比較的小さいという特性を指摘できる。これは、まず、物財を生産することが、自然に働きかけて人間労働を対象化する作業であることから、自然科学的法則の作用を受けているという事実に起因している。そして、人間労働が対象化した物財の交換では、貨幣によってそれが媒介されることが示すように、等質性と等量性の社会的承認が成立しやすく、人間行為の目的合理性が貫徹する機会が多いという事実によって、この特性は強化されている。このような特性を持つ経済的事象を対象とする分析は、政治や文化などの他の人間行為を対象とする場合よりも、規則性や法則性についての仮説設定が容易であるという利点を持っているといってよかろう。

（3）松村高夫「経済学という幻想」、慶應義塾大学経済学部編『経済学の危機と再生』二〇〇三年、弘文堂。

（4）人間の行為は、生物としての人間が系統発生の中で身につけた生得的行動パターンと言語を媒介として人類史的に蓄積されてきた意識的行動パターンが複合した現象である。ここでは、意識的行動の面から行為動機を区分することによって人間の行為空間を分節化する方法をとる。とはいえ、意識的行動の背後では、生得的行動パターンが作用している。経済行為は「摂食」という生得的行動パターンを前提としている。政治行為の背後には「攻撃」という生得的行動パターンが、社会行為の背後には「群れる」という生得的行動パターンが、文化行為の背後には「好奇心」や「模倣」という生得的行動パターンが存在している。しかし、このような生得的行動パターンから直接に人間行為を分節化することは、意識的行動パターンが中心になっているホモ・サピエンスの行為を対象とする場合には不適切であろう（この生得的行動と文化的行動、生体システムと文化システム、進化的発達と文化的発達との関係を究明して、現代文明批判を展開したのはK・ローレンツであった（『文明化した人間の八つの大罪』日高敏隆・大羽更明訳、一九七三年、新思索社。Konrad Lorenz, *Die Acht Todsünden der zivilisierten Menschheit*, 1973, R. Piper & Co. Verlag.『鏡の背面』上・下巻、谷口茂訳、一九七四年、新思索社。Ditto, *Die Rückseite des Spiegels*, 1973, R. Piper & Co. Verlag.）。

また、人間の行為としては、なにかを喪失する不安・不快・恐怖を払拭することを動機とする行為もあり得る。生命の危険にさらされた個体が、逃走したり反撃するのは、生命体として普遍的な行為である。ここでは、不安・不快・恐怖は、以下に挙げるポジティブな行為動機が充足された状態を前提にして、その充足された状態が失われる場合に生じるものと考えて、いわばネガティブな行為動機としての不安・不快・恐怖については論及しないことにする。

（5）石毛直道「うま味の文化」、『味をたがやす――味の素八十年史』一九九〇年、味の素株式会社。

（6）T・ヴェブレン（小原敬士訳）『有閑階級の理論』一九六一年、岩波書店（Thorstein Veblen, *The Theory of the Leisure Class: An Economic Study in the Evolution of Institutions*, 1899, MACMILLAN.）。

（7）J・ボードリヤール（今村仁司・塚原史訳）『消費社会の神話と構造』一九七九年、紀伊國屋書店（Jean Baudrillard, *La Societe de*

Consommation: ses mythes, ses structures, 1970, Gallimard.)。

(8) マルクスが、『資本論』の冒頭で、「商品はまず第一に外的対象である。すなわち、その属性によって人間のなんらかの種類の欲望を充足させる一つの物である。これらの欲望の性質は、それが例えば胃の腑から出てこようと想像によるものであろうと、ことの本質を少しも変化させない」（向坂逸郎訳『資本論』第一巻、一九六七年、岩波書店、四五頁）と述べていることが、経済学の「商品」抽出方法を良く示している。

(9) ここで用いる欲望という言葉は、厳密に規定されたものではない。動物の行動を動機付ける〈欲求（besoin）〉と人間行為を動機付ける〈欲望（désir）〉とを区分する丸山圭三郎の用語法（『文化のフェティシズム』一九八四年、勁草書房）に近いイメージで使用しておく。欲望の根源にある〈衝動〉の存在根拠、その欲望としての形成過程の分析を含めて、欲望を立ち入って分析することは、極めて重要な課題と考えている。

(10) 奪取しようとする行為に対抗して、奪取されないように対応する行為も政治空間の事象である。

(11) 支配の目的がすべて奪取にあるという意味ではない。組織が形成される場合には、なんらかの命令・服従関係つまり支配が必要となるが、そのすべてを政治空間の事象とみるわけではない。企業の内部の命令・服従関係は、経済空間の事象であり、学校内のそれは文化空間の事象である。

(12) M・ウエーバー（世良晃志郎訳）『支配の諸類型』一九七〇年、創文社（Max Weber, *Wirtschaft und Gesellschaft, Grundriss der verstehenden Soziologie, vierte*. 1956, erster Teil, Kapitel III, IV.）。

(13) 歴史的に見れば、このような行為は、個人が「自然的・客観的共同性」＝「むれ（群）」のなかに埋没している時代には、起こり得ない。そのような時代には、「共同性」それ自体を維持する行為が、社会空間の大きな部分を占めていたものと推測できる。「自然的共同性」に対立する個人が形成されると、個人は「自然的共同性」からの、そして「自然」そのものからの、離別感・断絶感を抱くようになる、あるいは、自己のうちに「欠落」を意識するようになると考えることもできる。この断絶感あるいは「欠落」が、一体感を求める原基的動因なのかもしれない。

(14) ある「客観的共同性」自体からの個人に対する帰属要請が強いと、逆に、個人の人格的自己同一性が損なわれる可能性が出てくる。近代において主張される個人の自由は、政治的空間における権力・支配からの自由を主たる内容とするとともに、社会的空間におけるイエ・村などの共同体からの自由も含んでいた。

また、ある「客観的共同性」自体が何らかの原因で弱体化ないし解体しても、個人は、人格的自己同一性の維持が難しくなる。個人が人格的自己同一性維持の危機に直面すると、既に属している「客観的共同性」の間の序列の変換や、新しい「客観的共同性」への帰属を試みることになる。

(15) ここで使用した「情報」「記号」「知識」は、「技術」などと同様に、文化空間に特有の用語ではなく、他の空間でも用いられる。これらの用語の本質を分析する研究は、かなり深化してきており、その研究成果を経済学・経済史学の領域でも活用すべき時期と思われるが、ここでは、それらの成果の検討は保留しておきたい。

(16) 四空間の組み合わせを二次元図で表現するのは不可能である。二空間の関連する行為空間は、六通りであるから、図では二つの組み合わせが表現されていない。

(17) こう思うことは、いわゆる唯物史観の「土台」の「制約・規定」性をただちに否定することにはならない。「生産諸関係の総体＝社会の経済的機構」「法律的・政治的上部構造」「社会的意識諸形態」という分節化は、ここでの空間の分節化とは異なっているからである。とはいえ、空間の分節化を既述のように試みたうえで見直すと、「土台」「上部構造」論には納得しかねる点が多い。

(18) 日本音楽著作権協会（出）許諾第１２０８２４３－２０１号

(19) 馬場宏二編『シリーズ世界経済四　日本――盲目的成長の帰結』一九八九年、御茶の水書房、序・一三頁。

(20) 本章注4で述べたのと同じように、「社会的価値」「規範」の背後には、生物としての人間が生得的に身につけている価値・規範がある。たとえば、動物の同種内の個体間競争では殺し合いを防ぐ儀式化された行動パターンが一般的に形成されており、同じような殺戮抑制規範は人間にも生得的に内在していると言われる（ただし、この生得的規範が殺傷力が大きい武器の使用とともに抑制力を失って、人類は同類殺し＝殺人を行う動物となり、それを禁止する法規範が必要となった。K・ローレンツ、日高敏隆・久保和彦訳『攻撃――悪の自然誌』一・二、一九七〇年、みすず書房。Konrad Lorenz, *Das sogenannte Böse, Zur Naturgeschichte der Aggression*, 1963, Dr. G. Borotha-Schoeler Verlag.）。ローレンツは、「正義感」も系統発生的に組み込まれた基盤にもとづくと見ている（前掲、『文明化した人間の八つの大罪』七〇頁）。

第二章　経済史の段階区分――経済の歴史時間

一　はじめに

第一章で提起した人間の社会的行為を経済・政治・社会・文化の四空間における行為として分節化する認識仮説を前提として、次に、歴史時間の問題を検討してみよう。

人間行為は、ある空間における行為であるとともに、ある歴史時間のなかにおける行為でもある。経済的行為の結果として現れる経済的事象は、たとえば一九二九年から井上財政が登場したが一九三一年暮には高橋財政に席を譲ったというように、ある時間の座標軸の上に位置づけられる。とはいえ、暦時間の上での事象生起の先後序列を知るだけでは、事象を歴史時間座標に位置づけたと言うことはできない。一九二九年とか一九三一年という時点が、人間の経済的行為の歴史のなかでどのような局面にあるのかを確定する歴史認識仮説を前提にして、はじめて井上財政なり高橋財政なりの歴史時間上の位置が判定できるはずである。あるいは、二〇〇五年に小泉純一郎内閣が発表した「基本方針二〇〇五」では、構造改革の総仕上げとして「小さくて効率的な政府」の実現を政策課題の第一に掲げている。なぜ、「小さな政府」が最重要課題となるのかは、小泉内閣が登場した二〇〇一年という歴史時点が、日本資本主義の発展の中で、どのような段階にあるのかを明らかにしないと理解することはできない。つまり、経済的事象を、年月日などで区分された物理時間軸（暦時間）のうえに位置づけることは、第一次的認識としては不可欠であるとしても、それとは別に、歴史時間軸を想定して事象を位置づける作業こそが、歴史分析なのである。

従来も、歴史的に生起した諸事象をいくつかの時期に区分して、それぞれの時期の差異を対比可能にすることが歴史学の課題とされてきた。歴史を時期区分することが歴史学であるというわけで、たとえば、古代・中世・近代の三区分法が古典的な時期区分の方法として提起されたり、原始共産制・総体的奴隷制（貢納制）・家父長制的奴隷制・封建制・資本制・社会主義に社会構成体を区分する方法が唯物史観として提唱された。しかし、古典的時期区分法については、人間行為空間の分節化が明確ではないし、唯物史観の土台と上部構造の分節化にも疑問点が多い。それぞれに歴史時間の測定のための座標軸を提起してはいるものの、やはり、満足できる水準に達しているとは言い難い。

本章では、歴史時間の座標軸を設定する方法として、まず、人間が生きている時空を四つの〈場〉として把握し、さらに、経済時空を四つの〈状況場〉に分節化し、そのうちの〈大状況場〉＝社会の経済的構成を、三つの位相によって段階区分する仮説を提起したい。なお、歴史時間を考える前提作業として時間本質論・時間意識論を検討する必要があるが、これについては本章補論Ⅰで略述することにして論を進めたい。

二　人間が生きている四つの〈場〉

さて、人間が生きている時間と空間を〈場〉と捉えると、この〈場〉は、その性質からして、四つに区分できそうである。生きている人間は、自然的・動物的・肉体的存在としての〈身的個〉と心・精神の働きを持つ存在としての〈心的個〉の統一体として把握することが妥当であろう[1]。ここでは、作業手順の便宜上、〈身的個〉が生きる〈場〉の分節化を試みることにして、〈心的個〉の〈場〉については、本章補論Ⅱで略述することにしたい。

〈身的個〉が生存している〈場〉を分節化してみよう。〈身的個〉の生存は、まず日々の生理的代謝の持続によって可能となるのであるから、生理的代謝が行われる〈場〉を想定することができる。これを仮に〈第一場〉と名付けておこう。〈第一場〉では、〈身的個〉が誕生してから死亡するまでの時間が流れる。〈身的個〉が生存するのは、両親あってのことであり、世代を遡る血統ひろくは種の存続が条件となっているから、〈身的個〉は人類生成いらいの時間の流れのなかに生きているといえる。この〈場〉を〈第二場〉と呼んでおこう。さらに、人類の生成にも、そこにいたる生物進化の過程が必要であり、〈身的個〉は、生命誕生いらいの時間の流れの中に生きているのであり、これを〈第三場〉と呼ぼう。最後に、生命進化はそれを可能にした地球の生成さらには宇宙の生成以来の時間の流れのなかにあるから、〈身的個〉はこの〈第四場〉にも生きていると言える。

人間が生きている〈いま〉とは、この四つの場の「時間の流れ」を総合した場合に確定できる時間的位置である。つまり、宇宙生成→生命誕生→人類生成→〈身的個〉誕生という具合に単線的時間軸のうえに〈いま〉を位置づける考え方ではなく、〈いま〉を生きる〈身的個〉は、〈第一場〉から〈第四場〉までのそれぞれの〈場〉に流れる重層的な時間のなかに生きていると考えるわけである。

〈身的個〉の〈場〉を、時間の面から分節化したかたちになったが、当然、空間の面からの分節化も考えられる。〈身的個〉の場合には、〈第一場〉は具体的な日常生活空間、〈第二場〉は人類の生存空間、〈第三場〉は生物の生存空間、〈第四場〉は地球を含む宇宙空間として分節化しておこう。〈身的個〉はこの四層をなす多重空間に生きているわけである。

〈第一場〉には、〈身的個〉が生理的代謝を行って生存が可能になる衣食住関連を中心とした消費されるモノ（サービスも含む）が配置されている。消費されるモノが、なぜ必要であるかは、第一章で検討したように、経済空間ばかりでなく、政治・社会・文化諸空間に規定される。〈第二場〉は、ヒト遺伝子の世界であり、人種・亜人種・血統が〈身的個〉を規定する。人の個性を遺伝子がどこまで規定しているのかは未解明の問題であるが、人間の行動パターンのひとつの特徴である「攻撃性」などは、人間の長い狩猟生活時代がヒト遺伝子に刻み込んだ〈身的個〉の問題という見方もあり得る。(2) 〈第三場〉は生命圏であり、〈身的個〉が消費するモノが人間から見ると資源として配置されている。原始大気のなかで生まれた嫌気性生物に代わって登場した好気性生物によって海中で気体酸素が生産され、海水中の鉄が酸化鉄（つまりは人間にとっての鉄鉱石）に変わり、さらに過剰化した酸素が大気中に放出され、オゾン

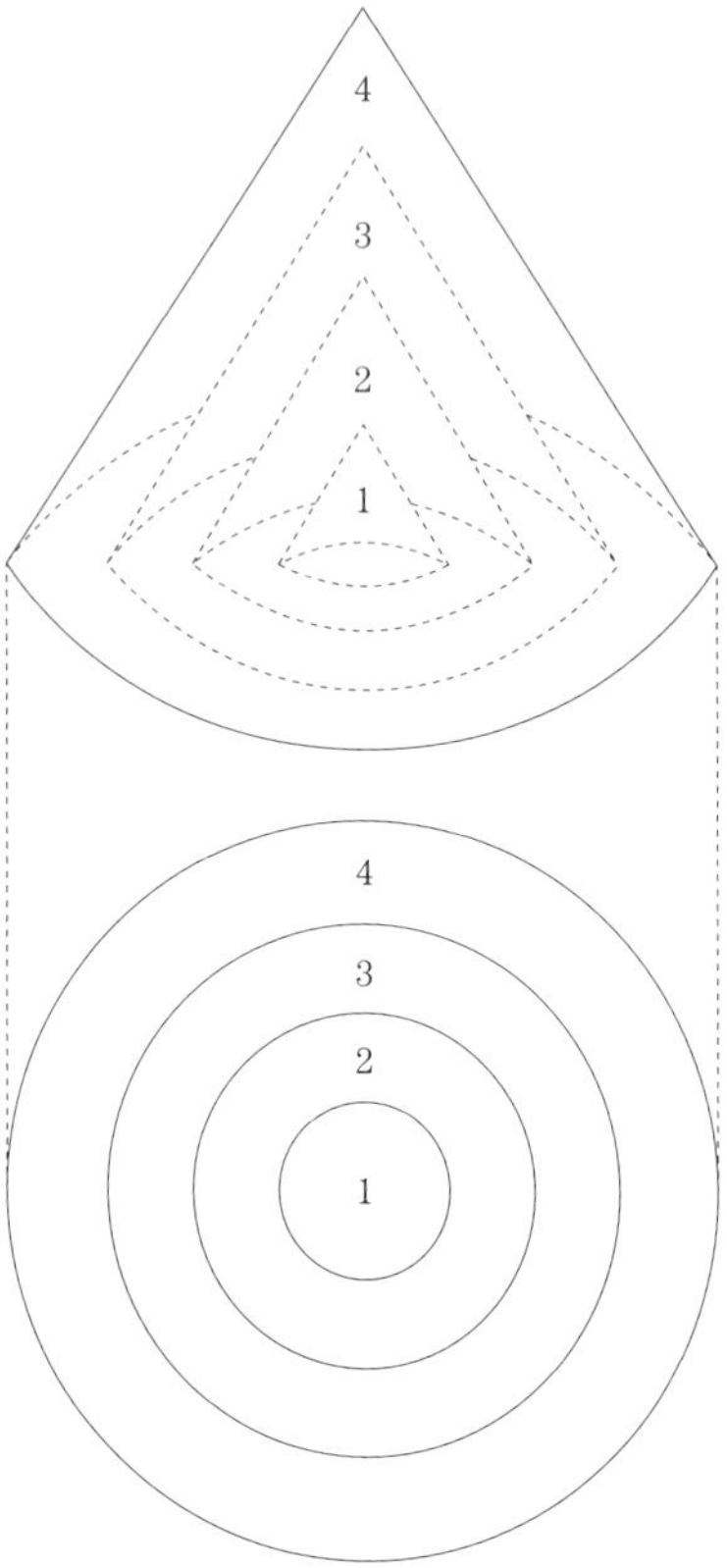

図 2-1　人間が生きる４つの〈場〉

層が形成されて陸上生物の登場舞台がつくられるという生命史の幕開けの部分は今日では常識となっている。いらい今日に至るまでの生命圏の変遷の結果が〈第三場〉である。(3) 〈第四場〉は宇宙空間で、〈身的個〉を構成する物質（粒子）と物質間にはたらく力（重力・電磁気力・弱い力・強い力）は、宇宙に普遍的に存在するモノと力であることを自然科学が解明しつつあり、〈身的個〉は、生命を生み出した惑星＝地球を介して、太陽系・銀河系そして宇宙と関係する。(4)

社会的行為の主体となる人間は、このような〈身的個〉と補論Ⅱで述べる〈心的個〉の統一体として捉えることができる。統一体としての人間は、〈第一場〉から〈第四場〉までの重層的な四つの時空＝四つの〈場〉で、生を営んでいると考えることにしよう。

無理は承知の上で、この四つの〈場〉の構造を図式化しておこう（図2-1）。現代の宇宙理論では、ビッグバンに始まって今日に至るまで宇宙空間は膨張を続けていると考えられるから、宇宙時空＝〈第四場〉は、ビッグバン以来の時間が頂点から底面方向に流れる円錐4でイメージ的に表現することができる。宇宙の内部で太陽系惑星地球が生成し、そこに生命が誕生するから、生命時空＝〈第三場〉は、円錐4の内部に描くことにしよう。原始生命体からいわゆる進化の過程が進んで現在の生命圏が形成されるまでを、やはり頂点から下方に時間が流れる円錐3で表現する。人類時空＝〈第二場〉は、生命時空の内部で発生するから、同様に、円錐2で表現できる。その内部の円錐1で、ある時期に生きている人間が暮らす〈第一場〉を描いておこう(5)。

この四つの円錐が重なった図形の水平断面あるいは底面は、人間が社会的行為を行う空間を表現し、日常生活空間を示す円1は、人類空間を示す円2の中に含まれ、それらは、さらに、生命空間を示す円3、そして、宇宙空間を示す円4に含まれているというように、四つの空間は、重層的な構成となっている。

今日生きている個人は、小円錐1の頂点で誕生して以来、活動する空間を拡げながら円錐1の中の個人史を生きているが、彼（彼女）は、同時に、円錐2のなかの人類史を生き、円錐3の中の生命史を生き、そして、円錐4の中の宇宙史をも生きているのである(6)。

三　経済行為の四つの〈状況場〉

人間の生きる〈場〉を、〈第一場〉から〈第四場〉まで分節化したが、社会的行為の主体は人間であるから、社会的行為も、この四つの〈場〉で生起すると言ってよかろう。つまり、〈第一場〉の日常生活時空で、社会的行為が生起するが、この社会的行為は、〈第二場〉の人類時空でも生じていると見ることができ、同様に〈第三場〉〈第四場〉とも無関係では有り得ない。第一章で社会的行為空間を経済・政治・社会・文化の四つに分節化したが、この四つの行為空間は、それぞれ、人間が生きる四つの〈場〉のなかに組み込まれていると考えることができる。イメージとしては、第一章で示した図1-1（一二頁）が、上掲の図の円錐2つまり人類時空が始まるところから、四つの円錐の水平断面（ある歴史時点の空間）の上に重なっている構図になる。いささか複雑で分かりにくいから、ここでは、経済空間を取り上げて、上掲図の水平断面に重ねてみよう。

人間の経済的行為が、まず〈第一場〉＝日常生活時空で生起するのは日常的に自明である。われわれ日本人は、国際的連関のなかで日本において、生産・分配・消費行為を行って生活している。世界経済のなかの日本経済のあり方の変化が時間として流れる。

次に〈第二場〉＝人類時空における経済的行為であるが、人類はヒトとして登場いらい生産・分配・消費の行為を続けてきていると見て良いから経済時空はヒトとともに古い[7]。そして、生産・分配・消費が実現される仕組みは、時間の流れとともにさまざまに変化を遂げてきた。この変化の過程を段階に区分することが、本章次節と次章の課題である。

〈第三場〉＝生命時空は、経済的行為に不可欠の〈場〉である。生産と呼ばれる行為は、動植物・鉱物・地球エネルギーなどのいわゆる資源を労働対象として、労働手段を用いる労働によって、最終的には消費財を作り出す行為と理解されている。動植物は生命時空に配置されているし、鉱物にしても石炭・石油（あるいは天然ガスも）は起源としては生物活動であり、直接的ではないが鉄鉱石も原始的光合成生物の活動の所産と言えるから〈第三場〉無くして生産はあり得ない。

〈第四場〉も経済的行為と深く関係していることは、非生物起源鉱物や水資源、風水力利用を可能にする太陽熱と重力、太陽電池で電力化される太陽光などが〈第四場〉に配置されていることを考えればすぐ理解できる。経済的行為が、太陽エネルギー・無機物からの植物による有機物の生成→動物による有機物の摂取と廃棄→微生物による有機物の分解・無機物への還元という生態系＝エコロジカル・システムの存在を前提して成立すること、さらには、エコ・システムが、オゾン層による紫外線減量効果によって保護されているばかりでなく、大気圏中の水の循環によるエントロピーの宇宙空間への放出によって存続可能になっていることは、槌田敦らによって鋭く指摘されてきている[8]。生命時空と宇宙時空が、経済的行為を可能にする〈場〉となっていることは明白であろう。

このように、経済的行為は、〈第一場〉から〈第四場〉までの四つの時空のなかで生起しているのであり、その在り方は、時間と共に変化している。経済空間を歴史時間と合わせて経済時空として把握する場合には、この四つの〈場〉との関連を明確にする必要がある。

まず、〈第一場〉＝日常生活時空における経済的行為は、新聞の経済欄で報道されるような出来事の累積であり、これらの経済的行為が生起する〈場〉＝時空を、経済的〈小状況場〉と呼ぶことにしよう。[9]〈第二場〉＝人類時空における経済的行為の在り方は、時間とともに変化するものであり、それを、生産に視点を置いて、採取狩猟社会から遊牧社会・農耕社会・工業社会へと変化したと捉える見方は、経済史の時代区分としてしばしば用いられている。分配・流通に視点を置いて、自然経済・貨幣経済・信用経済などに区分する仕方もある。筆者としては、後述するような視点から、まず「社会の経済的構成」を分節化したい。これは、たとえば、現代の日本は資本制社会、江戸時代は封建制社会などと捉える見方で、マルクスの「経済的社会構成」[10]の概念に近い。この「社会の経済的構成」が登場する場を経済的〈大状況場〉と呼ぼう。〈大状況場〉では人類史をかなり大きく時代区分することになるので、これだけでは、特に経済史研究にとっては不便が大きい。そこで、この大きく区分した時代をさらに小さく区分する方法を取りたい。たとえば、資本制社会をその生成・確立・変質の過程として段階区分するわけである。これを、経済的〈中状況場〉と呼ぼう。

〈第三場〉＝生命時空と〈第四場〉＝宇宙時空は、石炭・石油が生物起源であると同時に地球活動（地殻変動・地熱）の所産であることが例示するように、経済活動の観点からは、人間にとっての〈自然〉時空として総合的に把握することができる。〈第三場〉と〈第四場〉を合わせた〈自然〉時空における経済的〈状況場〉を〈超状況場〉と呼んでおこう。遺伝子を資源とする観点からの生物種保存の重視や、国際宇宙ステーションでの無重力実験が示す重力の生産に対する意味の再発見は、自然科学の発達とともに経済的〈超状況場〉が、経済的行為の時空として持つ重要性が確認されてきたことを示している。あるいは、生産活動は、その過程で産業廃棄物と廃熱、いわゆる負の生産物を作り出していることも公害問題を契機に意識化され、それらが〈超状況場〉に及ぼす影響にも目が向けられるようになってきた。同様に、化石エネルギーの枯渇問題は、〈超状況場〉が、経済的行為の限度枠を規定していることを、われわれに痛感させている。

表 2-1　人間の生きる〈場〉と経済的行為の〈場〉

人間の生きる〈場〉	〈第 1 場〉 個人時空	〈第 2 場〉 人類時空		〈第 3 場〉 生命時空	〈第 4 場〉 宇宙時空
経済的行為の〈場〉	〈小状況場〉 日常生活時空	〈中状況場〉 社会の経済的構成内部を段階区分した時空	〈大状況場〉 社会の経済的構成の発展段階の時空	〈超状況場〉 経済活動の限度枠を規定する自然時空	

このように、経済的〈状況場〉を、〈小状況場〉〈中状況場〉〈大状況場〉〈超状況場〉の四つに分節化する仮説を立てておきたい。念のため、人間の生きる四つの〈場〉と経済的行為が生起する四つの〈状況場〉の対応関係を表で整理しておこう（表2-1）。

再度確認しておくと、どの時代の経済的行為も、これら四つの〈状況場〉によって重層的に構成されている経済時空のなかでの人間の社会的行為ということになる。われわれは、世界経済のなかの日本経済という〈小状況場〉、資本主義の第三変質期という〈中状況場〉、資本制社会という〈大状況場〉、蕩尽・破壊されつつある自然という〈超状況場〉において経済活動を行っていると考えるわけである。

四　経済的〈大状況場〉の段階区分——三つの位相からの区分法

さて、経済的〈小状況場〉は、日常的な経済的出来事が生起する時空であるから、それらの出来事をどのような方法で分析するかという大問題はあるにしても、〈状況場〉としては理解しやすかろう。また、経済的〈超状況場〉は、一九七二年のローマ・クラブの報告書[11]いらいジャーナリズムの話題にもなり続けてきた時空であり、その二〇年後、一九九二年には、ローマ・クラブ報告書の著者たちは、もはや人類の経済活動は「地球の限界」を越えてしまったと判断せざるを得なくなった[12]にしても、ともかくその存在が理解できる〈状況場〉であろう。ここで説明を必要とするのは、〈大状況場〉と〈中状況場〉である[13]。

はじめに、〈大状況場〉から検討するのが便利な順序である。人類がこれまで生きてきたさまざまな社会の経済的構造を類型あるいは理念型として分節化する方法は、いくつか提起されてきた。ドイツ歴史学派（F・リスト、B・ヒルデブラント、G・シュモラー、K・ビュッヒャー）流の方法、K・マルクスやM・ヴェーバーの方法、はてはW・ロストウの方法等々である。ここでは、諸説を検討する作業は省略して、筆者の考え方を略述しておきたい。考え方の基礎は、マルクスの方法であるが、いわゆる唯物史観そのものとは一致しない。

経済的〈大状況場〉つまり社会の経済的構成を三つの位相から分節化する方法をとることにしよう。第一位相は、モノに関する〈ひと〉〈ひと〉関係のあり方、第二位相は、社会的余剰の生産・配分の仕組み、第三位相は、再生産の調整機構である。

第一位相

まず、第一位相では、生産手段に関して社会の構成員がどのような権利関係にあるかを問題とする。生産手段とは、生産活動に必要な「大地」（農牧地・草原・森林・水資源・生物資源・埋蔵資源などを含む）や労働用具・機械装置などを指している。どのような生産手段が、権利関係の対象となるかは、時代や地域によって変わる。たとえば、河川沿いの荒れ地は、治水技術が未発達の時代には、「無主地」などと扱われて、権利対象にはならなかった。

生産手段に関する権利は、所有権といってよい。近代的所有権は、使用権・収益権・処分権の全てを含むが、歴史を遡れば、所有権といっても、部分的であったり、不完全であったりする場合がある。たとえば、封建社会では、領主的所有権と農民的所有権が、一つの土地に重複して存在していると考えられ、いずれの所有権も不完全な状態であった。

所有権の主体は、社会の構成員全体の場合・構成員のある部分の場合・構成員個人の場合などでありうる。前近代社会では、古い時代には共同体が権利主体として耕地や森林を所有する場合が多いが、やがて、共同体構成員である個別家族が権利主体として自立化し、部分的に耕地を所有する状態に移り変わっていく。

第一位相から見ると、「社会の経済的構成」は、①対象となる生産手段の区分、②所有権のあり方、③権利主体のあり方という三つの軸で構成される三次元マトリックスのなかに、さまざまな型で分布していると考えることができる[14]。

大枠で捉えれば、人類史の曙の時代以来かなり長い間は、採取・狩猟・農牧のための主要な生産手段である「大地」を社会構成員が共同所有した、原始共同体社会が続いたと考えられる。やがて、生産手段の一部が社会構成員に私的に所有されるようになって、アジア的共同体社会や古典古代的共同体社会が現れ、私的所有が拡大するなかで封建的（ゲルマン的）共同体社会が登場する[15]。そして、生産手段の共同所有がほぼ消滅して私的所有が全面展開した近代＝資本主義が、共同体が解体した社会として出現する。次いで、私的所有を否定する新たな共同体社会、社会主義社会の建設が試みられたが、その二〇世紀的試行は失敗に終わり、私的所有復活の市場経済化が進んでいるのが現状である。

第二位相

「社会の経済的構成」を分節化する第二位相は、社会的余剰の生産・配分のあり方である。社会的余剰とは、あまり厳密に定義できる概念ではないが、ひとまず、ある社会の構成員のうちで生産に関わる人々が生活を維持するために必要とするモノ（直接消費するモノとそれを生産するのに要するモノ）の物量を超えて生産されるモノを社会的余剰と見ておこう[16]。

労働の投入量が増加したり生産力のレベルが上昇すると、社会的余剰が生産される[17]。この社会的余剰は、偶然に生産される場合（たとえば農業生産で天候などに恵まれて豊作になった場合）もあろうが、ここで注目したいのは人為的・意図的に生産される場合である。生産する人々が、自己の生活を充足させている状態で、さらに社会的余剰を生産する労働を行うのは、欲望のあり方が変化して従来以上にモノを消費しようとする場合[18]か、なんらかの強制が加えられた場合のいずれかであろう。後者の場合は、歴史上、支配者層が被支配者層に労働を強制し、生産された社会的余剰を支配者層が手に入れる現象として広汎に現れる[19]。

社会的余剰の生産強制と配分は、身分制度を媒介として実現する場合と、そうでない場合とに大別できる。ここで身分制度と呼んだのは、〈ひと〉〈ひと〉関係における〈個〉の人格的自由度の格差が社会階層別に固定化している状態を指している。身分制度は、それが未形成であった原始時代を経過した後、さまざまな形で歴史に登場し、近代社会においては基本的には消滅したと考えられる。身分制度が、社会的剰余の生産強制を可能にする大きな要因となるのが前近代社会の特質である。当然、身分制度のあり方の違いによって、社会的剰余の生産・配分のあり方が変わる。〈個〉の人格的自由度の格差、つまり、上級身分への下級身分の従属のあり方はさまざまであるが、ここでは、従来の区分に即して三つの類型を考えておこう。ひとつは、下級身分の〈個〉が人格的自由を全面的に否定されているケースで、奴隷制がこれに当たる。第二は、共同体に強く規制された〈個〉が共同体ごと上級身分に従属するケースで、いわゆる貢納制社会に見られる。第三は、共同体からかなりの程度自立した〈個〉の人格的自由を上級身分が部分的に規制するケースで、いわゆる封建制社会で一般的に見られる。これらの前近代社会では、上級身分が下級身分に対して、社会的剰余の生産を強制し、それを貢ぎ物や年貢(封建地代)などとして取得する。

身分制度が基本的には消滅した近代においては、資本制社会では、基礎的には労働力商品売買関係が剰余の生産・配分を実現させ、社会主義社会では、理念的には生産手段を共有する新しい共同体が社会的余剰の生産・配分を規制する。資本主義は、労働者を雇用した(つまり労働力商品を購入した)資本家・企業が、生産した物やサービスを販売して利潤を得るシステムであるが、利潤の源泉は、労働者が行った余剰労働にあると考えることができる。資本家・企業は、労働力商品の購入価格を上回る価値を含んだ物やサービスを生産することができれば、その差額(つまり剰余価値)を利潤として獲得できる。前近代社会で身分制度が強制力を発揮しながら社会的余剰を生産・配分したのとは異なって、労働力商品の売買が、適正な価格で行われるなかで、利潤が形成されるから、資本主義では、社会的余剰の生産と配分に際して、強制関係が見えにくくなっている。この点については、次章でやや詳しく検討することにしよう。

第三位相

「社会の経済的構成」を分節化する第三位相は、再生産の問題である。どのような社会であっても、その社会全体が必要とするモノが供給されてはじめて社会の経済的維持が可能となる。そのためには、まず社会の労働が、適切に、各種の経済活動の場に配分されなければならないというのは「経済原則[20]」である。では、この労働の社会的な配置は、どのようにして適切に実現されるのであろうか。社会の再生産を可能にするには、なんらかの社会的な労働配分メカニズムが存在すると想定してよかろう。これを、再生産の調整機構と呼び、この機構のあり方によって「社会の経済的構成」を分節化しようというのが第三位相の設定の狙いである。

再生産の調整機構を構成する要素としては、個別経営体・共同体・市場・政府（支配者層の行政機構から民主的に形成される行政機構までを含む）などを挙げることができる。

前近代の農耕社会では、農民（個別経営体）が自ら必要とするモノの生産に関してはいわば計画的に労働を配分して生活を維持する。しかし、この労働の仕方に関しては共同体がなんらかの規制力を行使している。たとえば、ヨーロッパ中世では、三圃制農業が村落共同体の管理下で行われ、農民は、三年に一度は農地を休耕地としてそれを共同放牧地として開放しなければならなかった。支配者層（政府）は、農民あるいは共同体にたいして貢納分（支配者層の取得分）を生産する労働を強制することによって、労働の社会的配置に関与していた。そして、市場も、商品の流通を媒介し、大なり小なりの再生産調整作用を及ぼすという具合になっている。

資本制社会は、市場経済社会といわれるように、資本家・企業（個別経営体）が、市場において、利潤目的の自由な経済活動を行うなかで、再生産の調整が進む。社会が必要とするモノの需給関係がアンバランスになると、市場における価格変動が生じて、企業の利潤率が変化する。利潤最大化を目指す企業は、利潤率の高い商品、つまり供給が不足して価格が上昇した商品の生産に新たな投資を行うから、やがて需給のバランスは回復する。この過程で、投資量の変動に対応して、生産・流通の各分野への労働の再配置が行われるから、結果的には、適切な労働の社会的配分が実現するわけである。この市場経済は、ときに機能不全や「市場の失敗」に陥るが、そこでは、政府による政策行為が、補完的な再生産の調整機能を発揮する。

社会主義は、政府の計画に基づく資源・資本・労働の各分野への配分によって、社会的に必要なモノの需給バランスを維持するシステムである。政府が基本的な再生産調整機構となるはずであったが、人々の欲望のあり方が「過剰富裕化」社会の影響で変化するとともに、それへの対応が円滑には進まなくなり、二〇世紀末には、市場経済への回帰が試みられるに至ったのである。

このように、第三位相では、歴史的にはさまざまな姿で現れる個別経営体・共同体・市場・政府が、それぞれどのような作用を発揮しながら全体として社会の再生産を調整するかを検討することによって、「社会の経済的構成」の分節化ができると考えている。おおまかには、古い歴史時代には、共同体が基本的な再生産の調整機能を発揮したが、次第に個別経営体が、そして市場が調整の主役になり、その間に、政府が大小の脇役的機能を持ったといえそうである（社会主義社会はもちろん政府が主役であった）。

以上の三つの位相は、当然ながら相互に関連性を持っており、この三位相を総合的に把握することによって歴史上の諸社会の経済的構成を分節化するというのが、筆者の経済的〈大状況場〉の分節化の方法である。この方法を用いて具体的に経済的構成を類型化する作業は、今後の課題として、とりあえずは、原始共同社会・貢納制社会・奴隷制社会・封建社会・資本制社会・社会主義社会の六社会を、これまでに登場した人類史の〈大状況場〉と見ておきたい。結果としては唯物史観の区分と同様になったが、本書の読者諸氏には、分節化の作法が異なる点を読み取っていただくことをお願いしておきたい[21]。

五　むすび

〈大状況場〉としての資本主義については、第一位相からは共同体が消失した私的所有社会、第二位相からは労働力商品化による余剰形成＝利潤取得の社会、第三位相からは市場経済社会という特徴を持つことが指摘できる。そして、資本制社会は、前近代諸社会とは著しく異なった「社会の経済的構成」であり、歴史的に見て、最も高度経済成長を実現しやすい体質を持っていることには特別の注意を向ける必要がある。

この高度経済成長体質は、第一位相からは、共同体社会を律していた「平等」に代わって、資本制社会では「競争」が社会的行為の「規範」となっていることで説明できる。「競争」がいわゆる「革新《イノベーション》」を進めて生産力の水準を引き上げる効果は、今日、日常的に経験することができる。前近代社会では、共同体が、人々の「競争」を、「平等」原則によって、大なり小なり抑制していたから、「革新」は起こりにくい。「平等」を「規範」として復活させた社会主義社会が、資本主義との経済競争に敗れたのも、いわば当然のことであった。

第二位相からは、まず、資本制社会では、社会的余剰の生産・配分についての社会的合意形成が容易であることに着目しよう。新製品を開発し、広告宣伝技法を駆使して人々の欲望を操作することによって、人々を過剰なまでの労働に駆り立てることは極めて容易である。また、社会的余剰の生産・配分が労働力商品の売買を出発点として経済時空の内部で実現されるために、余剰の生産・配分が、いわば公正な仕組みとして承認されやすい。前近代社会では、身分制度の正統性への疑義が提出されがちであるから、社会的剰余の生産・配分には暴力的強制が必要になり、暴力装置を維持するための費用も必要になる。

経済成長体質の要因として次に指摘できることは、資本制社会では、社会的余剰の取得主体が生産の組織者である資本家・企業であることから、余剰が蓄積されては新たに投資されるという、いわば自動的成長メカニズムがビルトインされていることである。前近代社会の社会的余剰の取得者は、いわば、消費者としての支配階層であるから、余剰を貯蓄し投資するというような経済行動は、例外的にしか行わない。資本制社会でも、余剰の取得者が個人資本家であれば、奢侈な生活に利潤を使い果たすような愚行を行う可能性はあるが、近代的法人企業が余剰取得者となれば、まさに蓄積が至上命題となって、ひたすら貯蓄と投資が繰り返され、いやがうえにも経済は成長することになる。

第三位相からは、私企業が主役の市場経済は、労働力配置を含めて効率性の高い資源配分を可能にする再生産調整機構であることがまず指摘できる。需給関係の変化が、市場における価格変動として現れ、企業の利潤を変化させ、投資量を変動させるから、再生産の調整は、極めて円滑に、いわば自動的に進む。政府が主体となる再生産調整では、政治時空からの作用が働いて、調整がうまくいかない場合が生じることは、二〇世紀社会主義の経験が物語っている。また、市場経済では、あらゆるモノが市場取引に馴染む「商品」となることによって、生産過程の分業関係が促進されることも、高度成長体質の説明要因として指摘できる。分業の展開が、生産力を上昇させることは、A・スミスの『国富論』以来の常識であろう。

資本制社会が経済成長を推し進め、地球資源・環境を枯渇させ破壊することが危惧される「危機の現代」で、来るべき新しい社会の経済的構成を構想する際には、この高度経済成長体質そのものを再検討するべきであろう。

さて、〈大状況場〉を三位相から分節化することを試みたが、一歩を進めて、資本主義そのものの発展史、つまり資本主義の〈中状況場〉を、この三位相から段階区分することは可能であろうか。次章ではこの点を検討しよう。

補論Ⅰ　時間本質論と時間意識論

歴史時間を問題とする場合には、時間の本質をどのように把握するかという根本的な難問がつきまとってくる。キリスト教的世界観が天地創造から最後の審判に至る直線的あるいは線分的時間概念を持っているのに対比して、仏教的世界観が輪廻思想のような円環的あるいは螺旋的時間概念を持っていることはよく指摘される。ヨーロッパ哲学にとっても時間論は、ギリシャ哲学いらいの中心的関心事のひとつであり、なお諸論が並立する状況といえよう。自然科学においても、ニュートン的絶対時間の概念が、アインシュタインによって否定されて時空概念が成立した後も、なお、宇宙論で、宇宙の創成と終焉を説明する際の仮説として虚時間概念が提起される[22]など、時間の本質をめぐっての議論が続いている。

時間の本質論とは別に、人間の時間意識についても、歴史的変遷が認められる。一日の区分法の不定時法から定時法への変化、一年の区分法の自然暦から太陰太陽暦、太陽暦への変化、自然のリズムによる時間区分のなかに週（八日週・七日週・六日週・市日週等）・曜日・祝祭日・節気・六曜などの人為的な時間区分を設定する方法の変化などは、時代・地域・民族によってさまざまな形で観察されている。ヨーロッパにおける計時法つまり時計の発達と関連させながら時間意識の変遷を、〈神々の時〉〈身体の時〉〈機械の時〉〈コードの時〉と捉えたのはJ・アタリであるが[23]、一般的には、時間意識は、〈聖なる時間〉と〈俗なる時間〉の区分の形成からその解体へ、〈共同体間時間〉さらには〈普遍的時間〉の採用へ、〈反復する時間〉より〈直進する時間〉の重視へと変化してきたと見てよかろう。人間の行為空間との関連で見れば、人間行為のなかで社会空間が強い時代には〈共同体内時間〉が、政治空間が強い規定力を持つ時代には〈聖なる時間〉が主たる時間軸となり、経済空間が強烈な規定力を持つに至った時代特に近代社会では、〈直進する時間〉が主軸となると言えよう。この変化は、自然科学の発達によって促された側面もあるが、より規定的な要因は、政治的支配のあり方、社会統合の機序、商品経済あるいは資本の論理の作用であろう[24]。

共同体と共同体の間に発生した商品交換は、〈共同体内時間〉の制約をはなれて、〈利潤量を微分する時間〉としての〈時計で計られる普遍的時間〉の軸に添うようになる。商品経済の発達が、資本特に産業資本を育てあげると、時間単位当たりの利潤量（年間利潤率など）を最大にするための競争が行われるなかで、時間の枠内の効率性が追求され、「時は金なり」の箴言が、市場経済のなかでの人間行為の規範となる。あるいは、近代社会では、「定時行動の規律化」「時間厳守（punctuality）」「速《スミヤ》カサ」が集団の規律を高め、時間を貫く「微視的権力」が発達して社会の秩序化を促進する(25)。

高度経済成長は、〈直進する時間〉を極限にまで細分化して効率性を追求する経済的行為の所産であり、その「成果」が、「過剰富裕化(26)」と「資源蕩尽・地球破壊」である。〈直進する時間〉が人間行為を過度に規制する現代には、「刹那型思考」の蔓延と「思考の脱歴史化・脱社会化」「社会的な知的退化」を鋭く指摘する発言（馬場宏二(27)）が登場するのも頷ける。

歴史時間を問題にするまえに処理しておきたい時間本質論・時間意識論ではあるが、まだ充分に説得力ある学説を見出すことができないし、筆者の理解も満足できる水準には達していないので、ひとまずはこの程度に止め、先に進みたい。ただ、その前に、空間の分節化と関連して、経済学が時間をどのように取り扱ってきたかを確認しておくことは有用であろう。人間の経済的行為が、ある時間のなかにおける行為であるという事実にもかかわらず、経済学は、意外にも、時間には無頓着である。もちろん、利潤論にせよ利子論にせよ、あるいは剰余価値論にせよ、それを説く時には、〈線分化された時間〉概念を用いているし、景気変動論・経済成長論でも〈直進する時間〉が前提となっている。しかし、近代経済学もマルクス経済学も、ともに、理論的に重要な部分で、時間に躓いている。

近代経済学のミクロ理論では、市場で価格が決定され、商品需給の均衡が達成されることを説いている。均衡が実現する条件は、供給曲線と需要曲線が設定できるということであるが、価格変化に対応した供給・需要の変化にはそれなりの反応時間が必要であることには特別の配慮はされず、いわば均衡は即時にあるいは無時間的に実現するものとされている。現実的に考えれば、投資設備は固定的であるし、新規投資には不確実性がつきまとうから供給の変化には不確定な時間がかかるし、需要の反応時間もゼロとするわけにはいかない。それどころか、需要の決定要因を、所与の価格と予算制約のもとに効用を最大化する消費者の選択行為に求めた場合、財の種類nが2とか3ならともかく、nが100近くにもなると、もはや、効用最大の財の組合せを選択するのにかかる計算時間は、「宇宙開闢以来の時間を超えてしまう」という試算が示されている。[28]「計算量の理論」からすると、簡単に需要曲線を描くことはできなくなるというわけである。このアポリアは、ホモ・エコノミクスを想定した方法論的個人主義から離れれば解消するという性質のものでもなさそうである。

同様なことは、マルクス経済学についても指摘できる。私的資本の無政府的な行動が社会的には均衡（需給の均衡＝労働力の社会的配分の均衡）を達成する根拠を労働価値説に求めた場合、時間経過とともに生じる生産力の不均等な変化（労働生産性の不均等な変化）が諸商品の価値関係に及ぼす影響を考慮すると厳密には均衡が実現しないことになる。ここでも、生産力はある期間は一定であるとの仮定、つまり無時間性の仮定を導入することによって論理的整合性を担保することになるが、「均衡をいわば静態的に考察する生産論という場の理論的な限界が露呈[29]」すると言わざるを得ない。

さきには行為空間との関連で経済学に「商品」概念の再検討を要請したが、ここでは、経済学が時間を内包的に処理する課題を背負っていることを指摘したことになる。これは、上述の理論問題の始末に限らず、一般的に静学の色彩の強い経済学を、時間を取り込んだ動学に鍛え直す作業の必要性を感じるからである。もちろん、動学化への期待は、経済学がさらなる経済成長に有用性を発揮して欲しいからではない。静学的経済学が、均衡状態の実現過程に強い関心を払うがために、経済空間の自立性・独立性を過度に強調する傾向を持つことに対する不満からの動学化への期待であり、動学化して不均衡要因に関心を持つに至るであろう経済学が、そこから他の人間行為空間との交通橋の架橋作業の必要性を内在的に承認することを期待してのことである。

補論Ⅱ　〈心的個〉の〈場〉の分節化

〈心的個〉の〈場〉の分節化は〈身的個〉の場合のように単純にはできない。筆者の能力と勉強の不十分さが原因ではあるが、客観的な理由もある。〈身的個〉は、ひとまず個人と他者の関係、〈ひと〉〈ひと〉関係とは切り離して対象化することができたが、〈心的個〉はまさに〈ひと〉〈ひと〉関係のなかで形成・変化するものであり、複雑な構造を持っているからである。[30] 〈心的個〉の〈場〉の分節化は極めて困難であり、とりあえず粗雑なスケッチを描くにとどめざるを得ない。

〈心的個〉の〈場〉も四つに分節化することにする。〈第一場〉は、日常的な生活時空で、〈心的個〉の欲望・感性（感覚と感情）・理性（事象認識力と価値基準・行動規範形成力）・意志・直覚などの形成・変化が進行し、人格的自己同一性（Identity）が形成・維持される。時間は〈心的個〉の形成・成長過程として流れ、その死で止まる。

〈第二場〉は、人類時空で、〈いま〉を生きる〈心的個〉は、〈過去〉に生きた〈心的個〉の欲望・感性・理性のあり方を大なり小なり継承しているし、〈未来〉に生きる〈心的個〉のそれらになんらかの作用を及ぼす。この継承・作用関係は、〈第一場〉での世代の重複が視覚的接触的にそれを可能にする面もあるが、より重要なのは「言語」を媒介とする情報伝達であることは自明であろう。[31] この〈第二場〉の時間は、「言語」そのものの諸機能の形成・変化の過程と「言語」によって記録された〈心的個〉のあり方に関する情報蓄積過程として流れる。[32]

〈心的個〉の〈第三場〉は、生命時空とでも呼ぶべきもので、大脳生理学が間脳・大脳辺縁系と大脳新皮質との間の交互作用として追求している始原的な心の働きが生起する〈場〉である。始原的な感性（快・不快、喜・怒・哀・楽、愛・憎、恐怖＝畏怖、安・不安などの原基あるいは胚芽）と、かつては本能とも呼ばれた〈衝動（Trieb）〉が生起する〈第三場〉には、生命圏から人類が生成してくるまでとその後の人類進化の累積的過程が時間として流れている。バイオ・リズムがどれほど現実に存在するのかは不明であるが、すくなくとも、約二四時間周期（二四時間の昼夜リズムか二四・八時間の潮汐リズム）のいわゆる体内時計が存在することは、時差ぼけ現象で体感できる。大脳生理学とS・フロイドいらいの精神分析学が主として研究対象としている〈場〉であるが、未解明の点が多いと言わざるを得ない[33]。

〈心的個〉の〈第四場〉としては、宇宙時空を想定してよかろう。景観・気候・風土などと表現される地球のあり方、気象・季節などの地球の状況の変化、あるいは日月星など宇宙空間の事象のあり方は、ひとまず外的刺激として〈心的個〉に作用する。風土論は、地理学的決定論にならなければそれなりに理解可能であるし、占星術の根拠は不確かであるが、星空や月の光が心に語り掛けてくるものは詩人ならずとも感知できる。アニミズムや太陽崇拝は、物神化・共同幻想の産物と理解はできるが、なお、人間の生物的感性に通底する内実を持ってはいなかろうか。〈心的個〉の〈場〉をさらに設定して、霊あるいはオーラ（aura）の〈場〉、あるいは神との交通の〈場〉を考えることもできようが、筆者としては、〈第四場〉までを考察の対象としておきたい。

〈心的個〉はこれら四つの〈場〉を重層的に生きると考えておくわけである。この四〈場〉のなかで、現代であれば、始原的感性は現代人の感性として、〈衝動（Trieb）〉は現代人の〈欲望〉として現れ、言語と累積された知識が現代人の理性を形成することとなって、現代人の人格的自己同一性が生成する。

現代の〈心的個〉が、過去の時代の〈心的個〉と較べて、どのような特徴を持つかを論じることは難しい。一般論としては、〈第三場〉＝生命時空の規定力が弱まって、〈第二場〉＝人類時空の規定力が強まる傾向があると言われている。〈衝動（Trieb）〉（本能）を抑制する理性が発達するということであるが、欲望のおもむくままに自己中心的な行動をする現代人を見ていると、そう単純には断言できそうにない。人類における進歩とは何かという設問が可能であるかを含めて、あらためて考えてみたい論点として残しておこう。

（1）人間を、〈からだ〉と〈こころ〉に区分する考え方は、古くから提起されている。しかし、このふたつが、どのような関係にあるかについては、心身問題として論じられ、いまだに定説は確立されていない。ここでは、便宜的に、人間を〈身的個〉と〈心的個〉の統一体と仮設しておく。この両〈個〉は、〈心的個〉にとっては〈身的個〉が存在条件であり、〈身的個〉にとっても〈心的個〉が存在条件となっているという相互規定関係のなかで一体化していることは言うまでもない。

（2）福島章『ヒトは狩人だった』一九九一年、青土社。より一般的には、動物の行動を規定する大きな「衝動」として、摂食・生殖・逃走・攻撃を「四天王」とする見方もある（K・ローレンツ、日高敏隆・久保和彦訳『攻撃——悪の自然誌』一・二、一九七〇年、みすず書房。Konrad Lorenz, *Das sogenannte Böse, Zur Naturgeschichte der Aggression*, 1963, Dr. G. Borotha-Schoeler Verlag.）。

（3）この〈第三場〉の自然科学的分析は、人間と環境という二分法が人間中心主義の発想であることを明らかにしつつある。たとえば、ヒトがイネ（稲）と部分的に遺伝子を共有しているという事実（日本経済新聞、一九九二年九月一九日朝刊、一二面）は、R・ドーキンスの生物は遺伝子生き残りのための生存機械であるとの主張（R・ドーキンス、日高敏隆・岸由二・羽田節子訳『生物＝生存機械論』一九八〇年、紀伊國屋書店。Richard Dawkins, *The Selfish Gene*, 1976, Oxford University Press.）にまでは共感できないとしても、従来の人間観の修正を迫るものである。あるいは、J・ラブロックのガイア（GAIA）仮説にも耳を傾けるべきかもしれない（J・E・ラブロック、スワミ・プレム・プラブッダ訳『地球生命圏——ガイアの科学』一九八四年、工作舎。Jim E. Lovelock, *Gaia: A New Look at Life on Earth*, 1979, Oxford University Press.）。

（4）地球の活動（たとえば地震・噴火・台風）が人間に影響を与えることは簡単に実感できるし、地球重力の作用の生命への影響は人工衛星や国際宇宙ステーションを使っての実験テーマであるし、地球の衛星＝月の引力の生命活動への作用も確認されている。太陽黒点の変化が植物の成長に影響するばかりか〈身的個〉の脳にまで作用するとの仮説すらある（栗本慎一郎『幻想としての文明』一九九〇年、講談社）。

〈第四場〉つまり宇宙時空が生成する前提になった〈場〉、名付けるなら〈第五場〉は、現在の自然科学では確認できておらず、むしろわれわれの知る時空は現宇宙の属性と見なされているから、これ以上の〈場〉を想定するとすれば、それは神の世界とするしかない。

（5）各円錐の頂点から底面に向けて時間が流れるイメージ図であるが、各円錐の高さが、それぞれの〈場〉の持続年数を比例的に示しているわけではない。宇宙一三七億年、地球四六億年に対して人類史五〇〇万年はあまりにも瞬時である。〈第一場〉を示す円錐1は、生きている人間の〈場〉であるから、人類時空〈第二場〉とともに始まっていて、世代交代によって、常に、下方に移動していることになる。円錐の断面は、空間の広がりや活動量の大きさを示しているが、生命時空では、過去に生物種の大激減期を何回か経験しているから、下方向に連続的に拡大する円錐ではなく、途中にいくつかのくびれがあるような、いくつかの円錐が重なった形のほうがイメージとしては適当かもしれない。

（6） 場を分節化する仮説として松井孝典は、大気圏、海地圏、生物圏、人間圏の四区分を提起している。原始人類は生物圏に生きていたが、農耕牧畜を開始した一万年前からは人間は地球環境を変化させる力を持つこととなって人間圏が形成された。現代の人類は四区分された地球システムの中に生きているが、人間圏の拡張は、地球システムの循環メカニズムを破壊するほどになった。松井の仮説は、現代文明の危機を説明するには説得力が高いが、人類の歴史時空を区分するには、いささか恣意的で、ここでは、人類史は人類時空〈第二場〉に展開するとしておきたい。松井孝典『一万年目の「人間圏」』二〇〇〇年、ワック。

（7） ヒト登場とは、あいまいな言い方である。後掲補論Ⅱでは、〈心的個〉の〈第二場〉で「言語」を重視したが、ここでは、経済的行為を「言語」使用と結び付けているわけではない。両性間の分業と協業が始原的な経済的行為と思われる。これは、家族形成を念頭にしているが、ヒト科の形成を家族形成で説明する仮説（たとえば河合雅雄『人間の由来』下巻、一九九二年、小学館）を取れば、経済的行為はヒト科登場とともに古いということになる。

（8） 古典的には、N・ジョージェスク＝レーゲン（小出厚之助・室田武・鹿島信吾編訳『経済学の神話——エネルギー、資源、環境に関する真実』一九八一年、東洋経済新報社。Nicholas Georgescu-Roegen, *Economics of Natural Resources/Myths and Facts*, 1981, original papers are published during 1975-1980.）が先駆的であり、日本では、槌田敦『石油と原子力に未来はあるか——資源物理の考えかた』（一九七八年、亜紀書房）、室田武『エネルギーとエントロピーの経済学』（一九七九年、東洋経済新報社）、玉野井芳郎『エコノミーとエコロジー——広義の経済学への道』（一九七八年、みすず書房）などが先駆的業績である。

（9） 〈状況場〉とは、一般に人間が直面する大きな社会的環境を「大状況」と表現する用語法を借用した造語であり、人間が生きる時空を〈場〉と呼んだのと区別するために、社会的行為が生起する時空に〈状況場〉という呼び名を付けた。ここでは、経済的行為が生起する経済時空を〈状況場〉として分節化するが、政治時空・社会時空・文化時空の分節化にも適用できる方法と考えている。

（10） K・マルクス『経済学批判』（一八五九年刊）「序言」の die ökonomische Gesellschaft-formation（邦訳、岩波文庫版、一四頁）。

（11） ドネラ・H・メドウズ、デニス・L・メドウズ、ヨルゲン・ラーンダズ、ウィリアム・W・ベアランズ著、大来佐武郎監訳『成長の限界——ローマ・クラブ人類の危機レポート』一九七二年、ダイヤモンド社（Donella H. Meadows, Dennis L. Meadows, Jorgen Randers, William W. Behrens III, *The Limits to Growth*, 1972, Universe Books.）。

（12） ドネラ・H・メドウズ、デニス・L・メドウズ、ヨルゲン・ラーンダズ著、茅陽一監訳『限界を超えて——生きるための選択』一九九二年、ダイヤモンド社（Donella H. Meadows, Dennis L. Meadows, Jorgen Randers, *Beyond the Limits*, 1992, Chelsea Green Publishing.）。さらに、ドネラ・H・メドウズ、デニス・L・メドウズ、ヨルゲン・ランダース著、枝廣淳子訳『成長の限界——人類の選択』二〇〇五年、ダイヤモンド社（Donella H. Meadows, Dennis L. Meadows, Jorgen Randers, *The Limits to Growth : The 30-year Update*, 2004, Earthscan.）。

（13） ここで、経済的〈状況場〉の分節化方法にともなう問題点を明記しておこう。経済時空をひとまず政治・社会・文化時空から区分できるものと考えているが、第一章で強調したように、経済空間はほかの空間と相互に関連性を持っている。したがって、経済的〈状況場〉の分節化に際しても、ほかの時空が経済時空を規定する面を考慮しなければならない。特に、前近代社会では、K・ポランニーが指摘する通りに、経済システムは社会関係のなかに埋め込まれて（embedされて）いた（K・ポランニー著、玉野井芳郎・平野健一郎編訳『経済の文明史』一九七五年、日本経済新聞社、特に第二章「時代遅れの市場志向」。原論文は、Karl Polanyi, Our Obsolete Market Mentality, *Commentary*, Vol.3, 1947.）といっても良いから、経済時空を単独の、あるいは純粋に自立した時空として抽出するのは無理であり、またあえてそうすると記述はほとんど無内容なものになりかねない。そこで、ここでは、ほかの時空の規定力を、それが経済時空に及んだ地点・時点で捉え、それがどのような過程を経て経済的事象を規定するかについてはとりあえず不問にするという処置をとりたい。具体的には、所有・共同体・支配・政策・需要などの事象は、経済時空以外の時空の強い規定を受けるが、それらの事象自体の生起過程は別の検討課題として残し、ここでは、それらを経済に対して規定力を持つ所与の事象と見なして経済時空を分節化するという仕方をとる。

（14） 三次元マトリックスの三軸を細かく区分すると、さまざまな歴史社会の一層細かい類型化ができそうである。たとえば、封建社会として括られるヨーロッパ中世社会と日本近世社会を比較してみよう。①生産手段のあり方の面では、有畜農業であるヨーロッパでは放牧地が、水田農業である日本では水資源（水利）と採草地（刈敷き用）が「大地」のなかで特別な重要性を持つから、それらを区分して権利関係を分析することが必要である。②所有権のあり方の面では、私的所有地の使用権が、ヨーロッパでは共同体の耕作規制（三圃制農業下の休耕地の開放など）によって制限され、日本では領主の作付け規制（田畑勝手作禁止）によって制限されるという違いがあり、処分権については、日本の領主による永代売買禁止や分地制限などの規制が目立つように、所有権のあり方に差異がある点を考慮する必要がある。③権利主体のあり方の面では、私的所有権を実体的に持つヨーロッパ領主と、かなり観念的な領有権しか持たない日本領主が対照的である。封建制解体後の両者の領地内の土地にたいする所有権の有無を見ると、権利主体のあり方が大きく異なっていたことが分かる。

（15） K・マルクス（岡崎次郎訳）『資本制生産に先行する諸形態』一九五九年、青木書店。マルクスとヴェーバーの業績の上に、独自の共同体論を展開したのは大塚久雄である。大塚久雄『共同体の基礎理論――経済史総論講義案』一九五五年、岩波書店。

(16) 社会的余剰の概念については、人間が必要とするモノとはなにかという問題と関連させながらあらためて検討せねばならない。古代エジプトのピラミッドは、支配者層が取得した社会的余剰の結晶物であると見るのが普通であるが、あの時代を生きた人々にとっては、自らの人格的自己同一性（Identity）を維持するために必要なモノであったのかもしれない。あるいは武器、たとえば現代の核兵器は、社会的余剰の産物なのか社会的に必要なモノなのかは見方が分かれるところであろう。マルクス経済学にそくして言えば、社会的必要労働と剰余労働の区分線をどこに引くのかという問題になる。短期間にモデル・チェンジが行われる現代の乗用車を、必要生産物と見なすのが理論の正当な適用ということにはなろうが、「必要」と「余剰」の区分論は、前にもふれたモノの有用性・使用価値・効用の問題と関連させて再検討してみる余地がある。

(17) 生産された社会的余剰は、直接に消費に向けられるか、あるいは貯蓄される。貯蓄された分が、次の生産期間に生産手段として使用されると、その社会の生産は拡大する。つまり貯蓄から新しい投資が行われることによって拡大再生産が実現する。

(18) これは、〈心的個〉のあり方に関わる問題である。ここでは、前近代社会では、欲望が共同体関係のなかでコントロール（主として抑制）される点と、資本制社会では、いわば欲望が解放されて、むしろ欲望昂進メカニズムが働く点とに注目しておこう。

(19) ここまでは、社会的余剰が新たに生産される場合を想定してきたが、「余剰」とは「必要」との関係で規定される相対概念であるから、仮に社会の生産物が増加しない場合でも、社会的余剰は増加しうる。つまり、生産に関わる人々の生活水準（つまり「必要」分）を引き下げれば、その分だけ「余剰」は増える。支配者層が、被支配者層の消費生活のあり方に介入して、「必要」分を抑制することは前近代社会では一般的に見られる事象である。社会の生産物が増加する場合でも、ことは同様である。増加分をどの程度「必要」分に組み入れて「余剰」を形成するかは、支配者層と被支配者層との力関係によって決まると言ってよい。

支配・被支配関係は、特定の個人・集団の命令に、他の個人・集団が服従する関係であるから、それが生成する歴史過程は、極めて複雑である。支配・被支配関係が、前に述べた第一位相のモノに関する〈ひと〉〈ひと〉関係、生産手段の所有関係から生起することは確かであるが、それ以外にも、単なる物理的暴力（腕力・武力）からも生起するし、M・ヴェーバーが指摘する正当性承認の三類型（カリスマ的支配、伝統的支配、合法的支配）も支配関係の持続性を説明する有効な仮説である（M・ウェーバー、世良晃志郎訳『支配の諸類型——経済と社会　第一部第三章第四章』一九七〇年、創文社。（Max Weber, *Wirtschaft und Gesellschaft, Grundriss der verstehenden Soziologie*, vierte, 1956, erster Teil, Kapitel III, IV.））。とにかく、支配・被支配関係については、経済時空と言うよりも政治時空における事象として別な検討が必要である。

(20) 宇野弘蔵『経済学方法論』一九六二年、東京大学出版会、四―五頁。

(21) なお、この六社会区分は、人類史上の区分であり、ある地域の社会が、この六社会のすべてを継起的に経過すると見るわけではない。日本では、原始共同社会・貢納制社会・封建社会・資本制社会と歴史時間が流れたと考えてよかろう。ところで、歴史時間が流れたと言った以上、なぜそのように流れたのかが問題となる。つまり、ある経済的構成から次の経済的構成へ移行する歴史的な過程を、どのような因果関連で把握するか、やや曖昧な表現を用いると、移行の歴史的必然性をどう把握するかという難問である。

従来の歴史論のなかで移行の論理を最も鮮明に打ち出しているのは、唯物史観で、生産諸力の発達を移行の要因として明示している。この考え方に反論する積極的な論拠はないが、やはり、生産諸力という概念に、なお不明確なところがあるように思われる。生産諸力は、たんに自然科学的な理論と技術の発達レベルにかかわるだけではなく、生産関係と分業（生産工程分業と社会的分業）のあり方にもかかわることはマルクスが鋭く指摘したところである。しかし、生産諸力と生産関係との相互規定がどのようになされるのか、また、分業はなぜ生産諸力を発達させるのかという問題は、充分に検討されてこなかったのではなかろうか。

筆者としては、前述の三つの位相のあり方が生産諸力の発達にどのような影響を持つかという問題と分業論とを検討するなかで、〈大状況場〉の移行の基本的な要因のひとつとして、生産諸力の発達を検出できると想定しているが、この作業は未了である。ひとつの要因といったのは、経済的〈大状況場〉の移行は、経済時空の内部要因のみに規定されるとは限らず、他の時空からの作用関係もあわせて検討せねばならないと考えているからである。他の時空の〈状況場〉分節化作業は未着手であるので、ここでは、これ以上の論及は差し控えるしかない。

(22) S・ホーキング「虚時間」『ホーキングの最新宇宙論』（佐藤勝彦監訳）一九九〇年、日本放送出版協会（Stephen W. Hawking. Imaginary Time. 1989 revised in 1990.）。

(23) J・アタリ（蔵持不三也訳）『時間の歴史』一九八六年、原書房（Jacques Attali, *Histoires du temps*, 1982, Fayard.）。日本人の時間意識については、角山栄『時計の社会史』（一九八四年、中央公論社）が興味深い。

(24) 文字暦の作成が、支配者・政治権力者の手によって行われてきたことは、洋の東西を問わず広く確認できる事実であり、〈聖なる時間〉を区分することによって自らの権威を強化すると同時に、被支配者に〈労働の時間〉を強制する時間の管理技術は、古代社会から発達してきた。〈ハレの時間〉〈祝祭の時間〉と〈ケの時間〉〈日常の時間〉を区分することは、共同体の社会秩序を維持する機能をはたしてきたし、支配・被支配関係の保持にも役立ってきた。牧畜・農耕社会では生態学的時間（ecological time）、たとえば、スーダンのヌアー族の「牛時間」（牛舎から牛を出す・搾乳・牧草地へ連れ出す・山羊や羊の搾乳・牛舎の掃除・牛を連れ戻すという作業で時間を区分）やフィリピンのボントック・イゴロット諸族の「米年（rice year）」（稲作作業で一年を八期間に区分）など〈反復・循環する時間〉が採られるのに対して、工業社会では、標準時間を持つ定時法によって労働時間が規定され、作業過程はストップ・ウォッチで線分化された時間で管理され、〈直進する時間〉のなかに労働が閉じ込められる。E・プリチャード（向井元子訳）『ヌアー族――ナイル系一民族の生業形態と政治制度の調査記録』一九七八年、岩波書店（Evans-Pritchard, *Les Nuer*, 1968, Gallimard.）。

(25) 成沢光「近代日本の社会秩序」東京大学社会科学研究所『現代日本社会　四　歴史的前提』一九九一年、東京大学出版会。成沢光『現代日本の社会秩序――歴史的起源を求めて』一九九七年、岩波書店、に収録。

(26)「過剰富裕化」とその問題性を鋭く指摘したのは、馬場宏二である。馬場宏二『富裕化と金融資本』一九八六年、ミネルヴァ書房。

(27) 馬場宏二「刹那型思考の蔓延――ひとつの現代資本主義論」（『社会科学研究』第四二巻第二号、一九九〇年九月）、一〇五頁。

(28) 塩沢由典『市場の秩序学――反均衡から複雑系へ』一九九〇年、筑摩書房、二二二頁。

(29) 山口重克『経済原論講義』一九八五年、東京大学出版会、一四〇頁。この時間問題のアポリアについて、山口重克は、「価値法則の存在の想定の際には、（中略）いわば抽象的な時間を想定しているということになるのかも知れない。具体的な時間の導入はある程度は競争論で行われることになるが、もちろんそれにも限度があり、つまりそこでもブラック・ボックスに入れておかなければならない問題が残ることになり、さらなる具体化は段階論以降でということになる」（山口重克「段階論の理論的必然性」山口重克編『市場システムの理論――市場と非市場』一九九二年、御茶の水書房、一五頁）と述べている。時間問題を、原理論ではブラック・ボックスに入れて、段階論・現状分析論で解明するというのもひとつの方法であろうが、論理抽象度の異なる経済学段階論の間の交通関係が明確にされないと、真のアポリアの解消にはならないのではなかろうか。むしろ、原理論のレベルで、時間を導入できる限界を明確にすることによって、段階論（経済政策論）への論理的展開の糸口をつける方が生産的であるように思われる。

(30)〈身的個〉は実体として把握することが容易であるが、〈心的個〉はむしろ関係性として捉える方が的確であるということかもしれない。そして、〈心的個〉に関しての科学は、〈身的個〉に関わる科学よりも達成度が著しく低い。哲学・心理学・文学・言語学・文化人類学あるいは精神分析学などが〈心的個〉を対象としてきたが、蓄積されている知識はなお深浅さまざまな断片的なもののように見える。あるいは、大脳生理学・精神病理学・遺伝子学などが〈心的個〉と〈身的個〉の相互関連を追求してはいるが、まだ満足すべき成果をあげるに至っていない。

(31) ここでは、情報伝達の媒体として「言語」を重視するわけではない。「言語」は、深いところで〈心的個〉を規定している。そもそも、動物世界から人間を区別する仕方がいくつかあるなかで、〈心的個〉の面からすると、「言語」使用が決定的な意味を持つと言える。情報伝達の媒体としての「音声」なら動物も持っているが、環境世界（Umwelt）（J・ユクスキュル、G・クリサート、日高敏隆・野田保之訳『生物から見た世界』一九七三年、思索社。Jakob von Uexküll/ G. Kriszat. *Streifzüge durch die Umwelten von Tieren und Menschen: Ein Bilderbuch unsichtbarer Welten*. 1956. Rowohlt.）を「言語」によって分節化して認識対象に転化させるわざは人間の特性であり、「言語」が、人間の欲望・感性・理性の形成に関与するところは極めて大きいと考えられる。動物は〈身分け構造〉のなかに生きるが人間は同時にコトバによるゲシュタルトを持って〈言分け構造〉のなかに生きるようになった時から人間になったとの丸山圭三郎の仮説は魅力的である（丸山圭三郎『文化のフェティシズム』一九八四年、勁草書房、七三―七四頁）。〈心的個〉の〈第二場〉は、むしろ、言語時空と見る方が適切であるのかもしれない。

(32) 過去から蓄積された情報が、〈いま〉生きる〈心的個〉に作用するのは自明として、「言語」そのものの変化が持つ意義は、たとえば、音声言語世界と文字言語世界の位相差を考えても（W・オング、桜井直文・林正寛・糟谷啓介訳『声の文化と文字の文化』一九九一年、藤原書店。Walter J. Ong. *Orality and Literacy*. 1982. Methuen.）、現代のコンピュータ言語の作用を予測しても（I・イリッチ、桜井直文監訳『生きる思想』一九九一年、藤原書店、一―一「レイ・リテラシー」、「コンピューター・リテラシーとサイバネティックスの夢」。原論文は、Ivan Illich. A Plea for Research on Lay Literacy. *Interchange*.Vol.18.Nos 1/2. 1986. same. Computer Literacy and the Cybernetic Dream. *Bulletins of Science, Technology and Society*. The Pennsylvania State University. Vol.7. 1987.）極めて大きいと思われる。

(33) 一九九六年にリゾラッティらによって発見された脳内のミラーニューロンは、動物の他者理解や共感と関係し、言語の形成にもかかわっている可能性が指摘されている。今後の研究の進展が期待される。ジャコモ・リゾラッティ、コラド・シニガリア、柴田裕之訳、茂木健一郎監修『ミラーニューロン』二〇〇九年、紀伊國屋書店（Giacomo Rizzolatti. Corrado Sinigaglia. *So Quel Che Fai: Il Cervello Che Agisce e I Neuroni Specchio*. 2006. Raffaello Cortina Editore.）。

第三章　資本主義の段階区分——三位相からの接近

一　はじめに

資本主義の歴史を、いくつかの発展段階に区分して理解する方法は、ドイツ歴史学派以来、いろいろ提起されているが、なかでも説得力が強いのは、宇野弘蔵が、マルクスの方法を基礎としながら独自に理論化した、いわゆる宇野発展段階論である。(1)宇野発展段階論は、その後、大内力、加藤榮一、馬場宏二によって深められ、宇野の構想を修正した新しい発展段階論が構築された。(2)もちろん、これらの発展段階論を援用することは可能であるが、ここでは、前章で提起した三つの位相から、資本主義の段階区分、資本主義の〈中状況場〉の分節化を試みてみよう。

第一位相については、社会の構成員が生産手段をめぐってどのような権利関係にあるかが問題となるが、資本主義では、類型的には、社会の構成員は、生産手段を持たない労働者、生産手段を私的に所有する資本家・地主に三分割される。とはいえ、歴史的には、この三分割は、時間をかけて進行するし、それが完成したかたちを取ることはなく、いわゆる旧中間層として生産手段を所有しながら労働を行う階層は、国によってさまざまな姿で存続する。そこで、生産手段の所有者と非所有者への分解が進行する過程、あるいは、所有者・非所有者の分裂状態が維持される過程を明確にすることによって、資本主義の発展段階を区分する手がかりが得られる可能性がある。従来も、資本主義の形成期については、原始的蓄積として、生産手段から自由な労働者の形成が問題とされてきたが、確立期以後についても、この位相を問題にすることができると思われる。

資本主義についての第二位相からの分析課題は、一般論としては、労働者に剰余価値生産を強制する仕組みと資本家間での剰余価値配分の仕組みとが、どのように変化したかを解明することである。系論としては、農民や小生産者からの社会的余剰の搾出の仕組み、地主が地代を取得する仕組みの変化の解明が課題になるが、本書ではこれには触れない。経済原論的には、労働者が労働力を商品として販売し、それを購入した資本家が労働力商品の購入価格以上の労働＝価値を製品に対象化させて剰余価値を獲得して、それを利潤・利子・地代として資本家・地主に配分するということになる。

労働者に剰余価値生産を強制する仕組みは、無産者に労働力商品の販売を強制する仕組みと、雇用された労働者に作業場において労働（必要労働と剰余労働）を強制する仕組みの二面を持つ。労働力商品販売は「飢えの恐怖」によって、労働は「失業の恐怖」によって基本的には強制されるが、「飢え」と「失業」の恐怖を発生させる条件については歴史的にその変化を検討する必要がある。また、労働者に労働を強制する仕組みに関しては、いわゆる労務管理技術として、歴史的に洗練化が進められており、その分析も必要である。また、剰余価値は、絶対的剰余価値と相対的剰余価値として生産されると考えられるが、その仕組みにも歴史的変化が認められる。

資本家間の剰余価値配分は、一般的には、平均利潤率の形成過程として理解されているが、それの前提である市場における自由競争は、いつの時代にも実現されているとは言えない。独占の存在によって、利潤配分の仕方は変化すると考えられるから、初期的な独占や近代的独占の及ぼす利潤配分への影響を検討する必要がある。あるいは、資本家という概念では、十分には理解できないような株式会社大企業の登場は、所有主体としての株主と経営主体としての経営者の分離をもたらし、剰余価値の配分にも変化をもたらすことにも注目しなければならない。また、株式や債券が擬制資本として市場で売買されると、投機的な価格変動による剰余価値配分の変化が生じる可能性もある。土地所有者の地代取得の仕組みは、一般論としては、差額地代・絶対地代の形成と理解されるが、土地も擬制資本として投機対象にされるから、現実の地代形成は、複雑なプロセスを経ることになる。

第三位相については、資本主義の場合には、基本的には、個別的経営＝企業が利潤を最大化しようとして行う経済活動を市場が調整して社会的再生産を可能にしている。とはいえ、企業活動や市場に対して、政府がなんらかの規制を加えたり、影響力を発揮することによって、政府も再生産を調整する役割を果たす場合がある。あるいは、政府が、自ら、商品・サービスの購買者や供給者となる場合には、社会的再生産の一部が、政府の計画的行為によって調整されることになる。そこで、企業・市場・政府の三つの再生産調整要因が、それぞれどのような役割を果たしながら社会の再生産を実現しているかを分析することによって、資本主義の発展段階を区分することができそうである。

やや別の角度から言えば、政府の財政・貨幣金融政策や産業政策が、社会的再生産の調整に果たす役割を、歴史的に検討することが、発展段階を区分するためには必要である。また、本書では直接には論じないが、企業・市場・政府が結果として実現させる労働の社会的配分の状態を、産業構造と需要構造の面から分析することも、発展段階区分には有用であろう。

このように、三つの位相から資本主義を歴史的に分析すると、その発展段階の区分や、各国資本主義の個性の解明ができそうである。ここでは、三つの位相から、これまでの資本主義の発展段階を、形成期・確立期・第一変質期・第二変質期・第三変質期の五つに区分する仮説を提示したい。

二　資本主義の形成期

第一位相――原始的蓄積の進行

資本主義の形成期は、おおむね封建社会の末期に始まるから、なお、大なり小なり共同体的な関係の中で生活する農民や手工業者が大多数であり、農地や作業場を持たない貧農・貧民・浮浪民が存在してはいるが、資本・賃労働関係が形成されるために必要な労働力を商品として販売する労働者の供給は、極めて不十分であった。そこで、生産手段を所有し自らの労働を投入することによって生計を維持している自営農民・手工業者を、共同体関係から切り離しながら、同時に、生産手段からも分離させて、無産者に転化させる歴史過程が進行しなければならない。いわゆる原始的蓄積の一側面として知られているこの過程は、基本的には、商品経済の発展にともなう農民層の分解や手工業者の没落という市場における淘汰作用の結果として進行する。そのほかにも、領主・農民関係のあり方によっては、封建地代賦課による農民の貧窮化や、領主による農民の土地からの追い出しなど、経済外的な圧力の作用によってこの過程が進行する場合もある。

小所有者たちの分解は、無産者（労働者・貧農）と有産者（資本家・地主）をつくり出すが、形成期の産業資本は、技術的には手工業を基礎としているマニュファクチュアや問屋制家内工業であったために、小生産者を商品経済に巻き込んで分解する力はなお弱く、未分解の小所有者も数多く残存することとなった。また、産業資本の側も、技術的な熟練を必要とする手工業であるために、無産者化した旧小生産者たちを、ただちに労働力商品の売り手として雇用することはできず、熟練技術を身につけた無産者の供給不足に悩まされる場合も多かった。

マルクスの言う「二重の意味で自由な労働者[3]」が析出されてくる時代が、資本主義の形成期である。

第二位相――規律ある労働の鍛錬

領主からも、共同体からも、そして生産手段からも「自由」な無産者が生まれ出てきても、彼らが、ただちに産業資本の規律のもとで勤勉に働く労働者になるとは限らない。むしろ、無産化した人々は、働くことをせずに、教会や地方政府の施しなど、伝統的救恤制度によって生活したり、物乞いをして生きる途を好む傾向を持っていたらしい。無産者たちに、工場での規律ある労働の習慣を身につけさせることが、この時期の課題となる[4]。健常者の浮浪や物乞いを禁止し、ワークハウスでの労働訓練を強制する政策、いわゆるエリザベス救貧法（一六〇一年）が必要となったことが、資本主義形成期の第二位相の特徴を示している。伝統的救恤制度への依存や物乞いを禁止された無産者は、生きるためには自らの労働力を販売するしかないことを知る。前近代的社会の互助・共存・救恤の仕組みが否定され崩壊していく中で、「飢えの恐怖」が労働力販売を強制する仕組みとして登場する。

同じく、労働力を販売して工場に入った労働者は、「職」を失なうことは「食」を失うことと知って、「失業の恐怖」の強制によって、資本の規律の下で労働する。手工業段階であるために、生成する無産者を労働者として吸引する工業側の力が弱く、一般的には労働力は供給過剰状態にあったといえるから、「失業の恐怖」は作用していた。とはいえ、熟練工に関しては、むしろ供給不足が生じる可能性が高かったものと考えられるから、資本の規律も、完全には及ばない。比較的高い賃金と緩やかな労働条件を享受する「労働者の黄金時代」も出現したわけである。

まだ、社会的余剰の形成が、主として資本・賃労働関係を通して行われるという時代ではなく、前近代的な支配関係も機能を続けていたし、租税を介しての政府の再配分も開始されていたから、資本主義の形成期には、社会的余剰の形成・配分のあり方は、いわば過渡期であり複雑であった。産業資本は、典型的にはマニュファクチュアとして生成してはいたが、なお、商人資本による生産者からの余剰取得が資本蓄積の主軸であった。市場の不統一（価格体系に差異がある市場圏の並立）や運輸通信手段の発達度の低さによる市場へのアクセス機会の不均等のために、競争関係が利潤率を均等化する力はまだ弱く、資本家間の剰余価値配分機構は未成熟であった。王権による特許などの経済外的要因に支えられて初期的独占が形成される場合もあり、独占的利潤を得る資本家も存在した。

第三位相——未熟な市場

社会の再生産調整も、なお、前近代的要素による部分を残しながら、次第に、市場を中心とする調整機構が機能する領域が拡大していった。つまり、伝統的な自給的生産の領域では、個別的経営と共同体の再生産調整機能がなお作用するが、しだいに、農工分離、社会的分業が進行し、市場を軸とする再生産の調整が主流になっていった。

とはいえ、市場が本来の調整機能を発揮するための条件が整ったとは言えない。市場の調整作用を原理的に単純化すると、商品の需給が不均衡化して価格変動が生じ、産業間の平均利潤率に格差が発生した場合に、低い利潤率部門から高い利潤率部門へ、資本と労働が移動することによって、商品の供給量が変化して需給の均衡が回復されるというプロセスになる。そこで、市場を中心とする再生産調整が円滑に進行するには、まず、商品需給の不均衡が商品価格に敏感に反映されなければならないが、この時期には、前述のように、市場の不統一や運輸通信手段の未発達が、正常な価格形成作用に限界を与えていた。次に、平均利潤率の形成も、前に述べたとおり、十分には行われていない。さらに、利潤率変化に反応する供給量変化が生じるためには、市場に登場する商品売買の主体が、利潤を最大化することを行動原理とする主体でなければならない。この時期に広汎に残存する小生産者は、利潤を目的とするにしても、なお、家庭の生計＝家族の再生産を維持することが最低限の目的である場合が多いから、仮に利潤が得られなくとも、労賃相当部分が獲得できれば、そのまま生産を継続する。供給が過剰化して価格が低下しても、生産を縮小する方向には向かわず、むしろ、販売量を増やして家計の維持を図ろうとするかもしれない。このような主体が参加していると、市場による再生産調整は、機能不全にならざるを得ない。小生産者の解体が徹底して、利潤を目的とする私企業が市場の中心的主体になる必要がある。また、供給量変化の前提条件である資本と労働の移動も、貨幣市場と資本市場の未成熟や、手工業的熟練労働者の供給限界からして、自由に行われるとは言えなかった。

三　資本主義の確立期

資本主義を確立させたのは、産業革命であった。産業革命は、人口増加と経済活動の拡大が、エネルギー供給源であった森林資源の枯渇を招き、代替エネルギーを石炭に求めたところに一つの起源を持っている。人類史上の一回目のエネルギー危機は、エネルギー投入量よりもエネルギー産出量がはるかに大きい石炭採掘事業の成功によってひとまず切り抜けられ、化石エネルギーに頼る機械体系の生産への導入が資本主義を確立期に導いた。

第一位相――階級関係の再生産

産業革命を経て資本主義が確立する過程では、旧中間層のさらなる分解によって所有者・非所有者が形成されるとともに、所有者・非所有者関係が維持＝「再生産」される。マニュファクチュアや問屋制家内工業では限界があった小生産者の商品経済への巻き込みとその分解を、機械を装備した近代的工業が推し進めていった。自給的小生産者は、機械制大工業が供給する商品の買い手となり、購買のための貨幣を得るべく自らの製品の売り手となって、商品経済に一層深く参入し、そこで作用する競争原理によって淘汰されていった。産業革命は、原始的蓄積を最終段階にまでもたらしたのである。

また、手工業段階では、生産手段を失って労働者となった人々が、自らの熟練技術や勤勉と節約を手がかりとしながら、ふたたび小工業者として生産手段の所有者に復帰する可能性が残されていた。しかし、機械制大工業段階では、創業時の機械装置への固定資本投資が大きくなるとともに、労働者の資本家への転化は基本的には不可能となる。労働者は家庭の営みのなかで労働者を「再生産」し、資本家は利潤蓄積によって、地主は地代取得によって、それぞれ自らを「再生産」して、資本主義の基礎的階級関係の「再生産」が定着する。

第二位相――剰余価値の生産

資本主義確立期に入ると、機械の採用によって熟練の壁が崩れて資本にとっての雇用可能な労働者の層は厚くなり、旧中間層の分解による無産者形成も進み、さらには、技術革新による相対的過剰人口形成も可能となって、労働力商品は、一般的には供給過剰となる。ただし、景気循環の発生が示すように、不況期の供給過剰・好況末期の需要過剰という波のなかでの供給過剰である。供給過剰な労働者は、「飢えの恐怖」と「失業の恐怖」にかられて労働力を販売し規律正しく工場で労働するはずである。(5)

労働運動に対しての規制は、社会的安定を狙った政治的政策であると同時に、労働力の販売価格＝賃金を抑制する役割を果たしていた。イギリスの場合、団結禁止法（一七九九年制定）が、一八二四年に廃止されたことは、「飢えの恐怖」からの労働力販売が、資本（企業）の側からの恣意的な価格設定によって行われることへの対抗力＝労働組合による団体交渉が登場する途を開いた。一八七五年の争議行為の刑事免責、一九〇六年の民事免責へと法制化が進んで、イギリスにおいては、近代的労働組合制度が整備される。労働組合は、「失業の恐怖」に対してもある程度の防壁となるから、資本（企業）は、剰余価値を取得するためには、さまざまな工夫を凝らすことが必要になる。

剰余価値の取得は、理論的には、労働時間の延長や労働強度の増加による絶対的剰余価値生産によるものと、労働生産性を上昇させることによって製品価格を低下させ、結果として賃金部分＝必要労働部分を縮小させる相対的剰余価値生産によるものとがある。産業革命の初期には、機械導入が労働時間の延長をもたらした事実や、名目賃金の切り下げが行われたことが広く指摘されている。とはいえ、これは、労働者の絶対的窮乏化が進んだことを意味するわけではなく、実質賃金は産業革命の結果としてある程度は上昇したとの見方が一般的である(6)。

産業革命を経て、産業資本が資本蓄積の主軸となるが、企業形態としては個人企業あるいは少数の出資者による共同経営の合名会社が一般的であり、資本規模も比較的小規模であった。統一的市場の形成、運輸通信手段の整備が進み、自由な企業間競争が自由な資本移動によって利潤率を均等化する作用が強化された。

第三位相――市場の成熟

産業革命のなかで、小生産者の分解が進み、機械を装備した産業資本が、社会の生産活動の中核を担うようになると、社会の再生産の調整は、市場を軸として行われる時代になる。需給関係の変化が価格に反映し、価格変動が利潤率を変化させ、それに対応して企業が投資量を変化させることによって需給が調整される仕組みが、本格的に動き始める。銀行などの金融機関を中心として貨幣市場が整えられると、一般的利子率が形成され、企業は、貨幣の一般的な価格である利子率を基準にして投資量を決定するようになる。一般的利子率が、平均利潤率を近似的に示す指標となるから、一般的利子率よりも高い利潤率が期待できる産業には資本が新規に投入され、低い利潤率しか期待できない産業への資本投入量は減少する。市場の調整機能を補助する制度も整備されていく。商品・為替・証券・海運・保険など各種の取引所が、商業取引を媒介し、先物取引による将来価格の形成が行われて、売り繋ぎ・買い繋ぎのヘッジングによる価格変動への対応も可能になる。当然、投機行為も通常化する。

投機がバブルをもたらし、バブルの崩壊が恐慌を招くという経済変動は、古い時代から存在した。資本主義の確立期になると、周期的な経済変動、いわゆる景気循環が現れる。景気循環は、基本的には、好況期に拡大する新規労働力需要が、自然人口数によって限界を与えられている労働力商品の供給を越えることを契機に発生すると考えられる(7)。景気循環は、結果的には、供給能力が過剰化した産業の低生産性企業を淘汰することによって、需給関係を均衡化させる作用、あるいは、失業と再雇用によって労働力の社会的配置を適正化する作用を持つから、市場による再生産調整のもうひとつの側面ということができる。

社会の再生産は、商品・サービスの輸出入や資本の国際移動によって可能になっているから、国際取引のあり方も問題になる。資本主義の形成期には、自国の産業に対する保護政策が採られて、国際取引を規制する傾向が一般的に見られた。確立期には、いわゆる自由主義的経済思想に沿って、保護政策を廃止し、自由な国際取引を奨励する傾向が強くなる。もちろん、先進国が自由貿易を主張し、後発国は保護政策にこだわるという構図は長く残る。関税などで保護政策が採られると、国際分業で得られるはずの比較生産費説的な国民所得上の利益が失われる場合が生じるが、保護対象商品の需給関係を、政府が調整するという作用が働いたことになる。自由主義の主張は、このような政府の介入を排除して、再生産の調整は市場に委ねるのが最善であるという判断を含んでいる。

四　資本主義の第一変質期

資本主義を確立期から第一変質期へと段階移転させた要因は、一八七〇年代からのいわゆる世紀末大不況期を特徴付ける構造的な変化、重化学工業化の進展と独占の形成であった。確立期の産業構造は、イギリスに典型的に見られるように、繊維・食品産業を中心とした軽工業を主軸とし、これに鉄鋼・機械製造などの重工業が副軸として加わるかたちを取っていた。やがて、後発国ドイツ・アメリカが、重工業を基軸とした資本主義的成長を推し進めて、イギリスとの激しい競争を展開した。いわば一九世紀後半のグローバル・コンペティションの時代が到来し、世界の基軸国イギリスがこれまでの優位性を失って停滞しはじめ、世紀末大不況と呼ばれる状況が現れた。この時期は、世界的に生産量は拡大を続けるが、生産性上昇にともなって製品価格が傾向的に低下するという特徴を示した。製品価格低下による利潤減少を回避する手段として、カルテルなど独占形成への動きが高まり、株式会社制度によって社会的資金を集中し、企業合併によって大企業化した独占的資本が登場した。

第一位相——中間層の拡大

資本主義の第一変質期には、それまで進められてきた小生産者、旧中間層の分解が鈍化するとともに、いわゆる新中間層が拡大する傾向が観察される。これには、いろいろな要因が挙げられるが、まず、農民層分解に関しては、工業化・都市化にともなって生じる新しい需要に対応して、蔬菜・花卉・果実栽培や畜産・養鶏などが盛んになり、農民の所得水準が上昇して中農層が安定する現象が生じる。小工業者については、重工業の発達にともなって、各種の部品・素材加工業が、下請工業のかたちを含んで中小零細企業として社会的分業のなかに組み込まれる場合が生じた。また、都市化にともなう食品・衣料・什器などの消費財加工や飲食・小売り・運送・美容整髪・洗濯などのサービス生産、あるいは、輸出雑貨などの製造加工も零細企業の存在を可能にした。これらの新しい企業機会の出現が、小生産者・小企業の分解を鈍化させる作用を持った。

新中間層とは、公務員・ホワイトカラー労働者・専門職従業者などの階層を指す、いささかあいまいな言葉であるが、ブルーカラー労働者より高い水準の所得を得て、多少の資産を所有し、労働者とは一線を画す自己認識を持つ階層として、新しく登場した。生産手段を所有しておらず、労働力を販売して生活する点では、非所有者、無産者ではあるが、社会的地位・資産など「失うべきもの」を多少は持つ点で、無産者と異なる。

資本主義社会が、無産の労働者と資本家・地主の三大階級に分かれるという理論的想定は、歴史的には、確立期の基本的傾向としては認められるが、第一変質期以降は、むしろ、新旧中間層の肥大化現象が一般化すると言うことができる。

第二位相——労働組合と金融資本

資本主義の第一変質期においても、社会的余剰は、資本・賃労働関係を通して形成されるが、労働力商品の側にも、資本の側にも、確立期とは異なった状況が生じる。

確立期の群立する企業は、景気循環の不況局面で、自らの存否をかけて労働節約型の新技術の採用に踏み切るのが普通であったが、株式会社形態をとった独占的な大企業は、研究開発に巨費を投じて手に入れた新しい技術を、景気循環とは直接に関係なく、自らの企業戦略に従って、随時に事業化する力を持つにいたる。このことは、確立期には、主として景気循環の恐慌から不況の時期に進められた相対的過剰人口の形成が、第一変質期には、いわば、不断の労働節約型技術革新によって、絶え間なく進められ、その限りでは、労働力商品は不断に供給過剰となる可能性があることを示している。技術革新が経済成長を加速して労働力商品に対する需要も拡大するから、供給過剰が顕在化するか否かは一義的には断定できないが、潜在的には、過剰に供給される労働力の「飢えの恐怖」は強まると言って良か

ろう。(8)

強まった「飢えの恐怖」の圧力の下で、労働力の販売価格は抑制される可能性がある。しかし、これとは逆の力も強まってくる。重化学工業の発達とともに成年男子労働者の層が厚くなり、労働組合が、団体交渉と争議行為によって賃金決定に明確な作用を及ぼすようになるし、解雇に抵抗する力能も発揮する。労働組合に対する政府の姿勢も、第一変質期には抑圧的政策から容認的政策への転換が進む。企業も、労働組合との団体交渉を正常なルールとして承認する一方、独占に基づく高利潤をファンドとして部分的な高賃金支給による協調的労使関係の形成、いわゆる労働貴族の形成も進める。

産業革命が進行するなかでは、一時、労働時間が延長される傾向が現れて社会問題化し、工場法による労働時間規制が開始された。労働運動が活発になると、一日八時間労働の要求が高まってくる。長時間労働による絶対的剰余価値生産が制約される状況に対応して、第一変質期ころから、規定時間内の労働密度を強化する方策が工夫され、各種の出来高払い賃金・能率給が採用され、F・W・テーラーの課業task（適正作業量）を基準とした差別的出来高賃金制に至る。いわゆる科学的管理法によって、新しい絶対的剰余価値生産の方法が開発されるのである。

相対的剰余価値生産にも、変化が現れる。企業が、新技術の採用＝生産性上昇によって生産コストを減少させると、従来の市場価格による販売からは、平均利潤を越える特別剰余価値を得ることができる。新技術が普及すると、市場価格が新たな水準まで低下して、特別剰余価値は消滅するが、賃金の支払い分を、市場価格が低下した分だけ引き下げることができれば、相対的剰余価値が創られたことになって、企業の利潤は増加する。これが、相対的剰余価値生産の一般論であるが、独占的大企業が現れると、様子が変わってくる。

第一変質期には、重化学工業化に対応して、必要資本量は増大し、その調達のために株式会社形態が広汎に採用され、大企業（big business）の時代に入る。株式会社は、資金の集中を容易にするばかりでなく、合名会社などと比べて企業の吸収・合併に便利な企業形態であり、さらに、トラスト（トラスト会社を軸とする初期形態の）やコンツェルンの形成、シンジケートによるカルテル強化にも効果的に機能する。株式会社を活用した資本の集中と独占組織の形成は、いわゆる独占利潤の取得を可能にする。供給価格の直接操作や、供給量調整による供給価格の間接操作で生産価格を上回る販売価格が形成されたり、技術革新や量産効果による生産費縮減で特別剰余価値が形成されても、参入障壁によって資本の流入が妨げられる結果、その販売価格や特別剰余価値の固定化が可能となって、利潤率の不均等が発生する。生産価格を上回る販売価格の設定（生産性不変の場合の単なる価格引上げ）は、他の資本からの利潤の移転を強制することになるし（労働者にとっては実質賃金は無変化と仮定した場合）、生産性上昇による特別剰余価値の固定化は、生産性上昇効果の波及によって生じうる相対的剰余価値の取得機会を他の資本から奪うことになるという意味で、資本間の剰余価値配分関係を変化させるのである。[9]

このような資本間の利潤率の不均等は、そのまま資本家間の利潤配分の不均等を導くわけではない。株式会社の資本が外部的には株式というかたちで擬制資本化しているために、株式にたいする利益配当を評価基準とした株価による株式売買が、この不均等を資本家間で均等化することをある程度まで可能にしている。また利子率を介しての分配の均等化も行われる。資本家（所有者）が「再生産」される仕組みは、確立期にくらべて、一層、社会的に組織化されてきたわけである。

巨大株式会社は、工業会社ばかりではなく金融会社や商業会社にも見られ、資金・商品・役員・情報などの相互交流関係は、複雑なネット・ワーク（事業会社・銀行関係、企業集団など）を形成し、短期長期の利潤形成を促進する。工業会社であっても、商人資本あるいは利子生み資本の形式での利潤獲得機会を求める。株式会社形態の大企業が獲得する利潤は、本源的利潤（平均利潤率による利潤）に加えて、独占利潤・投機利益・貸付利子・創業者利得など多種であり、このような資金の資本化のあり方を金融資本と呼ぶこともできよう。第一変質期は、金融資本の時代の始まりであり、その時代は第二変質期にも続いて、現代のマネー・ゲーム、M＆A、不動産投機などの盛行に至るわけである。

第三位相——市場機能の変化と政府の介入

第一変質期の社会的再生産の調整機構は、市場を基軸とするものであることに変わりはないが、市場に登場する主体が、確立期の群立する企業から、独占力を持つ大企業へと移行したことにともなって、市場の機能には変化が生じた。大企業が、価格カルテルを結成して価格決定に影響を与えると、価格は需給関係のパラメーターとしての役割を果たせなくなり、需給関係の基礎的な不均衡を調整する過程が円滑には進行しないことになる。あるいは、大企業が、生産カルテルを結成して供給量を制限すれば、需給関係の基礎的な不均衡を市場機構が調整することは不可能になる。もちろん、大企業による価格・生産の完全な規制が長期的に継続するような完全独占が出現することはなかろうが、鉄鋼・銅・石炭などの基礎的生産財についてカルテル活動が盛んに行われたことは歴史的事実であり、市場の調整機能は、ある程度まで、大企業のいわば計画的需給調整によって、侵害されることになった。独占的企業行動が、社会的再生産へ悪影響を及ぼすことを阻止するために、独占を規制する反トラスト法制も必要になるわけである。

また、第一変質期の重化学工業は、鉄鋼・船舶・鉄道車輌・蒸気機関など生産財を主軸とした構造であり、製品は、市場向けに大量生産されるのではなく、顧客からの注文生産が中心になっていた。注文生産でも、市場が存在しないわけではないが、需要曲線と供給曲線の交点に価格が収斂するというような大量商品取引の価格決定の仕組みによるのではなく、製品ごとに仕様が異なる商品を相対取引で価格を決定し売買契約を結ぶのであるから、一般的な市場による需給調整とは言えない側面がある。つまり、需給関係のパラメーターとしての価格は、一般的には市場価格として開示される情報であるが、相対取引で決まる価格は、情報として一般に開示されるとは限らない。いわば、限られた取引参加者が形成する閉鎖的な市場ともいうべきものが、この時期の重化学工業では、需給調整機能の一部を担っていたのである。

金融市場では、貨幣市場とならんで資本市場、つまり、株式市場と債券市場が発達して、資金の社会的流通を調整する機関が整備された。ロンドン市場を主、ニューヨーク・パリ・ベルリン市場を副とする、国際的資金流通機構も形成され、国際金本位制を基礎に、長期・短期の資金が世界を循環する時代となった。この時期になると、銀行には、商業手形割引のほかに、さまざまな形での産業資金供給を媒介する役割が期待されるようになる。短期貸出を重ねて最終的には新株式発行を引き受けるような産業資金供給や、株式担保による株主を経由した新株払込のような産業金融も行われる。短期商業金融と長期産業金融を並行的に行うユニバーサルバンキングや長期産業金融を行う政府系の特殊金融機関の役割も高まる。

政府の役割という面では、第一変質期からは独占保護関税や農業・小商工業保護政策などが採用される。新たな保護関税は、価格形成過程への政策的介入であるし、農業・商工業への保護、たとえば補助金交付や低利融資なども、商品市場・貨幣市場への介入であり、これらの政策は、市場を中心とした再生産調整機構に、政府自らが再生産を調整する作用を付加することを意味するわけである。社会的再生産調整への政府の参加は、次の発展段階で全面化する。

五　資本主義の第二変質期——二〇世紀資本主義

資本主義のさらなる変質、第二変質期への移行を促した最大の要因は、経済的というよりは政治的なものであった。労働運動の展開の中で、資本主義を根底的に批判する社会主義思想・共産主義思想の影響力が強まり、資本主義体制を否定する革命運動が、革命政党の指導のもとに激化する情勢が、各国で出現した。一九一七年にはロシア革命が成功し、続いて、失敗に終わったがドイツ革命・オーストリア革命が起こった。カウンター・パワーとしての社会主義国の登場は、資本主義諸国に衝撃を与え、自国における反体制革命を回避し、労資関係を安定させるための自己改革の試みが、最終的には福祉国家を建設する方向で、各国で進められた。完全雇用の実現と社会保障の充実を目指す政策が採られ、資本主義は第二の変質期を迎える。

第一位相――中間層の肥大化、所有と経営の分離

旧中間層の分解が鈍化し新中間層が拡大する傾向は、第二変質期にも続いている。さらに、第一変質期から社会政策として開始され、第二変質期には階級宥和政策として積極的に展開される、社会的弱者の保護政策、つまり農民・小商工業者への所得保証政策は、中間層の肥大化傾向をさらに促進する効果を持つ。

あるいは、非所有者を小所有者に転化させようとする政策として、貧農を自作農＝小土地所有農民化することを目指した土地政策が取られたり、財産形成貯蓄制度・労働者持株制度などが採用されたり、労働者持家奨励制度が導入されたりする。いうまでもなく階級宥和政策の一環としての政策である。労働者の有産者化は、限界があるとはいえ、所有関係へのささやかな、しかし、労働者意識への影響は無視することができない政府介入である。中産階級の存在が、健全な民主主義の基盤となるという信念も、このような政策の背後にはあるが、より積極的には、労働者が株式を所有することによって労資対立が解消した大衆資本主義が出現するという期待がある。階級宥和政策としては、労働者代表の経営参加による労資同権化が追求される場合があるが、労働者が個人としてあるいは従業員持株会のメンバーとして株主になれば、企業経営への発言権が生じるから、事態はいささか複雑になる。いわば、労働者と株主資本家の境界線が曖昧になるわけで、少なくとも、労働者が体制変革の主体、プロレタリアートとして自らを意識する度合いは低下するであろう。これは、資本主義を反体制運動から守る手段としてはかなり有効である。

労働者意識の変化と並んで、資本家のあり方にも大きな変化が生じる。いわゆる所有と経営の分離である。株式会社では、株式所有者と企業経営者が分離する可能性が生じる。高配当を期待するが企業経営には参加しない投資家型株主の登場が、一部の大株主による企業支配を可能にして、企業集中を促進することは第一変質期以降の特徴であった。この企業支配の集中とは異なった観点からも、所有と経営の分離の意義を問題にすることができる。所有と経営の分離は、企業所有の内容の一部である経営権が、所有者の合意のもとに、その行使・執行を、他者に委託される事態である。株主に経営権を委託された専門経営者は、企業利潤を最大化し、株式価格を上昇させることに全力を尽く

す。株式所有に基づかない専門経営者による企業支配は、経営者革命とか経営者資本主義の登場とか呼ばれる事態であり、第二変質期のひとつの特徴である。これは、企業所有権の内容が変化、ないし分化した状態と見ても良かろう。

さらに、法人が他の企業の大株主となり、株式所有を通して経営者を選任するような事態は、所有権の主体の変化と言える。本来、自然人を所有主体に想定する所有権とは、質的な違いが生じる。それが、法人相互持株ともなると、法人による法人の相互支配となって、人間的恣意性を完全に排除した、資本そのものの運動体としての企業が完成する。

第二変質期には、重要産業の国有化、国営化が政策手段として採用される場合もある。政策目的としては、軍事的必要性、公共的重要性、産業経済的重要性などがあるが、国家が生産手段の所有主体となることは、資本主義本来の私的所有制を修正する意味合いを持つ可能性がある。この点は、再生産の調整機構との関係で後述しよう。

政府の政策としては、相続税・財産税も所有関係に影響を与えるし、所得税も、累進税率が採用されて所得再配分政策として機能する場合には、所有関係への政府介入と言える。あるいは、私的所有権の行使に際して、政府が、公的利益や公共の福祉を掲げて、それを規制する場合もある。私権規制は、近代初期から見られるものではあるが、政府の経済分野への政策的介入が拡大する第二変質期には、規制の範囲が拡大する傾向が認められる。

第二位相――「階級宥和」と「利潤保証」

社会的余剰が形成・配分される仕組みにもかなり大きな変化が生じた。福祉国家が目標とされると、政府は、失業の発生を回避して完全雇用を実現するために景気調整政策を取り、失業が発生すれば失業保険給付や失業対策事業による所得保証を行うようになる。社会思想的には、失業を個人の責任とみなす考え方から、失業を人間固有の生存権の侵害とみなして政府には生存権を保証する義務があるとの考え方への大きな転換が行われた。つまり、「飢えることの自由」は否定されて「飢えからの自由」が約束されることとなった。これは、労働者に労働力の販売を強制する

「飢えの恐怖」を著しく軽減させると同時に、雇用された労働者に規律正しい労働を強制する「失業の恐怖」も弱める結果をもたらす。

組織化されて強力になった労働者が反体制勢力へと成長することを抑制し体制内に包摂するために、「労資同権化」が進められ、工場委員会制度・労使協議制度などが採用されると、ますます「失業の恐怖」は弱くなる。こうして、剰余価値を形成するための社会的強制装置は、極めて作用機能が弱体化する。このような事態に対しては、新しい対応が必要となる。

政府が「完全雇用」を実現できたとすると、労働力商品は供給不足状態になるはずであり、賃金上昇が生じて、資本蓄積にはマイナスの影響を及ぼす可能性がある。ここでは、政府のインフレーション政策が効果を発揮する。財政金融政策をインフレーショナリーに展開することで、政府が賃金の実質水準に作用力を及ぼして、資本に利潤を保証できれば、その利潤蓄積が技術革新投資に向かって、相対的過剰人口形成が行われ、ひとまず労働力需給逼迫からの賃金上昇圧力は低下するという筋書きである。「階級宥和＝所得保証」と「剰余価値形成＝利潤保証」という二律背反的な課題に、インフレーション政策で対応するわけである。剰余価値形成に、政府が政策的に関与するところに第二変質期の大きな特徴を見ることができる。

企業の側でも、剰余価値形成のための新しい対応が行われる。大量生産にともなう労働過程の画一化によって出来高賃金制の効果が薄れて、テーラーの作業時間研究の成果が活用されるようになり、ベルト・コンベヤーを用いる生産方式の採用と相まって、資本は、労働強度の管理能力を飛躍的に強化させた。そして、「高能率・高賃金」のスローガンの下で、総合的能率給が労働者に剰余労働を「強制」することとなる。「高賃金」が大衆消費社会の「豊かな」生活を約束する限り、労働は「強制」とは意識されなくなる可能性がある。あるいは、労働が「強制」されたものであることを労働者の意識から消去する方策も工夫され、作業場環境の「美化」、提案制度、ＱＣ運動、社内ＰＲ、昇進制度などなど、いわば雑多な意識操作手法が、労働者の「企業内存在」

意識を養い、労働を「自ら選んだもの」と錯覚させることに、かなりの成功を収めるケースも現れる。あるいは、年功序列型の賃金体系、勤続年数を重視する労働者管理、終身雇用慣行などによって、企業への労働者の帰属意識を高める方策も採られる（日本の「会社主義」）。労働者の企業内包摂が成功すれば、自発的な剰余労働の調達も可能になる。

社会的余剰の配分に関しては、政府が配分に関わる傾向が現れる。福祉国家の実現には、財政を通しての所得再配分が必要であり、租税による社会的余剰の政府移転と社会保障給付や補助金によるその再配分が行われる。

第三位相——政府の調整機能の拡大

社会的再生産の調整では、市場の役割が拡大すると同時に、政府が関わる分野も大きくなる。重化学工業化はなおも進行し、第二変質期には、電力・電機・自動車が主軸となり、さらに、第二次大戦後には、石油化学とエレクトロニクスが主軸に加わる。第一変質期の重化学工業が、生産財の注文生産を主としていたのに対して、第二変質期のそれは、いわゆる耐久消費財の市場向け大量生産を中心とするところに大きな特徴がある。つまり、重化学工業製品も、一般的市場によって需給が調整されることとなり、市場の再生産調整機構としての役割は一段と大きくなった。とはいえ、原料素材・燃料・中間製品などの取引では、企業間の長期相対取引、親会社・下請け間取引、企業グループ内取引など、いわゆる中間組織を通じての商品売買が行われる傾向が顕著になるから、その面では、一般市場の需給調整作用は間接的なものになるといえよう。

家庭用電気器具と乗用車に代表される耐久消費財が、魅力的な新消費財として発明・供給されたが、それらへの需要は、R・ボワイエらがフォーディズム（Fordism）と呼んだ、「内包的蓄積」の過程で拡大したことに注目する必要がある[10]。つまり、高能率＝高賃金を合い言葉にした大量生産方式が、高能率による生産コスト引下げ＝製品価格低下と、高賃金による所得引上げ＝購買力拡大とを結合させて市場を創出し、大量販売＝大量生産によるさらなる製品コスト引下げで市場を拡大させるという好循環がつくり出されたのであった。

フォーディズムとともに注目すべき点は、マス・メディアとマーケティング手法の発達に支えられながら、資本による消費者需要＝「欲望の体系」の操作可能性が飛躍的に増大したことである。フォードT型が製品性能を強調するいわば古典的な宣伝手法によって市場を獲得した時期から、GMの各車が「差異」を強調する現代的宣伝手法でT型を陳腐化させるまでにさほど時間はかからなかったのである。いらい、製品差別化は、「差異」化あるいは「記号的消費」を求める消費者を創り出し・駆り立てて、需要構造を「過剰」に微細変化させ続けていると言えよう(11)。

社会的再生産の調整で政府の果たす役割は大きくなった。資本主義の再生産調整の最大のイベントともいうべき景気循環を、財政金融的手段で制御する景気調整政策が採用されるに至ったのであるから、政府の責任は重大である。恐慌・不況期に淘汰されるべき低生産性企業や国際競争力を喪失した産業が、恐慌回避・不況回復政策の成功の結果として生き残ったとすると、需給関係の基礎的な不均衡、あるいは、労働力の社会的配分の不適正が是正されないことになる。これは、国際関係の中では、その国の国際競争力が劣化することを意味するから、政府は、産業政策などを通して国際競争力を回復させる政策、生産力保証政策(12)を採ることが必要になる。社会の再生産を、生産力のレベルにまで入り込んで調整するのであるから、政府の役割は、極めて大きくなったと言うべきである。

あるいは、特定の産業を国有・国営化すれば、政府は、財・サービスの供給を直接に制御して需給関係を調整することになる。法的規制から行政的指導に至るまでの政府規制を、公共の利益の観点から強化する傾向が現れるが、これも、政府による需給調整の一面である。あるいは、景気調整政策として有効需要の創出を図ったり、社会保障によって所得の再配分を行うことも、社会的需要を政策的に調整する作用という側面を持っている。

政府の財政活動が拡大して財政規模も巨大化するとともに、政府資金の動きが貨幣市場・資本市場に及ぼす影響も大きくなる。再生産の調整は、社会的資金の流れを介して行われる側面を持つから、政府の財政金融政策が、資金面から再生産を調整する機能を持つことになる。政府金融機関を通じて、重要産業に設備資金を供給する場合などは、明らかに、政府による供給調整が行われたといえる。

国際関係の面では、一九三〇年代に国際金本位制が解体して、管理通貨制度のもとで外国為替は第二次大戦終結まで変動相場制の状況となり、各国は、二〇世紀資本主義的経済政策展開の自由度を拡大させた。為替相場は、市場の調整に任されるが、ある状況下では、政府による為替統制も行われる。貿易統制・為替管理や外資規制は、政府による再生産調整の対外的側面である。

第二次世界大戦前後の時期に、各国で行われた経済統制は、程度の差はあるものの、市場に代わって政府が社会的再生産の調整を行おうとする試みであった。これは、極端なケースであるが、第二変質期、つまり二〇世紀資本主義では、社会的再生産の調整機構のなかに、政府が大きな位置を占めるようになったのである。

六　資本主義の第三変質期

一九七〇年代になると、資本主義に新しい変化が現れて、一九八〇年代以降は、第三変質期と呼び得るような発展段階に入ったと考えられる。現代の世界に巨大な影響を及ぼしているアメリカは、かつてのケインズ主義的経済理念を捨て去って、マネタリズムの旗のもと、いわゆる市場原理主義を、政治的デモクラシーとならべて、グローバル・スタンダードとして諸国に布教しようとしている。イギリスを別として、ヨーロッパの国々は、なお社会的市場の原理などを掲げながら、この「デモクラシーの帝国」による新しい宣教を拒否する姿勢をとってはいるが、個別の企業レベルでは、グローバル・コンペティションの時代への対応として、巨大な多国籍企業への道を選んで、市場原理主義に改宗する傾向が著しい。財政負担の重圧から、従来の福祉国家のあり方を再検討せざるを得なくなっているのは、諸国に見られる一般的な状況となっている。

一九八九年の「ベルリンの壁」崩壊と翌年の東ドイツの西ドイツへの統合、そして一九九一年のソ連邦の解体と、東ヨーロッパ社会主義は七〇余年の生涯を終わり、中国も、改革・開放路線が、一九九三年の憲法改正で社会主義市場経済として明文化されていらい、社会主義経済からの変質、実質的には資本主義への接近の道を進んでいる。二〇世紀社会主義の登場への対応として二〇世紀資本主義が出現し、二〇世紀資本主義の成功によって二〇世紀社会主義は退場を迫られ、二〇世紀社会主義の崩壊とともに、二〇世紀資本主義も過去のものになって、資本主義は新しい時代を迎えるという構図である。新しい段階の特徴は、まだ完全には現れてはいない。ここでは、現在の時点で指摘できる特徴を、簡単にまとめることにしよう。

第一位相――所得格差の拡大

第二変質期における生産手段の所有関係に現れた変化は、福祉国家を目指す政策展開によってもたらされたものが多かった。第三変質期で、福祉国家化への動きが後退すると、当然、第一位相でも変化が生じる。一般的に言えば、所有と非所有の分離が再び促進される傾向が強くなる。政府の経済過程への介入を縮小して、市場にすべてを委ねようという新しい自由放任主義、市場原理主義は、自由な競争の中で、個人間、企業間、国家間に貧富の格差が拡大することを、いわば当然の結果として、むしろ歓迎する。競争こそ経済成長の動因であり、所得や富の不平等は、人々を経済的向上へと駆り立てる鞭の役割を果たすというわけである。(13)

新しい傾向のひとつである国有化企業の民営化（privatization）は、所有権の民間への移転であり、所有主体の変化、資本主義的主体の再登場である。もうひとつの新傾向、政府規制緩和（deregulation）は、所有権の一部である使用権規制の排除であり、私的所有権の復権である。所得税制の累進税率緩和などは、成長促進政策であると同時に、所得再配分政策の見直しであり、所有権への政府介入を緩和する意味がある。(14)

第二位相――「失業の恐怖」の再現、「カジノ資本主義」

第二変質期の資本主義は、福祉国家が実現すると、労働者に剰余労働を強制する「飢えの恐怖」「失業の恐怖」が縮減するので、新しい工夫が必要になるという問題を抱えていた。現実に、欧米では、労働者の労働規律が悪化して、無断で欠勤するアブセンティーズムや労働生産性の伸び悩み傾向が現れることになった。そこに登場したのが、サッチャーリズムやレーガノミックスであった。反福祉国家、反宥和政策の方向性を持つ政策が採られ、失われがちになった「労働の規律」を、「失業の恐怖」を再現することによって回復する道が新たに選択されることとなった。

先進諸国の高度経済成長の時代が終わった一九七〇年代には、失業率の上昇が避けられなくなった。さらに、一九八〇年代から急速に進行したME革命と九〇年代に入ってからのIT革命は、新しい熟練労働者の需要拡大と古い熟練労働者の供給過剰、サービス関連労働者の需要拡大と生産ライン労働者の需要減退をもたらし、いわゆる雇用のミスマッチによる失業者の増加が目立つようになった。急速な経済成長を開始した後発諸国の追い上げによって競争力を劣化させた先進諸国では、企業側から、労働力市場の柔軟性（弾力性）の回復、つまりは労働に関する法的規制の緩和を求める声が高まった。

二〇世紀社会主義が失敗したという歴史的現実は、体制維持のために労働者に譲歩する必要性を小さくしたから、先進諸国の政府は、「労働市場の柔軟化」を進めた[15]。「労働市場の柔軟化」の本質は、経済環境に即応して最適な質と量の労働力配置を行えるように雇用を変動させる自由を資本（企業）に与えるところにある。雇用者数（正規・非正規）を最適に調整することができれば、固定費である人件費を流動費化することによって利益率は上昇する。「労働市場の柔軟化」は、新しいタイプの利潤保証政策といえよう。この資本への利潤保証政策は、そのマイナス効果も発生させるから、政府は、後に述べるように新しい政策対応を行うことになる。

労働組合については、非正規雇用者が増加したり、企業活動の一部を外注化するアウトソーシングが進むとともに、労働者組織力は弱まり、闘争力も減退した。労働組合も、いわゆる経済主義に傾き、グローバル・コンペティションの嵐のなかで、賃上げよりも雇用の確保を第一義とする方向に向かう。

社会的余剰の配分に関しては、多国籍巨大企業の強大化と資本の投機的性格の昂進に注目すべきであろう。社会主義市場圏が解体して資本主義的市場は全世界的な広がりを持つに至ったが、そこで活躍する企業も、ますます多国籍化し巨大化した。多国籍大企業同士の提携・合併も盛んに行われるようになり、グローバルな社会的剰余吸収メカニズムが稼働する時代になった。

多国籍企業が発展途上国で事業投資を行うのは、市場を求める目的のほかに、安価な労働力を雇用できるからである。これは、労働力の供給限界が拡大したことを意味する。[16] 先進国内では労働力供給量に限度があるが、第一次産業就労人口が多い発展途上国に資本を移転すれば、労働力制約から逃れることができる。また、資本の海外移転は、いわゆる国内産業の空洞化を招き、国内雇用機会を縮小させて、労働力の供給制約を軽減させる可能性もある。資本の国際移動が盛んになったグローバル化の時代は、資本が剰余価値の生産基盤を世界的に再編成した時代とも言えよう。

一九七一年の金ドル本位制の崩壊に始まって一九七三年から制度化された変動相場制のもとでは、各国通貨の交換レートは変動幅が大きくなり、為替変動リスクの回避のための為替先物取引のみならず、投機的な為替取引が巨大な額に上るに至った。為替投機を軸にして、いわゆる金融デリバティブが各種登場して、マネー・ゲームが行われ、資本主義は「カジノ資本主義[17]」の様相を呈するに至った。平均利潤率をひとつの目安とした剰余価値の配分や、独占の形成による不均等な利潤配分とは異なって、ヘッジ・ファンドなどが獲得する利潤は、将来価格の変動を見越しながら行う、単純な投機的利益であるから、そこには、剰余価値配分の規則性やルールは存在しない[18]。

真面目に剰余労働を取得した産業資本家が、製品を輸出して利潤を実現しようとしても、投機筋のコンピュータに触れる指の動き次第で、為替差損を蒙って赤字を計上するというような事態が日常化する。対抗策は、自らの事業に投機的な要素を上手に組み込むしかない。いまや、資本主義は、社会的余剰の配分に、資本主義的な公正さを期待することができない段階に到達した。禁欲と節約をモットーとする資本家はもちろん、真面目に独占組織を運営する大企業ですら、明日の利潤は保証されず、常に破綻の危機に直面しているのが資本主義の第三変質期なのである。

第三位相——市場原理主義

再生産の調整機構については、市場原理主義と呼ばれるように市場を絶対視する考え方が大勢を占める時代となり、政府の政策的介入は極小にすることが望ましいとの判断が一般化する。とはいえ、現実には、福祉政策や政府規制の総てを解体することはできない。福祉国家が一旦は実現させた福祉水準は、消費水準と同様に下方硬直性を持ち、その引き下げに対する大衆的反発は極めて大きい。ある程度までの福祉水準の維持は、政府の義務であり続けよう。

第二変質期には、高度経済成長と福祉国家化は相互作用する好循環を形成していた。第三変質期に入って経済成長率が鈍化した先進諸国では、この好循環は期待できない。低成長のなかで福祉水準を維持することは、人口構成の少子化・高齢化が進むこともあいまって、極めて困難な政策課題となる。政府の政策的介入には、財政的限界が立ちはだかることとなる。

福祉国家からの転換の方向については、いろいろの見解が提起されているが、なかでも「支援国家（the Enabling State）」概念が注目されている[19]。公的社会サービスを国家が提供することに代わって、個人の自助努力を市場を前提としながら国家が支援する方向、つまりは福祉の提供（welfare）から労働の支援（workfare）への転換が主軸になるとの見方である。前に述べた「労働市場の柔軟化」で失業した人々には、とりあえず失業保険などのセーフティネットによる生活保証を行いながら、技能教育、雇用斡旋などによって労働力の再商品化を進めることが政府の新しい役割となる[20]。

つまり、「労働市場の柔軟化」という資本への所得保証政策は、失業の多発を招く可能性が大きく、失業者への所得保証政策が必要になる。失業者が身につけている技能では、産業構造の変化にともなって変化する労働力需要に応じられない場合には、雇用つまり労働力の再商品化は困難になる。このようなミスマッチ状態は、一方では社会保障制度への負担を加重させる。そしてまた、一国レベルで見ると、存在する労働力の質が劣化して、その国の生産性が停滞し、国際競争力が低下する可能性を示している。このようなマイナス効果を打ち消すには、新しい労働者教育、技能訓練などによって、失業者を新しい労働力として鍛え直す必要がある。このような労働力再商品化政策は、第三変質期資本主義の時代に現れた生産力保証政策と位置づけることもできるのではなかろうか。

市場原理主義にしたがって進められる民営化と規制緩和は、歴史的に位置づけると、後発諸国の成長加速とともに先進諸国で顕著になった国際競争力の低下、一般的には生産力の停滞という状況に対する対応政策と見ることができる。国際競争力の低下・生産力の停滞をもたらした要因は複雑であるが、そのひとつには、二〇世紀資本主義の時代に一般化した利潤保証政策と所得保証政策がもたらしたマイナスの効果（低生産性産業・低生産性企業の存続＝淘汰作用の弱化、労働過程の管理力弛緩＝労働者包摂力の劣化、国内商品価格の相対的高値＝労賃の上昇など）が考えられる。そうすると、民営化と規制緩和は、二〇世紀資本主義の政策のひとつとして筆者が摘出した生産力保証政策と同質の政策と言える。

資本主義の第三変質期には、第二変質期（二〇世紀資本主義）の政策展開から発生したマイナス効果を払拭するための政策が、所得保証政策の見直し＝福祉国家からの逃走という方向と、生産力保証政策の強化＝民営化・規制緩和という方向で展開されつつあるのである。いずれも、既存の政策措置の緩和・廃止というネガティブな形を取ってはいるが、歴史的には、利潤保証政策を補強するというポジティブな役割を担っていることになる。市場を再生産の調整機構の中心に据え直そうという第三変質期でも、政府が果たすべき役割は、なお大きいと言えよう。

再生産の調整機構の中心となるべき市場に関しては、いわゆるＩＴ技術の発達が、市場のあり方自体を変える可能性がある。企業間取引（B to B）や、企業・消費者間取引（B to C）が、インターネットを媒介に行われるようになると、従来の情報伝達の仕組みでは達成できなかったような広い範囲での情報交換が可能となり、すべての参加者が情報を均等に共有する、いわば理想的な市場に近い状態が実現される。これまでは需要の実体を把握するために、マーケティング技法を総動員しながら、なお不確実さのリスクを抱えてきた企業が、インターネットで顧客の需要をリアルタイムで掌握できることは、従来の市場を介しての販売が持っていた限界を打破する画期的な意味がある。

市場原理主義とはいっても、市場そのものが変質する可能性を持っているのが、第三変質期である。政府の役割がどの程度まで縮小するのか、市場はどのように変化するのか、まだ、その行方は明らかになってはいない。はたして、どのような再生産の調整機構が主軸になるのか興味は尽きないが、現在のところ、それを予想するのは困難である。

七　むすび――資本主義はどこに行くのか

以上、資本主義の〈中状況場〉を五つの時期に分節化することを試みた。新しい第三変質期に入った資本主義が、安定したひとつの時期を形成できるかどうかはまだ明らかではない。第三変質期は、経済学が原理的に説明する市場の機能に全幅の信頼を置きながら、市場にすべてを委ねることによって、経済は成長軌道を走り続けることができるという信念に基礎づけられているように見える。しかし、この信念が、妥当性を持つものかどうかについては、数多くの疑問がある。

市場にすべてを委ねることによって、世界にどのような歪みが生じるかは、ミシェル・ボーが、極めて丹念に描き出しているから、ここで繰り返す必要はあるまい[21]。多くのおぞましい歪みを生じさせても、経済が成長し続けられるものかは疑問であるが、かりに、成長が継続したとすると、そのこと自体が、破滅的な結果をもたらすことは明白である。地球が保有する資源と環境が、経済成長の中で、涸渇し破壊されて、もはや、人類は、この星では生存が不能になる時が、遠からず訪れるに違いない。OPECの資料によれば、二〇一〇年の全世界原油埋蔵量を同年の採掘量で割った数値は五七・六となる[22]。つまり、石油は、五八年で涸渇する。もちろんこの可採年数は、現在発見されている採掘可能油田についてであるから、新しい油田や採掘技術が発見されれば、当然より大きな数値になるであろう。しかし、石油は化石燃料である以上、いつかは消費し尽くされる。かつて、森林資源の枯渇の危機を化石燃料である石炭の使用で乗り切った人類は、現在の化石燃料涸渇の危機を、どのように切り抜けることができるのであろうか。

原子力は、放射性廃棄物管理まで計算すると、エネルギーとしての投入産出効率は低く、代替エネルギーとしては失格である。原子力発電の危険性は、二〇一一年三月に日本で確証された。太陽光利用も、まだエネルギー効率は低い。われわれは、まだ、化石燃料に替わるべき新しいエネルギー源を発見できてはいないのである。化石燃料の有限性を、かつて、二回の石油危機で痛感した体験を、いま、忘れ去ってしまったかのように、第三変質期資本主義は、エネルギー多消費型の経済成長を続けようとしている。

あるいは、食糧についての見通しも暗い。世界の穀物耕地面積約七億ヘクタールで最大二一億トンの穀物が生産されるとすると、食肉生産用の飼料も含めて一人年間三〇〇キログラムの穀物を消費するとの前提の場合、七〇億人が生存可能という計算になる。この数値は、現在の穀物生産・消費水準に近いから、理屈では、この世界に「飢え」はないはずであるが、現実には、二〇一〇年時点で地球人口の一三％を越える九億二五〇〇万人が飢餓状態と推計されている[23]。市場原理主義が、所得配分の不平等を強めれば、この数値はさらに大きくなるに違いない。いわんや、地球人口は増加傾向を続けて今世紀半ばには九〇億人を越えると予想される一方、可耕地の拡大と単位当たり生産量の増加には厚い壁が立ちふさがっている。むしろ、農地の劣化・流出・砂漠化が進行しているし、肥料・農薬の多投入に頼る生産性上昇はすでに限界に達しているといわれる[24]。勝ち誇る資本主義が、人々を「飢えの恐怖」から自由にしてくれる可能性はほとんどない。

地球環境の問題も深刻さを増している。名著『地球環境報告』の第二作の「まえがき」で、石弘之は、「現場を訪ねるたびに、地球が四〇億年近くかけて築き上げた生態系という生存の基盤が、人類自身の過剰な介入によってこのわずか三〇年の間で崩壊しはじめた、という思いを新たにする。」と書いている[25]。槌田敦のブラックユーモア[26]、人類は甘口ワイン型で滅びるか、辛口ワイン型で滅びるかの答えは、あるいは、甘口ワイン型が正解になるかもしれない。資源（糖分）を消費し尽くさないのに廃棄物（アルコール）過多＝環境破壊のためにアルコール酵母が死滅した場合に甘口ワインができるというわけである。

化石燃料や食糧その他の地球資源が涸渇し、地球環境が極限まで悪化する時の訪れを予見したときに、生き残りを賭けた人々の争いが、どれほどの激しさで展開するかは、想像を絶する。その一端を、すでにわれわれは、二〇〇三年の中東でかいま見たのではなかったか。

資本主義の〈中状況場〉が、第三変質期に入り、資源制約・環境制約のかたちで、経済時空の〈超状況場〉からの規制作用はますます強まると予測される現代においては、資本主義という〈大状況場〉それ自体を、新しい段階、新しい社会の経済的構成に推転させることによってしか、人類史の危機を乗り越える途は見出されないのではなかろうか。

(1) 宇野弘蔵『経済政策論』一九五四年、弘文堂。同改訂版、一九七一年。

(2) 宇野段階論の加藤・馬場による修正については、三和良一「宇野発展段階論の可能性――馬場宏二説と加藤榮一説の検討を通して」(『青山経済論集』第五一巻第四号、二〇〇〇年三月)参照。馬場は最後の作品で、発展段階を、大段階としては重商主義・自由主義・帝国主義の三段階に、帝国主義を古典的帝国主義・大衆資本主義・グローバル資本主義の三つの小段階に区分する方法を提起した(馬場宏二『宇野理論とアメリカ資本主義』二〇一一年、御茶の水書房、二二一―二二四頁)。

(3) K・マルクス『資本論』第一巻、第二四章。

(4) 今村仁司『近代の労働観』一九九八年、岩波書店。

(5) ところが、イギリスの場合、一七九六年に法制化されたスピーナムランド制度(Speenhamland system)によって、貧民への賃金補助が行われることとなった。これは、労働による賃金がパンの価格と家族の大きさで決まる基準に達しない場合には、それとの差額を補助金として救貧費から支給するというものである。貧民救恤を目的としたものであったが、実際には、資本家が低賃金で労働者を雇用することを可能にしたし、労働者は、パン価格に連動する最低生活保障を受けられるので、労働の意欲を減退させた。つまり、「飢えの恐怖」「失業の恐怖」の効き目が悪くなる制度が設けられたのである。この制度は、救貧税負担の増大などが問題となって一八三四年に廃止された。ここで、初期的な「生存権」の保証は廃棄され、「飢える自由」が公認されることとなって、「飢えの恐怖」は十二分に機能することとなったのである。K・ポラニーに言わせれば「スピーナムランドの撤廃は、自己の利益の直接的な追求をとおして、機械文明固有の危険にたいする社会の防衛者たることを運命づけられていた近代的な労働者階級の真の誕生を意味していた」（K・ポラニー（吉沢英成・野口建彦・長尾史郎・杉村芳美訳）『大転換――市場社会の形成と崩壊』一九七五年、東洋経済新報社、一三六頁。Karl Polanyi, *The Great Transformation, The Political and Economic Origins of Our Time*, 1957, Beacon Press.）ことになる。ポラニーは、スピーナムランド法の裏側に団結禁止法（一七九九年）があって、両法が、経済的階級としての近代的労働者の形成を阻んでいたと見ている。

（6）原剛『一九世紀末英国における労働者階級の生活状態』一九八八年、勁草書房。

（7）宇野弘蔵『恐慌論』一九五三年、岩波書店（『宇野弘蔵著作集』第五巻、一九七四年、岩波書店、に収録）。

（8）ただし、重化学工業化とともに、新たに熟練度の高い労働力の必要性が生じるので、熟練工については供給不足が起こる可能性がある。資本（企業）が、不況期などに一時的に過剰となった熟練労働者を、企業内配置転換などの方策を講じてそのまま雇用を続ける労働力管理政策をとる傾向（内部労働市場の形成）も見られる。

（9）株式会社形態の大企業の存在は、短期的な資本間の利潤率の不均等を生起させるばかりでなく、長期的なそれも発生させる可能性がある。巨大株式会社は、研究開発投資によって得た新技術を企業化し、特別剰余価値を生産する機会に恵まれているし、経営資源（資金・労働力・技術）を計画的に（カルテルなどによる他企業との連携を含んで）事業分野と事業時期に配分することによって景気変動にたいしての強い対応力を持つ。つまり、企業成長力と企業安定性が潜在的には高いと考えられるのである。潜在的という表現は、それが顕在化するには、経営者能力・経営組織のあり方が条件となることを含意している。

（10）R・ボワイエ（山田鋭夫訳）『レギュラシオン理論――危機に挑む経済学』一九八九年、新評論（Robert Boyer, *La Théorie de la regulation, Une analyse critique*, 1986, La Découverte.）。

（11）つまり、第二変質期の社会的再生産をイメージする場合には、財・サービスに対する社会的需要があらかじめ存在して、それへの供給が、市場を通して適正化されるというようには考えないほうが良い。需要＝財・サービスへの欲望は、それ自体が供給＝企業の側から創り出されるものであり、それを有効需要にするところでも、企業がフォーディズム的に一役買っているのである。社会的再生産の調整は、市場を舞台として行われるが、その舞台裏では、企業が、需要を操作しながら供給を調整する姿も見えてくる。

（12）生産力保証政策については、三和良一『戦間期日本の経済政策史的研究』二〇〇三年、東京大学出版会、第一章「現代資本主義への接近」を参照。

（13）高度経済成長期に平等化傾向を示した所得分配が、一九八〇年代以降は、格差拡大傾向に転じるという日本を対象とした橘木俊詔の研究もある。橘木俊詔『日本の経済格差――所得と資産から考える』一九九八年、岩波書店。

（14）私的所有権の絶対性が再確認されて、公共の福祉を上位の価値として私権を制限する政府の行為は忌避される傾向が強くなるのは、資本主義の原点復帰のようではあるが、近代的所有権が確立する時代と、現代の間には、かなり大きな外部条件の変化がある。近代初期には、封建的権力からの私的所有権の独立、共同体的規制からの私的所有権の解放が進められたが、所有権を私的に専有することの正当性は、所有権が、所有主体の良識のもとで、所有主体の存在を維持するために権利行使されるというところにあった。シャイロック的な私有権の主張は斥けられ、プロテスタント的な倫理性のもとでの私的所有の増殖が高く評価されるわけである。ところが、一旦認知された私的所有権は、資本主義の発展の中で、その不可侵性、絶対性を強め、致富衝動の対象として、無際限な増殖の自由を求めるようになる。第二変質期には、共同体的所有の再建を試みる社会主義との対抗上、資本主義も私的所有の無限の拡大を規制する動きを示したが、第三変質期には、ふたたび、私的所有は公共の規制から解き放たれることとなった。そして今や、私的所有権は、地球温暖化ガス排出規制からの自由すら要求する猛々しささえ表している。経済活動を支える地球の資源・環境が有限のものであることが明らかである現代では、私的所有権の無制限な行使は、すでに時代遅れの要求といわざるを得ない。現代において、私的所有権の正当性の根拠をどこに求めることができるのかは、再検討されるべき大きな問題である。

（15）経済協力開発機構（OECD）は、一九八三年にActive Adjustment Policies（日本経済調査協議会訳『積極的調整政策――先進国における産業構造調整への提言』一九八四年、金融財政事情研究会）を発表して、産業構造の調整を提案した。その中には、労働市場の柔軟性を回復させる措置として、労働の移動を制約したり賃金の下方硬直性を招くような制度（雇用保障、解雇規制、解雇手当、労使協議制、労働組合法制さらには失業保険や公的扶助など社会保障制度）の見直しが提案されている。

（16）宇野経済学の立場から、グローバル資本主義の本質として、労働力商品の供給制約が大幅に解除されたことを指摘したのは柴垣和夫である。柴垣和夫「グローバル資本主義の本質とその歴史的位相」『政経研究』第八八巻、二〇〇八年五月。

（17）S・ストレンジ（小林襄治訳）『カジノ資本主義――国際金融恐慌の政治経済学』一九八九年、岩波書店（Susan Strange, *Casino Capitalism*, 1986, Blackwell Publishers.）。

（18）投機行為は、それこそ人類史とともに古いのかもしれないし、近代資本主義の時代になってからも、商品・證券・為替・土地の投機は盛んに行われてきた。しかし、それらの価格変動は、おおむね景気循環のなかでの変動であり、ある種の枠を持っていた。好況局面での證券価格の上昇は、企業の業績好調見通しを基礎としているし、土地価格騰貴も土地の経済価値上昇を前提としていた。為替変動も、経常収支や資本収支の動向に規定されていた。さらに、国際金本位制の時代であれば、各国通貨の交換比率は、基本的には金によって規定されていたし、第二次大戦後のＩＭＦ体制＝金ドル本位制の時代には、金一トロイオンスが三五米ドルという基礎的なドル価値に各国通貨がリンクしていたから、為替変動には枠があった。つまり、投機対象となる価格変動には、それぞれにある程度の実体的根拠が存在していたのが、第二変質期までの資本主義であった。

ところが、金ドル本位制解体後の変動相場制の時代には、ドルが、金という実体的基礎から離れて、いわば、錨を失った船のように大海を漂いはじめた。ドルは、アメリカ経済の実態に規定されて各国通貨との交換レートを変動させるはずであるが、世界の基軸通貨という地位を認証されているドルは、たとえアメリカの経常収支が巨額の赤字を続けても、ただちに安値傾向になるという具合には変動しなくなった。基軸通貨ドルが、実体的な価値規定基準を持たなくなったのであるから、世界の為替相場は、いわば無根拠に変動的になる。これほど投機対象としての適性を持つものは、これまでには存在しなかったから、投機家が勢いづき、企業も人もぞくぞくとこれに続く、マネー・ゲームの時代が出現したのは当然であった。

(19) 加藤榮一「二十世紀福祉国家の形成と解体」加藤榮一・馬場宏二・三和良一編『資本主義はどこに行くのか――二十世紀資本主義の終焉』二〇〇四年、東京大学出版会、一〇〇―一〇一頁。

(20) 「労働市場の柔軟化」は、ヨーロッパでは、求職期間中の所得保証、職業訓練、就職斡旋、非正規労働者の賃金水準保証などによるセーフティネットの強化と組み合わされて、フレキシキュリティ（flexicurity）（柔軟性（flexibility）と安定性（security）の合成語）を実現する政策として追究される（鈴木尊紘「フランスにおけるフレキシキュリティ法制――労働市場の柔軟性と安定性を確保するヨーロッパの取組み」国立国会図書館調査及び立法考査局編『外国の立法――立法情報・翻訳・解説』二四〇号、二〇〇九年）。

(21) フランスの思想家特有の多面的な叙述のなかで、ボーの辿り着いた結論は、「貧富の格差は日々拡大している。しかも変化は加速してきた。商品と貨幣の帝国は拡大している。その結果、社会のきずなはバラバラに解体する。上層部は富裕になったが、取り残された、それよりもはるかに多い無数の大衆は、不幸と貧困と病苦と「内戦・干ばつ」などの苦悩のなかに生きている。新たなビジネス・チャンスが生まれる反面で、より多くの深刻な新たな危機と大失業、脅威と不安が発生してくる。さらに、最後に付け加えれば、再生産によって劣化する地球はより不安定な惑星になる。つまり不均衡な状態にある無数の社会と資本主義は拡大再生産され、危機をつくりだし、わが青緑惑星に対しても、私たちの社会に対しても、ますます決定的な意味を持つようになってきたといってよい。」（Ｍ・ボー、筆宝康之・吉武立雄訳『大反転する世界――地球・人類・資本主義』二〇〇二年、藤原書店、七六頁。Michel Beaud, *Le basculement du monde, De la Terre, des hommes et du capitalisme*, 1997, La Découverte & Syros.）というところである。資本主義の拡大再生産が、人類の再生産から地球の再生産までも脅かすようになったとの認識には、基本的に同意できる。

（22）OPEC, *OPEC Annual Statistical Bulletin 2010/11*, pp.22, 30.

（23）FAO Media Center, *World hunger report 2011*, 10 October 2011.

（24）L・R・ブラウン（今村奈良臣訳）『食糧破局——回避のための緊急シナリオ』一九九六年、ダイヤモンド社（Lester R. Brown. *Tough Choices: Facing the Challenge of Food Scarcity*（*Worldwatch Environmental Alert*）. 1996, W. W. Norton and Company.）。

（25）石弘之『地球環境報告二』一九九八年、岩波書店、v頁。

（26）槌田敦『石油と原子力に未来はあるか——資源物理の考えかた』一九七八年、亜紀書房、四七―四八頁。

第四章　経済政策史の方法

一　はじめに

ここまで、経済空間の分節化、経済時空の歴史区分、資本主義の段階区分についての仮説を提示してきた。続いては、封建社会など資本主義以外の経済的〈大状況場〉の段階区分、さらには、経済以外の三空間について、それぞれの歴史時間の区分法を検討したいところではあるが、この課題は、筆者の能力にあまる。前近代社会の経済的構成に関しては、それを対象とする経済史研究者の作業、経済以外の人間行為空間に関しては、政治史・社会史・文化史研究者の作業に待つしかない。

そこで、次には、経済政策史の方法を検討することにしよう。経済政策史は、経済史の一分野であるが、経済政策という人間の意志的行為を対象とする点で、ある特性を持っている。経済学が経済的基礎過程を対象とする時には、そこに現れる経済的事象（諸商品の生産・分配・消費にかかわる事象）を、ひとまずは、人間行為の累積的結果の総体として捉え、個別的な人間行為が総体に及ぼす影響は検討不要と見なして分析を進めることができる。これにたいして、経済政策を対象とする時には、政策主体の政策決定、つまり個別的な人間行為（個人ないし集団の行為）が経済過程に及ぼす影響を分析することが大きな課題となる。

人間行為の累積的結果の総体を対象とする場合には、そこにある種の法則性を想定し、諸事象を必然性の作用する因果関連のなかに位置づけることがある程度まで可能である。たとえば、恐慌という事象については、すくなくとも事後的には、それを生起させた諸要因を、経済学が提起する経済法則についての仮説に従って、因果律が支配する諸事象の連鎖として描き出すことができる、そこでは、恐慌に対処した経済政策も、ひとつの外生的要因として、因果連鎖のなかに組み込んで理解されるのが普通であろう。

しかし、経済政策史の観点からすると、恐慌への政策的対応を、外生的要因とするわけにはいかない。そのような政策が採られたことのいわば必然性を解明する作業がまず要請され、決定された政策を内生的要因として分析過程のなかに取り込む必要がある。そのうえで、因果連鎖的に生起した恐慌という事象にたいして、その政策が与えた影響を評価することになる。

そこでは、たとえば、政策主体が、恐慌の発生要因をどのように分析し把握しているかという状況認識が、現実に進行している恐慌の客観的状況とは一致しない場合が起こり得るし、恐慌対策として採られる政策手段が、適切に選択されないという事態も生じうる。また、状況認識が的確で、政策手段選択が適切であり、政策が当初期待した効果を発揮したとしても、景気循環とは別の経済事象、たとえば、対外経済関係に、予期せぬ変化（政策主体としては意図しなかった政策効果）を発生させてしまう場合もあり得よう。

つまり、経済政策は、それが、政策主体の主観的人間行為の結果であるために、経済法則の支配する客観的経済事象に一元的に規定された内生的要因としては把握しきれない面を持っている。また、その政策の効果を判定する際には、意図された目的がどの程度まで達成されたかの評価とは別に、意図せざる効果も評価することが重要となる。

さらに、経済政策の政策主体は、ホモ・エコノミクスとして経済合理的に行為する個人あるいは人間集団として抽出されるわけではなく、分節化された複数の時空に生きる個人・人間集団として特定される。そのような政策主体は、経済時空の状況のみならず、政治時空などの状況に規定されて、政策選択を行うのが普通である。そして、選択された政策は経済時空の経済事象にある変化を生じさせるが、同時に、大なり小なり政治・社会・文化などの他の時空にも影響を及ぼす。とすれば、経済政策の分析は、分節化された諸時空間の関連如何を問う応用問題を解く作業という面を持っていることになる。

人間行為の総合的な把握を可能にするような、諸科学の総合化へのひとつのささやかな手がかりとして、経済政策史研究を位置づけ、その方法を検討しよう。

二　経済政策展開の三つの局面

A　旧モデル

具体的な経済政策の多くは、まず直接的には政治空間での人間行為として展開される。政治学の世界では、伝統的な制度論的政治学にたいして、死んだ政治を扱う議論にすぎないという批判が浴びせられて、やがて政治過程（governmental process : political process）を問題とする理論が力を持つに至った。政治過程論はさまざまに展開されているが、そのなかで、行動論的アプローチを主張するD・イーストンは、政治体系（political system）モデルを提起している。[1] ごく簡単にそのモデルを描くとすれば、図4-1のようになる。

政治が行われる外的な環境があり、その環境のなかからさまざまな政治的な要求、政策提案とか政策にたいする支持・不支持の声が出されて、それが政治体系のなかに入り込む、つまりインプットされる。政治体系から政策の決定と実施行為がアウトプットとして出てきて、それが環境にたいして作用を及ぼし、また、環境からインプットになるような要求・支持が出て、フィードバック作用が働くというモデルである。

政策一般の形成と作用の過程を、簡略に表現したモデルで、経済政策の場合にも活用できそうである。じつは、筆者も、イーストン・モデルの存在を知る以前に、図4-2のようなモデルを公表したことがある。[2] ここでは、①一国の経済的基礎過程（一国経済の段階と類型）に規定されながら経済政策、特に政策目的が提起されてくる政策提起局面、②政策主体によって政策目的の設定と政策手段の選択が行われる政策決定局面、③政策が実施されて経済的基礎

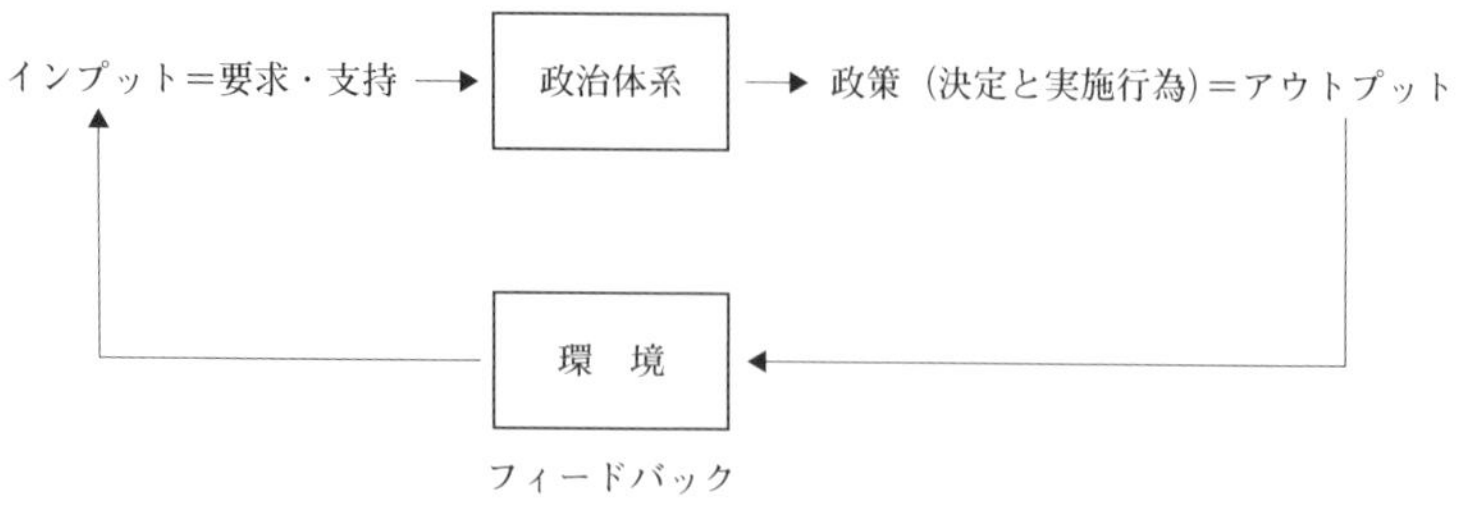

図4-1　イーストンの政治体系モデル

過程に作用が及ぶ政策実施局面の三つの局面を区分し、そこには、政策実施による影響が新しい政策提起を生みだすフィードバック作用が働くと想定した。イーストンの場合には、環境とか政治体系は、その内部が細かく検討されてはおらず、いわばブラック・ボックスになっているが、筆者のモデルでは、そのブラック・ボックス的な部分を、もうすこし解析したかたちになっている[3]。

まず、第一の政策提起局面では、世界資本主義との関係において歴史的に形成された一国の経済的基礎過程に規定されて、諸階級・諸階層のあいだにそれぞれ相異なった、経済的利害状況が生まれる。その利害状況は、諸階級・諸階層の主観的認識作用を通して、それぞれの利害意識を形成させる。そして、利害意識にもとづいて、諸階級・諸階層から、政策（目的と手段）提起が行われる。ところが、具体的な政策提起の基盤となる諸階級・諸階層の利害意識の分析には、特殊な困難がともなう。その困難は、ひとつには、一般的に存在と意識のあいだに生じるズレ、存在にたいする意識の相対的自立性の問題から起こってくるものであり、客観的利害状況から一義的に主観的利害意識が生まれるとは言い切れないところに問題がある。また、困難は、経済的問題にかかわる利害意識であっても、それには、諸階級・諸階層の置かれた非経済的利害状況も大きな作用を及ぼしているという点からも生じてくる。ある特定の階級・階層の内部において、利害意識が多様性を示し、多極化さらには対立化することさえ珍らしいことではない。そこで、利害意識の分析は、心理学の分析方法までも採用しながら、限りなく細密化する可能性も持っている。

第二の政策決定局面では、諸階級・諸階層から提起される諸経済政策が、政策主体に

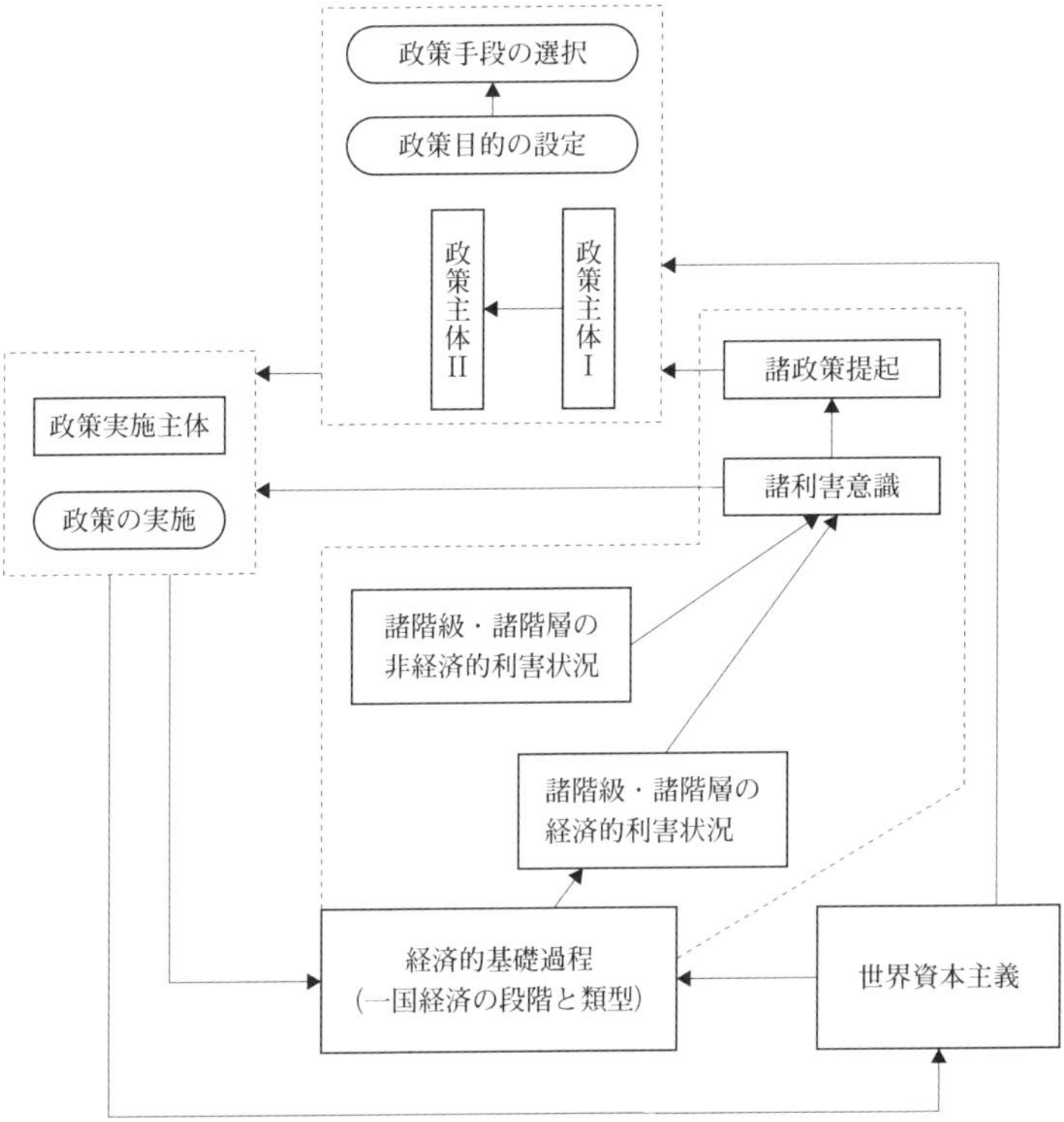

図 **4-2**　経済政策の決定と作用

よって取捨選択されて、特定の経済政策が決定される。従来の経済政策の分析では、しばしば、経済的基礎過程から歴史必然的に特定の経済政策が登場するように論じられてきた。[4] たとえば、誤った経済政策、つまり、経済的基礎過程からの要請とは異った方向で経済政策が選択された場合、その政策はやがて破綻し、別の正しい経済政策が採用されて経済的基礎過程の要請に応え、歴史の必然性が貫徹されるという見方がある。たしかに、大局的にはこのような見方は妥当であるかもしれないが、誤った経済政策が実施された結果が、やはりなんらかのかたちで経済的基礎過程に変化をもたらし、それによって現実の歴史過程が変化する可能性もある以上、経済史の立場からは、誤りの政策を、ただ歴史必然性からはみ出した余計なものとして無視するわけにはいかない。むしろ、誤った政策選択が行われた原因、誤った政策実施が及ぼした作用を究明することによって、一層豊かな歴史認識に到達することができると考えられる。

政策決定局面は、いわゆる政治過程であるから、ここでは、政治学の分析方法、特に、政策決定過程論の方法が適用できる。まず、政策決定の機関としての行政府と立法府の形態及び機能の分析が前提となる。次に、政策提起を行う諸集団（諸政党、諸利益団体、諸圧力団体等）の形態及び機能の分析が行われる。そして、行政府・立法府・諸集団の相互関係のなかで、個別的な政策決定が行われる過程の政治力学的分析が可能となる。政治学の領域では、現代の政治現象を対象としながら、かなり精緻な分析方法が構築されつつあるので、経済政策の史的分析にもその援用が効果的である[5]。ただ、歴史を遡った時点に関しては、方法論上、若干の工夫が必要と思われる。図4-2のモデルでは、近代資本主義の形成期における経済政策の研究をねらいとした都合上、とりあえず、経済政策の決定過程に登場する主体を二つに分けて、政策主体Ⅰを政策家として、政策主体Ⅱを立法機関及び機関外勢力として捉える工夫を試みた。近代初期においては、現代のような代表的な政策提起者としての諸政党組織の発達が未熟であり、また、政策技術の高度化とともに専門家集団として独自の勢力を発揮する官僚組織も弱体であるために、政策構想力が豊かで政治力にすぐれた個人が、政策決定過程で相対的に大きな役割を果たす場合が多い。政策家の政策提起をうけて、議会等の立法機関が、機関外の諸勢力（諸利益団体等）の影響を受けながら、その政策目的の承認・否認、政策手段の適否判定を行う過程を、政策主体Ⅱの政策行為と位置づけた。

第三の政策実施局面では、決定された経済政策が、実際に実施に移され、それが、結果として、経済的基礎過程さらには世界資本主義に変化を及ぼしていく過程が分析の対象となる。この過程では、まず、政策実施の主体が問題となる。一般には、政策実施主体は行政府であり、官僚組織がそこで合理的機能を発揮するものと理解できる。ただし、政策実施過程においても、諸階級・諸階層の諸利害意識が作用して、経済政策が決定された通りの姿では実施されない場合があることに留意しなければならない。実施過程における諸困難が、政策決定過程に投げ返されて、別の政策決定ないしは政策修正が行われるという、フィードバック現象はよく知られているところである。政策実施過程の分析で、キイ・ポイントとなるのは、政策がもたらした効果の測定である。まず、政策主体が設定した政策目的に照らして、政策手段がどの程度の効果をあげたかを検討し、政策主体の政策行為が、目的合理性を持ち得たか否かを評価することができる。さらに、政策主体が、目的意識的に意図したところとは別の観点から、政策の歴史的役割を評価することも必要である。

B　新モデル

さて、以上のように構想した図4-2モデルは、もうすこし改良する余地がある。政策決定局面で、政策主体Ⅰと政策主体Ⅱとを分けたのは、近代初期を念頭に置いたためであるが、これを、現代にまで適用できるかたちにモデル・チェンジしてみよう。モデル・チェンジのポイントは、「政策主体」を人間個人あるいは集団・団体の代表者として捉え、それらの政策主体が、なんらかの「場」で、提起すべき政策を策定し、政策を提起し、政策を決定するという具合に、政策決定局面を、そこに登場する「政策主体」と主体が活動する「場」とに分けることである。「政策主体」については政治学でよく使われているアクター（actor）という用語を当てはめておこう。アクターが活動する「場」は、いわば舞台であるから、これも政治学用語でアリーナ（arena）と呼んでよかろう。

ただ、アクターが活動する舞台、アリーナというのは、かなり広い。いまかりに強い政治的影響力を持っている代議士Aがいたとしよう。Aは選挙という舞台で、ある政策を公約して当選し、議会でそれが立法化されるよう活動する。Aが、選挙とか議会というアリーナでどのような発言や行動を行ったかは、あるところまでは公的に開示される。しかし、選挙にしても、公的な政見発表などの選挙運動のほかに、公職選挙法では禁じられている利益誘導的な集票活動を行う場があったかもしれない。また、議会の委員会や本会議での活動はいわば形式的で、所属政党の内部での根回し、関係官僚との調整、利害関係者との交渉など、立法化に至るまでの実質的活動が重要な意味を持つ。つまり、

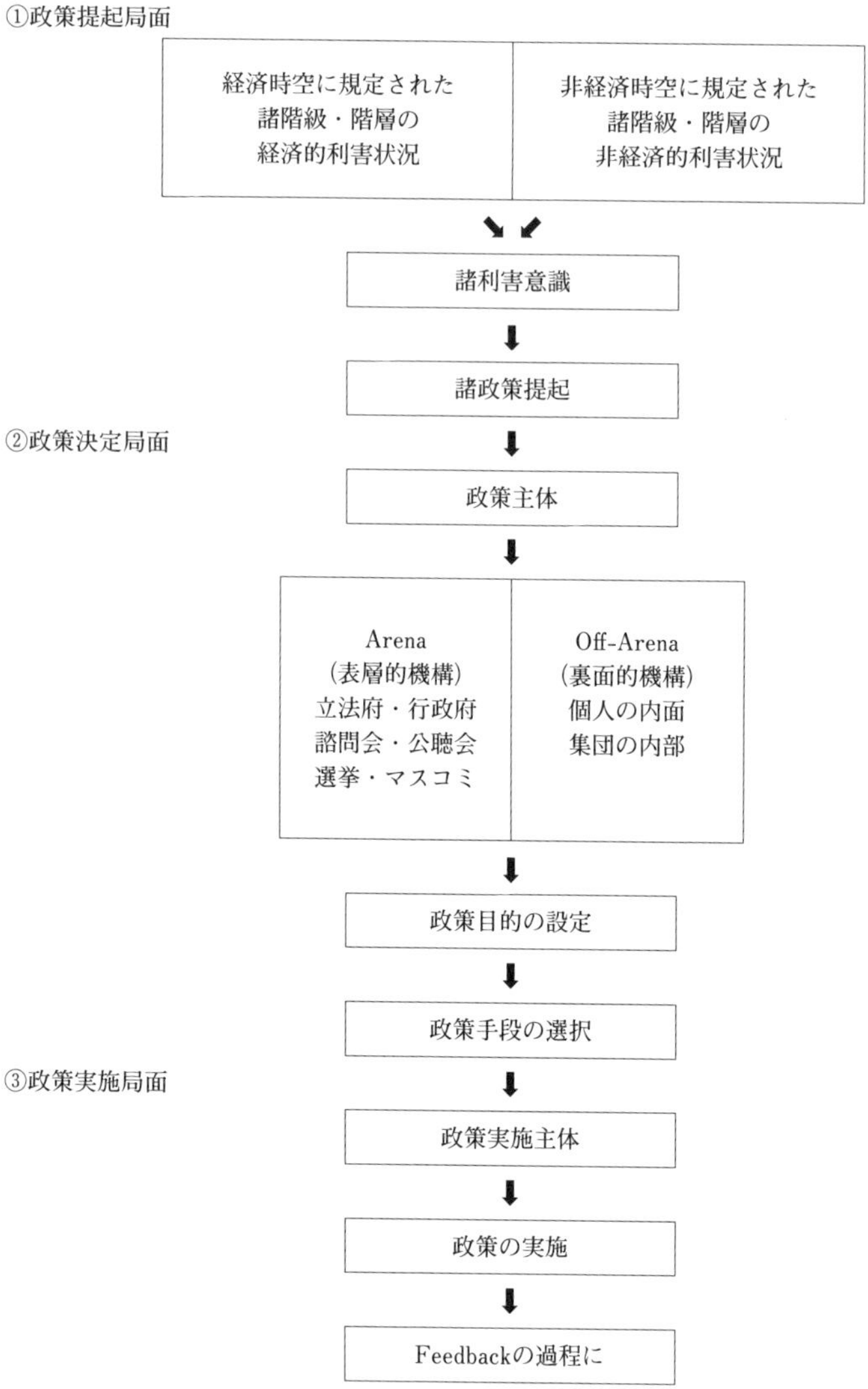
①政策提起局面
経済時空に規定された
諸階級・階層の
経済的利害状況
非経済時空に規定された
諸階級・階層の
非経済的利害状況
諸利害意識
諸政策提起
②政策決定局面
政策主体
Arena
(表層的機構)
立法府・行政府
諮問会・公聴会
選挙・マスコミ
Off-Arena
(裏面的機構)
個人の内面
集団の内部
政策目的の設定
政策手段の選択
③政策実施局面
政策実施主体
政策の実施
Feedbackの過程に

図 **4-3**　経済政策の展開モデル

アクターの舞台には、それについての情報が一般に公開されている表舞台のほかに、普通の人にはなにが行われているのかは分からないブラック・ボックスになっている舞台裏がある。経済政策の決定過程を分析しようとする研究者にとって、この表舞台と舞台裏とでは、情報へのアクセスの難易度が全く異なる。議会議事録はほぼ完全に公開されるが、政党内部の議論や、政党と官僚の交渉内容などは極く部分的にしか判明しないのが普通である。公開された情報はそれの収集に努力し、情報解析すればよいが、情報が非公開の場合には、断片的な情報から事実関係を推定しなければならない。

そこで、政策決定過程におけるアクターの表舞台と舞台裏とをひとまず分けておくのが便利であるから、ここでは、表舞台をアリーナと呼び、舞台裏をオフ・アリーナ（off-arena）と呼ぶことにしよう。off-arena は、offstage という用語の類比から筆者がつくった造語で、記号程度の用語である。要は、アクターの活動の場としては、アリーナという公的に制度化されていて情報の公的開示度の大きい場と、オフ・アリーナというブラック・ボックス度の大きい場とを区分することである。このオフ・アリーナという場をすこし拡張して考えると、アクター個人の意思決定機構も含まれる。アクターの価値意識やハビトゥス（habitus）（P・ブルデュー）、認識能力や感情・感性など、K・ボールディングの言うイメージに近いものが、どのように政策提起を規定するかという分析をすることになる。

このように、アクター、アリーナ、オフ・アリーナを区分しておいて、アクターが、いろいろなアリーナやオフ・アリーナで、どのような活動（action）を行うかという視点から、政策決定過程を分析しようというのが、図4-3の新モデルである。政策主体をIとIIに分ける旧モデルよりも、適用できる時代の範囲が広いモデルになったと思う。

三　経済政策の評価

もうひとつ、再考しておきたいのは、経済政策を評価する視点である。言うまでもなく、経済政策は、歴史的な初期条件の範囲の中でしか作用し得ない。つまり、既往の歴史経過によって、ある時点における経済史的現状は規定されており、それ以後の事象の発生・展開の可能性は限定されている。ある時点における経済史的現状、第二章と第三章で検討した〈状況場〉のあり方（これが経済政策の課題を決定する）と、〈状況場〉によって規定される事象発生・展開の可能性（これが経済政策の選択肢と政策効果発生の枠となる）の両者を、初期条件と呼べば、経済政策は、この初期条件の枠内で展開されるのである。もちろん、初期条件は、政策展開の結果として経済時空内で変化するし、政治など他の時空の作用によっても変化する。この変化には、必然的な変化と偶然的な変化とが考えられる。

必然・偶然を論じるには、哲学、歴史学はもとより物理学、生物学など自然科学の分野での研究に至るまでサーベイする必要があるが、ここでは、概括的な理解を作業仮説として使用することにしたい。まず、必然とは、ある事象から因果律的に他の事象が生じる場合を指す用語とし、偶然とは、因果律によってではなく、確率論的に事象が生じる場合を指すものとしよう。たとえば、AとBが渋谷駅でばったり出会ったとしよう。Aは講義のために大学に向かう途中に渋谷駅を通ったので、Aが渋谷駅に居たのは、必然的事象である。Bは観劇のために青山劇場に向かう途中であり、Bが渋谷駅に居たのも必然的事象である。しかし、AとBが出会ったのは、出会う確率は高かったにせよ、偶然的事象である。

少し言葉を換えると、事象が生起する場、時空（＝時間と空間）、は、因果律が作用する必然時空（かりにD時空＝destined time-space と呼ぼう）と、確率が作用する偶然時空（C時空＝contingent time-space）に分けることができる。つまり、Aが渋谷駅に居たのはD時空の事象、Bが渋谷駅に居たのもD時空の事象であり、AとBが出会ったのはC時空の事象である。二人は久しぶりに会ったので、喫茶店でおしゃべりをしていたら、Aは講義に遅刻し、Bは開演に間に合わなくなった。講義に遅刻し、開演に遅れたのは、それぞれ出会い後のD時空の事象であるが、それは、出会いというC時空事象を媒介にして、そこから生じたD時空のなかでの事象である。

Aが講義に遅刻したという出来事を歴史の事象として分析するとすれば、Bとの出会いという偶然から遡って、渋谷駅に二人が居たことの必然を解明するという手順になる。一般論に置き換えてみると、C時空事象とD時空事象を区分し、そのうえで、C時空を媒介にしたD時空の展開を解析しながら、その総合的把握を試みるのが歴史科学ということになる。つまり、

①ある事象Aを出発点に仮設すると、そこから因果律的にDa時空が展開する。
②他の事象Bを出発点とするDb時空が、Da時空と交錯する事件が起こったとする。
③この交錯事件は、偶然に発生したとすると、C時空での事象と言える。
④この交錯事件発生以後は、そこから因果律的に［Da＋Db］時空が新たに展開する。
⑤［Da＋Db］時空を遡及すると、Da時空とDb時空は、それぞれD時空ではあるが、［Da＋Db］時空が、D時空であり得るのは、C時空の交錯事件を媒介にしてである。

これに、すこし蛇足的コメントを加えると、

⑥このような意味で、D時空は、C時空を介してしか、存在し得ない。
⑦時空の本源的な姿は、C時空である。それは、宇宙形成の「ビッグ・バン」の偶然性から明らかである。つまり、「ビッグ・バン」を必然として説明する論理は、存在しないのであるから、始原の状態は、C時空と想定するほかない。

この蛇足的コメントは哲学に関わりそうであるから、ひとまず脇に置いておこう。歴史科学の作法としては、大きく分けると、D時空に重点を置いて、因果律あるいは歴史法則が規定する世界として事象生起の必然性を分析す

る方法と、C時空に重点を置いて、確率論的な世界として事象生起の偶然性を個性記述的歴史叙述として描き出す方法とがある。マルクスが、いわゆる唯物史観として展開したのは前者であり、伝統的ドイツ歴史学が新カント派の影響下に展開したのが後者である。しかし、この二つの方法のいずれが適切であるかを問うことは、あまり意味がない。C時空とD時空は、それぞれに区分はされても、二つの時空は、いわば入子構造あるいはモザイク構造になっているから、唯物史観もドイツ歴史学も、それぞれ歴史を全体として把握したことにはならない。両者を否定することはないが、やはり、それぞれの歴史把握を、総合化する方法が見出されることが望ましい。ここでは、政策が展開される初期条件の変化が、D時空で生じたものか、C時空で生じたものかを、可能な限り区分しながら、政策展開の場を確定することにしよう。

このように考えておくと、政策の評価を行うに際しては、少なくとも、次の四点を明らかにする作業が必要である。

①〈状況場〉が規定する初期条件と課題の確認

〈大状況場〉〈中状況場〉〈小状況場〉それぞれにおける政策展開の初期条件と政策課題を確認する。必要に応じて、〈超状況場〉との関係も確認する。

②政策主体の政策選択過程の確認

政策主体は、初期条件をどのように理解し、どのようなアリーナ、オフ・アリーナの状況のなかで、政策目的を設定し、政策手段を選択したか。

③〈状況場〉が規定する政策課題に照らした政策の合理性の検討

C時空変化によって〈状況場〉が変化した場合には、新たな政策対応の合理性を検討。

④経済政策の意図せざる効果・影響の確認

この四点の確認作業によって、当該経済政策の歴史的評価が、可能になると思われる。

（1）　D・イーストン（片岡寛光監訳）『政治生活の体系分析』上巻（早稲田大学出版部、一九八〇年）、四〇頁（David Easton, *A Systems Analysis of Political Life*, 1965, John Wiley & Sons. p.32.）。
（2）「経済政策の比較史的研究の方法について」（田島恵児氏と共同執筆、『青山経済論集』第二九巻第一号、一九七七年六月）、五〇頁。
（3）　政治学のほうでも、このブラック・ボックスを、知覚とか解釈とかの心理学的な手法を導入することによってホワイト・ボックスにしようという試みがなされている。たとえば、イメージという概念がK・ボールディングによって提起された。意思決定者が、どのような認知・評価・感情の構造、あるいは、自己・世界・宇宙についてのイメージを持っているかを検討して、政策決定のあり方を探ろうという考え方である。Kenneth E. Boulding, *The Image: Knowledge in Life and Society*, 1956, University of Michigan Press.（大川信明訳『ザ・イメージ――生活の知恵・社会の知恵』一九八四年、誠信書房）。
（4）　宇野弘蔵は、資本主義の発展段階を、重商主義・自由主義・帝国主義の三つの段階に分けて、それぞれの段階に特徴的な経済政策を取り上げながら、その政策が基本的にはその段階の支配的資本の政策であると論じる（『経済政策論』一九五四年、弘文堂）。重商主義政策は商人資本、自由主義政策は産業資本、帝国主義政策は金融資本の政策であると見るわけである。理論的に抽象化されて措定された資本がある政策を産み出すという考え方は、おおまかな議論としては成り立つものの、具体的に歴史に登場する経済政策を分析する場合には、方法論としてはきめが粗すぎる。
（5）　白鳥令編『政策決定の理論』一九九〇年、東海大学出版会など。

第二部　経済政策史のケース・スタディ——緊縮財政の系譜

第五章　松方財政——自立的国民国家の基盤整備

一　はじめに

経済政策史の方法を、前章のように設定したので、ケース・スタディ的に具体的な経済政策の分析を試みてみよう。対象としては、日本近代の三つの代表的緊縮財政、松方財政、井上財政、ドッジ・ラインを選ぶことにしよう。この三つの経済政策は、傾向的に拡張政策・拡大財政が続けられた近代日本の経済史のなかでは異質な政策であり、ともに政策担当者の名前を冠して呼ばれるように、強い個性的な政策主体によって推進され、その背景には、異質な政策を選択せざるを得ない特別な状況が存在した。また、この三つの財政は、緊縮政策を実施するさなかで、それに重大な影響を及ぼす事態の発生に直面する。松方財政の時期には朝鮮で壬午事変が起こって、松方は軍事費支出を拡大せざるを得なくなった。井上蔵相は、満州事変の発生で、事実上、緊縮財政の継続を不可能にさせられた。そして、ドッジ・ラインは、安定恐慌をもたらしたが、朝鮮戦争の勃発によって新しい局面を迎える。ともに、偶然的な軍事的事件がC時空で発生して、政策の再検討を迫られたのである。このような共通性を持つ三つの政策を検討することは、明治前期、昭和初期、占領期の日本資本主義の〈状況場〉を確認しながら、経済政策史の方法として筆者が提起した仮説の適合性をテストする作業として適当であろう。

二〇〇一年に登場した小泉純一郎内閣は、橋本龍太郎内閣が失敗した財政再建のための緊縮政策を引き継ぐかたちで、緊縮財政政策の実行を標榜した。実質的な政策が遂行されたとは評価できないのが五年余の間の実績であるが、政策路線としては、日本経済史で四番目の緊縮財政となる可能性がある方向を向いていた。緊縮財政が登場したのに符合するように、アメリカがイラク戦争を仕掛けた。日本の緊縮財政が戦争と共時性を示すのは、偶然に過ぎないが、奇妙な一致である。結果としては第四の緊縮財政とまでは評価はできないが、ケース・スタディの最後には、小泉内閣の経済政策を素材にして、現代の経済政策の分析を試みてみよう。

二　松方財政の課題はなんであったか

松方財政は、松方正義が大蔵卿・大蔵大臣として行った経済政策を指している。松方は、後掲年譜に見るように、一八八一（明治一四）年一〇月から一八九二年八月までと、一八九五年三月から八月までと、一八九六年九月から一八九八年一月までと、一八九八年一一月から一九〇〇年一〇月までの四つの期間、大蔵卿・大蔵大臣（首相と兼任の時期もある）に任じられているが、通常は、一八八一年からの足かけ七年の時期が、松方財政の時期と呼ばれている。本章では、この松方財政の前半期、一八八一年から一八八五年頃を対象に取り上げて検討する[1]。

まず、〈状況場〉に規定された松方財政の初期条件を確認しながら、松方がどのような歴史的課題に直面していたかを見て行こう。

A　〈大状況場〉に規定された初期条件・課題

〈大状況場〉とは、歴史を、社会の経済的構成、あるいは社会構成体として分節化した場合の歴史的状況である。明治初期は、封建社会から資本制社会への移行期に当たっているから、歴史的課題は、大きく見ると資本主義体制の確立ということになる。つまり、封建制への逆流は不可能であるし、ロシア革命後の後発国のような社会主義への飛躍もありえないから、資本主義化しか選択肢はない。

ただし、一九世紀後半の時期では、植民地・従属国化する可能性もあり得たから、それを回避して国民国家として自立することも、大きな課題であった。

あるいは、日本資本主義論争いらいの争点からすると、明治国家は、絶対王政として自立するか、近代国家として自立するかという選択肢があることになる。しかし、絶対王政の概念規定の問題があって、断定は難しいが、筆者としては、一九世紀後半に、先進資本主義諸国の外圧のもとでは、近代的国民国家としてしか自立の道はなかったと考えている。

国民国家であっても、外国あるいは外国資本の影響力を受ける程度には差があり得る。つまり、外国資本が直接進出してきたり、外国からの資本導入に大きく依存するような従属的資本主義となる可能性があったから、自立的な資本主義を確立することも明治初期の歴史的課題であった。

資本主義化に際しては、政府の主導性が強く、内発的な民間企業の展開が弱い、いわゆる「上からの道」と、内発的自生的な企業発展が行われる「下からの道」の二つの道があり得ると言われる。もとより、後発国としては、イギリスのような完全な「下からの道」を進むことは不可能であるから、ある程度は「上からの道」を進むことになるが、この二つの道は、二者択一ではない。日本は、いわば、両方の道を進むことになったと言えよう。

また、日本資本主義の特性として、軍事的性質を重視する見方があるから、明治政府が軍事的資本主義を選ぶか、平和的資本主義を選ぶかという選択肢も考えてみる必要があるかもしれない。時代からすると、帝国主義にさしかかる時で、国民国家として自立するには、それなりの軍備は必要であるから、当然、「強兵」は政策課題になる。ただ、軍備をどの程度の質・量まで持つかは、軍事戦略と財政との関係で、政策的選択問題になる。

B 〈中状況場〉に規定された初期条件・課題

〈中状況場〉は、資本主義の各発展段階における歴史的状況である。明治初期は、後発国日本にとっては、資本主義の形成期であり、資本の原始的蓄積が最大の課題であった。

資本蓄積に関しては、資金創出の前提条件としての近代的貨幣制度、資金創出・資金流通の機構である近代的金融制度、資金集中システムである会社制度の整備が課題となる。また、工業化以前の時期の資本形成は、農業など第一次産業でつくり出される余剰を、第二次・第三次産業に投入することによって進行するから、この社会的余剰を吸収し投資する仕組みが必要となる。資本形成の主体としての企業家・経営者の登場を促進することも課題である。あるいは、資本蓄積の不足を補うための外国資本の導入も、従属化を避けながらの課題である。そして、後発国として、先端技術の移植は、ハードとソフトの技術導入と技術受容主体の形成の両面から促進すべき課題である。

労働力蓄積に関しては、農民層分解の進行が課題である。農民層分解は、江戸時代を通して徐々に進行していた。これを、第Ⅰ段階とすると、開港後、綿製品・羊毛製品輸入と生糸輸出の影響によって、急速に進行した農民層分解が第Ⅱ段階であり、これは、いわば外国の産業資本の作用による原始的蓄積の進展といえる。そして、さらなる第Ⅲ段階の農民層分解が、明治初期の課題であった。また、農民層から析出された無産者を、近代的労働者として陶冶すること、勤労精神・リテラシー・技能の付与、集団行動・時間厳守・清潔などの慣習形成も[2]、課題であった。

C 〈小状況場〉に規定された初期条件・課題

〈小状況場〉は、資本主義のある発展段階のなかに置かれた、それぞれの時期における歴史的状況である。本章が対象とする松方財政の前半の時期（一八八一年一〇月から一八八五年頃）では、まず、インフレーションの克服が課題であった。西南戦争（一八七七年）後のインフレーション、紙幣価値の下落と物価上昇は、生産者特に農民の所得を増加させたが、定額所得者特に士族の困窮化を招き、さらに、輸入超過の拡大と財政危機をもたらした。インフレーションの原因は、政策主体の主観的認識としては、①銀貨不足による銀貨価値の上昇、または、②紙幣過剰による紙幣価値の下落と、ふた通りに解釈されていた。①の解釈からは、銀貨不足は輸入超過の結果であり、輸入超過は国内工業未発達の結果であるから、国内工業を発達させるための殖産興業政策が必要であるとの判断になる。②の解釈からは、過剰に発行されている紙幣の整理が必要ということになる。経済政策の選択肢としては、殖産興業vs紙幣整理という二項対立が、積極財政vs緊縮財政、国債発行vs増税+財政制度改革、外資導入vs非導入などの二項対立に直結している。

この〈小状況場〉では、先行する大隈財政が、松方財政の初期条件を規定しているので、ここで、大隈財政について、簡単に触れておく必要がある。大隈財政は、大隈重信が参議・大蔵卿として主導した財政で、一八七三（明治六）年一〇月から一八八一年一〇月までの期間（一八八〇年二月から大蔵卿は佐野常民にかわったが、大隈は参議として影響力を持った）に展開された。大隈財政の基本線は、前にあげた①、つまり殖産興業促進の積極財政であったが、細かく見ると、四つの時期に分けることができる。

まず、大隈財政前期（一八七三年から一八七七年）は、殖産興業政策が、華々しく進められた積極政策の時期であった。大隈財政中期（一八七八年から一八八〇年八月）は、インフレーションが発生した事態に対応して、積極政策の手直しが図られた時期で、起業公債（一二五〇万円）発行（一八七八年五月）による殖産興業資金の調達が行われる一方、紙幣償却（一八七八年八月）、洋銀取引所設立（一八七九年二月）、横浜正金銀行設立（一八八〇年二月）などの銀貨騰貴抑制政策も着手された。インフレーションがさらに進行するのに対処すべく、大隈は、外債（五〇〇〇万円）募集による政府紙幣の一挙整理案（一八八〇年五月）を提案したが、これには政府内に反対論が多く、結局、勅諭（一八八〇年六月）によって否定されてしまった。

ここで、大隈も緊縮政策に転換せざるを得なくなり、大隈財政後期（一八八〇年九月から一八八一年六月）がはじまる。大隈は、伊藤博文と連名で、インフレーション抑制のための緊縮財政、増税を提案する「財政更改の議」を提出し（一八八〇年九月）、工場払い下げ概則（一八八〇年一一月）を公布して官業の払い下げによる行財政改革を図り、農商務省を設置（一八八一年四月）して、殖産興業政策の転換を目指した。とはいえ、大隈は、殖産興業の必要性は依然として強く意識しており、緊縮財政による紙幣整理とは異なった政策選択として、内国債（五〇〇〇万円）

の募集による紙幣整理と中央銀行設立を伊藤と連名で提案した（一八八一年七月）。ここからを、大隈財政末期と呼ぼう。緊縮政策転換を余儀なくされていた大隈は、外債募集にかわる内国債募集（外国人の応募も認める）を提案して、いわば、巻き返しを図ったのである。この紙幣整理国債募集案は、閣議で承認されたから、大隈財政は新たな展開を見せるところであったが、いわゆる明治一四年政変で大隈は参議を罷免されて政府から排除されてしまった。

この後を受けて、松方財政がはじまる。松方財政が開始されてほどなく、一八八二年七月に壬午事変が発生した。壬午事変は、朝鮮宮廷内の大院君（守旧派）と閔妃（開明派）の対立から生じた軍事反乱で、閔妃の兵制改革を支援していた日本人軍事教官が殺害され、日本公使館も襲撃された。大院君が一時政権を握ったが、清国と日本の干渉で、閔妃派が復権した。しかし、新政府は清国依存的な姿勢をとり、日本の勢力は著しく後退してしまった。この出来事は、松方財政からすれば、偶然的なC時空での事象であるが、壬午事変後、対清国政策の観点から軍事力強化が政策課題となり、緊縮政策を取っていた松方は、軍事費支出を増大せざるを得なくなった。つまり、壬午事変の発生は、松方財政の初期条件を変化させたのである。

このほかにも、初期条件の変化が生じている。明治一四年の政変で下野した大隈は、立憲改進党を組織して、自由民権運動の一翼を担って政府批判を展開した。大隈の資金源は、岩崎弥太郎とみなされ、その資金源を絶つことが、政略的課題となった。政府は、三菱会社と対抗する海運会社として共同運輸会社の設立を援助する方針を取り、資本金六〇〇万円のうちの二六〇万円を出資した。緊縮財政の時期に、二六〇万円の出資は、一括払込ではなかったが、いささか異常である。これも、松方財政としては直接関係のないC時空での出来事によって、初期条件が変化したことを意味している。

以上のような初期条件のもとで、松方財政が実施されることになる。次には、松方がどのように政策を決定したかを見よう。

三　松方正義はどのように政策を決定したか

A　松方の履歴

松方正義は、一八三五（天保六）年二月に薩摩藩士松方正恭の四男に生まれた。以後の履歴は、年譜の通りである。松方が政策主体として政策を決定する表舞台（Arena）と舞台裏（Off-Arena）のあり方を見ておこう。

B　Arenaの状況

政策決定機構の表舞台は、太政官制度で、一八六八（慶応四）年六月に七官が設置されて以来、変更を加えられながら、一八八五年一二月の内閣制度開設まで続いた。一八七一（明治四）年九月からの制度では、太政大臣を筆頭に、左大臣・右大臣・参議の官職が置かれ、内務省など各省を卿（おおむね参議が就任した）が統括する体制となった。最高意思決定機関は、正院で、天皇が臨席し、太政大臣・左右大臣・参議が構成員となった。正院の名称は、一八七七年一月に廃止されたが、太政官制の意思決定は、三大臣と参議の合議（内閣と呼ばれた）によって行われた。立法府としては、左院が置かれたが、一八七五年四月からは元老院に置き換えられた。元老院議官は、華族、勅任官、奏任官、功労者、学識者から勅任された。立法機関とはされたが、議案は勅命で交付され、緊急法令は公布の後に事後検視に付される規定もあって、実質的な立法府としての機能を果たしたわけではなかった。法案起草・審査機関として参事院が、一八八一年一〇月に設置され、初代議長には伊藤博文が就任した。司法は、司法省裁判所が担当していたが、一八七五年五月には大審院が設置されて、一応、院長・判事で構成される司法府が分立された。一八八五年一二月からは、太政官制度に代わって内閣制度が開設された。これまで、太政官に属していた宮内省を

松方正義年譜

西暦	和暦	月	事項
一八三五	天保 六	二月	薩摩藩士、松方正恭（もとは郷士）の四男に生まれる
一八四四	弘化 一		父松方正恭、姻戚者にだまされて借金を負い、貧乏暮らし
			天然痘を病んで、虚弱体質が改善。弓術・馬術・剣術習得
一八六二	文久 二	三月	薩摩藩近習番（久光の側近）。寺田屋騒動・生麦事件に遭遇
一八六六	慶応 二	五月	御船奉行添役軍艦掛。長崎出張武器購入、数学・測量術を学ぶ
一八六八	明治 一	二月	長崎裁判所参謀
		五月	日田県知事商人から借款調達、殖産興業、贋札事件処理
		一一月	「諸藩札兌換の議」
一八六九	二	三月	「金札通用公布に対する議」
一八七〇	三	一〇月	民部大丞（たいじょう）。税制改革建議
一八七一	四	七月	大蔵権大丞（ごんのたいじょう）
		八月	租税権頭（ごんのかみ）。地租改正条例（一八七三年）の立法準備
一八七四	七	一月	租税頭。地租改正実施を担当
		四月	「海関税改正議」第一、第二、第三〜一二月

西暦	和暦	月	事項
一八七五	明治 八	九月	「通貨流出を防止する建議」
		一一月	大蔵大輔（たいふ）
一八七七	一〇	八月	兼仏国博覧会事務副総裁
一八七八	一一	二月	フランス渡航。仏大蔵大臣レオン・セー（Léon Say）から貨幣論・銀行論、仏議官兼博覧会事務官長カランツから鉄道論を学ぶ。セーの高弟ボリュー（Paul Leroy Beaulieu）とも交流
			イギリス・ドイツ・オランダ・ベルギー・イタリアを歴訪
一八七九	一二	一月	帰国
一八八〇	一三	二月	大蔵大輔辞任、内務卿就任。殖産興業推進
		六月	「財政管窺概略」外債発行反対・紙幣整理提案
一八八一	一四	五月	ならびに九月「財政議」紙幣整理・中央銀行設立
		一〇月	参議・大蔵卿
一八八五	一八	一二月	〜一八九一年五月 大蔵大臣（伊藤内閣、黒田内閣、山県内閣）

西暦	和暦	月	事項
一八九一	明治二四	五月	〜一八九二年八月 首相兼蔵相（第一次松方内閣）
一八九五	二八	三月	〜八月 大蔵大臣（第二次伊藤内閣、前後は渡辺国武が蔵相）
一八九六	二九	九月	〜一八九八年一月 首相兼蔵相（第二次松方内閣）
一八九八	三一	一一月	〜一九〇〇年一〇月 大蔵大臣（第二次山県内閣）
一九〇〇	三三	一〇月	元老
一九〇三	三六	七月	〜一九一七年五月 枢密顧問官
一九〇四	三七		〜一九〇五年 日露戦争期、財政顧問
一九一七	大正 六	五月	〜一九二二年九月 内大臣
一九二二	一一		公爵（一八八四年伯爵、一九〇七年侯爵）
一九二四	一三	六月	没。国葬

（出典）「侯爵松方正義卿實記」、『公爵松方正義伝』ほか。

分離して、内閣外の大臣である宮内大臣が宮内省を主管し、天皇を補佐する内大臣とともに、宮中を構成することとし、政治を担当する府中との区分を明確にした。府中は、総理大臣と各省大臣で構成する内閣を行政府、元老院を立法府、大審院を司法府とする三権分立型の政治機構となった。一八八八年四月には、天皇の諮問機関として、議長・副議長・枢密顧問官で構成される枢密院が設置された。そして、帝国憲法発布によって、立法府としての二院制議会が開設され、内閣の権限も明確化された。

政治機構のほかに、公開されたかたちで、政策が論議される場としては、民間の組織としての各地商業会議所や銀行家の団体として択善会などがある。東京商法会議所、その後身の東京商工会や、大阪商法会議所などは、政府の諮問に対しての答申や独自の建議を通して、政策決定に参加した[3]。また、新聞や雑誌などジャーナリズムも、政策決定に影響を与える役割を果たした。

C　Off-Arena の状況

(1) 松方正義の内面

政策決定の舞台裏、裏面的機構としては、まず、松方正義個人の内面、つまり、価値意識や状況判断能力が問題である。松方は、財政家、経済政策担当者として極めて大きな役割を果たしたが、政治家としての評価は、あまり高くはない[4]。内閣総理大臣としての采配が、あまりうまくなかったことは確かのようである。とはいえ、経済政策の決定者・実行者としては、伊藤博文や山県有朋も一目置くほどの能力を持つ人物であった。松方の経済政策立案能力がどのように培われたか推定してみよう。

まず、一八六六年に、御船奉行添役軍艦掛として長崎に出張したときに、幕府の海軍練習所で、数学と測量術を学んだことは、計数処理の学習となった[5]。維新後、一八六八年五月から日田県知事に任じられた時には、日田地方の商人から資金（一〇万両）を調達する使命を果たした。松方は、県治方針として貸借信用の確立と冗費の節約を掲げ、新田開発や別府築港など殖産興業にも力を尽くした。在任中、福岡黒田藩の贋札造りを摘発するなど、通貨問題にも関わった。日田県知事時代には、経済政策についてのオン・ザ・ジョブ・トレーニングを受けたことになる[6]。この時期に、松方は、「諸藩札兌換の議」「金札通用公布に対する議」を政府に建議している（年譜参照）。前者は、「元来貨幣之儀者僻境遐陬ニ至ル迄不一様候テハ不相済事ニ付」藩札の金札との交換を早急に進めるべき事を建議したものであり、後者は、金札の時価通用を政府が認めたことに対しての抗議で、政策方針を簡単に変更してはこれまでの苦心が無駄になると申し立てている[7]。貨幣価値の維持を重視する意識が極めて強いことが注目される。

一八七〇年一〇月から民部省に出仕した松方は、官制改革後は、大蔵省上級官僚となり、地租改正を担当した。日田県知事時代から、租税改革についての提言を行い、実情に通じていた松方は、地租改正事業では目覚ましい活躍を示した[8]。この間に、松方は、「海関税改正議」を三編、建議し、「通貨流出ヲ防止スルノ建議」も提起している（年譜参照)。前者は、輸入超過の原因である低率関税を是正するために条約改正が急務であることを主張したもので、貿易に関しては自由貿易と保護関税の両説があることを紹介しながら、日本の貿易不均衡に対処するには保護関税が必要であることを説いている。(9) 後者は、金銀貨幣が海外に流出する原因を分析したうえで、流出防止対策として、税権の回復・大節倹(輸入品使用を抑制して、国産品を用いること)・関税の金貨納・紙幣減少と準備金増強・外債償却方法の改善(直輸出代金による現地での償還)の五件を提案している。(10) 前者も、輸入超過によって正貨が流出することを防止するのがねらいであり、松方は、正貨あるいは金銀の流出を重大問題視している。しかし、これは、重商主義的あるいは重金主義的な発想から来るわけではなく、松方が抱懐するところの貨幣論からの帰結である。

松方は、「通貨流出ヲ防止スルノ建議」のなかで、「夫レ紙幣ノ用タルヤ其紙面上若干ノ金額ヲ記載スル證書ノ類ニ過ギス、故ニ之ヲ発行スルヤ必ス其需メニ応シテ交換スル所ノ現貨ヲ有セサレハ其用ヲ全フシ難シ。(11)」と述べて、紙幣は金銀銅貨のような「実価」を持つ貨幣との兌換が保証さることによってはじめて通貨たりうるという貨幣論を展開している。そして、政府の金銀貨・金銀塊の保有量を増やし、紙幣の発行額を減らし、紙幣の「現貨」との交換を開始することを提案している。松方のねらいは、金 and/or 銀本位制の確立であった。この提案は、一八七五年、つまり西南戦争後のインフレーション以前の時点に行われていることに注目すべきである。

西南戦争の翌年、一八七八年二月に松方は、仏国博覧会事務副総裁としてフランスに渡る。かねてから欧米の実情視察を希望していた松方は、フランスに長く滞在しながら、イギリス・ドイツ・オランダ・ベルギー・イタリアを訪問して、一八七九年一月に帰国した。

フランスでは、大蔵大臣レオン・セー(Léon Say)(12) やセーの高弟ルロア・ボリュー(Leroy Beaulieu)、仏下院議員兼博覧会事務官長カランツらと交流して、経済に関する知識を深めた。セーから学んだことは、松方にとっては、極めて有用であったらしく、一八八三年には、松方の推薦で、セーに勲一等旭日大綬章が贈られた。授勲を知らせる手紙の中で、松方は、「抑モ余カ財政ノ事ニ於ケルヤ、決シテ軟貨ヲ以テ目的ヲ定メス、固ヨリ硬貨ノ主義ニ是レ依ル。故ニ敢テ現今ノ形況ニ満足スルノ念慮毫末モ存セス。是レ乃チ閣下カ曽テ余ニ向ッテ懇々教示セラレタルノ大趣旨ニシテ、余カ終始確執シテ動カサル所ナリ。[13]」と書いている。松方は、かねてから硬貨、つまり金貨・銀貨を本位貨幣とする貨幣制度の確立を主張していたが、フランスでセーから、金ないし銀本位制度を採用することの重要性を説かれたのであろう。フランスは、金銀複本位制を採っていたが、一八七三年に銀貨鋳造を制限し、一八七六年から銀貨鋳造を停止して金本位制に移行したのであり、セーは、大蔵大臣としてこの貨幣制度確立を指導した人物であった。四三歳の松方は、一〇歳年長のセーから、この経験談を聞き、自らの「硬貨ノ主義」への信念が正しいことを確信し、新しい貨幣制度樹立の政策意志を一層強固なものにしたに違いない。

帰国した松方が日本で見たのは、西南戦争後の急進するインフレーションであった。しかし、財政は大隈が牛耳っていて、大蔵大輔としては積極的に自説を政策化することはできなかった。一八八〇年二月には、参議の省卿兼任を原則として廃止する官制改革が行われ、大蔵卿には佐賀藩出身の佐野常民が就任し、松方は伊藤博文が退いたあとの内務卿に就任した。松方は、殖産興業政策に力を入れたが、佐野大蔵卿のうしろで財政を操る大隈の政策に対しては、懸念を強めた。そして、大隈の五〇〇〇万円外債発行提案が論議されるなかで、一八八〇年六月には「財政管窺概略」を太政大臣に建議し、外債発行に反対し、紙幣減却など一八項目の政策提案を行った。[14]松方は、第一に、持論である「現今ノ紙幣ヲ変シテ正金兌換ノ紙幣トナスヲ目途トシテ漸次減却シ尽スノ法」を提案している。そして、正貨収集のための方策、米価騰貴を防ぐ方策と並んで、節倹の精神の涵養をあげて、官省の長が率先して節倹の精神を持つべきことを説いている。かならずしも体系的な提案ではないが、松方は、財政緊縮による紙幣整理と正貨の蓄積、その後の兌換制度・本位貨幣制度の確立を主張したと言えよう。

松方が、なぜ外債発行に反対したのかは、この建議からは判然としない。遡って松方の発言を見ると、一八六九年五月に日田県知事として「下問ニ対スルノ議」を上奏したなかで、内外国債の利払い・償還は遅滞なく行うべきであると述べたうえで、「併将来内外共国債ハ極テ慎ミ度事ニ候」と言っている。[15]また、一八七〇年四月の民部官への答中「府県政治ノ議」では、「外国ヨリ借金多カルハ皇国ノ恥ナリ、早ク返済セン事ヲ欲ス」と述べている。そして、一八八一年五月提出（九月再提出）の「財政議[16]」では、「知識財力共ニ富饒ノ外人ニ其資本ヲ仰キ之ヲ以テ、内地ニ散布スルトキハ、固ヨリ一時正金ノ流通ヲ得可シト雖トモ其患害ノ百出スルハ言ハスシテ明ラカナリ。」として、外資に依存するとエジプト、トルコあるいはインドのような惨状に陥ると警告している[17]。一八七九年に来日したグラント前アメリカ大統領が、明治天皇に、外債の危険性を忠告したので、大隈の五〇〇〇万円外債発行計画に明治天皇が危惧を抱いた話は有名であるが、松方も、外債への依存が国民国家としての自立性を損なうとの認識を持っていたようである。

「財政議」は、大隈の五〇〇〇万円内国債発行による紙幣償却・中央銀行創設案が閣議で決定された一八八一年八月の直後、九月に再度太政大臣に提出されている。そこでは、「紙幣ノ下落ハ正貨ノ足ラサルニ原シ、正貨ノ足ラサルハ物産ノ繁殖セサルニ因ル。物産繁殖セサルハ貨幣運用ノ機軸定マラサルニ帰スルモノタリ。」と、インフレーションの原因論が述べられている。この引用の前半は、産業の未発達から輸入が超過し、正貨が流出して、正貨不足のための紙幣価値下落が起こるという分析になっている。松方は、「紙幣ノ下落ハ其原由スル所独リ増発ノ故ノミニ非ス、政府ノ準備空乏ヲ告クルコト年一年ヨリ多キニ因ル。」とも述べているから、インフレーションは、紙幣過剰と正貨不足の両面から生じたというのが、松方の理解である。この限りでは、大隈のインフレーション原因論と大差はないように見える。しかし、大隈は、産業の未発達を資本不足のためと捉えて、公債発行による勧業資金の供給、積極財政の方向を選んだのにたいして、松方は、産業未発達を「貨幣運用ノ機軸」が確定していないためと捉えて、貨幣制度と銀行制度の確立を最優先の政策課題とした。つまり、近代産業の発達を、不換紙幣によってであれ、資金供給の側面から促進させようというのが、大隈の積極政策であったのに対して、金ないし銀本位制を確立して通貨を安定させないと産業発達は望めないとするのが松方の判断であった。

この点を、別の文書で見ておこう。大蔵卿として緊縮政策を進めるなか、一八八四年九月にニューヨーク領事の高橋新吉に宛てた書簡で、松方は、高橋が紙幣下落の原因を輸出入の不均衡に求める見解を提起したことを批判して、「諸物価ノ騰貴工業ノ不振及ヒ輸出入ノ不平等ハ皆不換紙幣増発ノ結果」であると主張している。そして、これは私説ではなく、「古来経済学者カ不換紙幣ノ弊害ヲ痛論スルモノ皆曰ク、不換紙幣ハ人民ヲシテ奢侈ノ心ヲ長シ、投機ノ念ヲ助ケ、怠惰偸安ノ醜風ニ流セシメ、而シテ正貨ヲ駆逐シテ之レカ流通ヲ絶チ、以テ輸出入ノ不平ヲ起サシム云々。」[18]と、経済学者を援用している。つまり、松方は、産業未発達→輸入超過→正貨流出→紙幣下落という因果関係を認めはするが、そもそもの産業未発達は、不換紙幣の増発に原因があると見ているわけである。そこから、不換紙幣増発の根源を絶つために、兌換紙幣発行の中央銀行を設立して、金ないし銀本位制を確立させることが、政策の最重要課題と考えたのである。

このように見ると、松方の価値意識としては、本位貨幣制度（及びそれを支える中央銀行制度）の確立が、すべての中心に置かれていたことが分かる。これに、外資依存の排除を加えると、松方が政策目標を決定する内面的判断基準は、ほぼ理解可能になる。

(2) 藩閥・その他

Off-Arenaとして、次に重要なものは藩閥である。初期明治政府は、内部に対立関係をはらみ、征韓論をめぐって分裂が生じるが、そこでは出身藩による対立意識が強く働いていたわけではない。それは、薩摩出身者である、西郷と大久保が、ついには西南戦争を戦ったことにも示されている。しかし、一八七七年に木戸孝允が没し、一八七八年に大久保利通が暗殺された後は、政府における主導権をめぐって、長州出身の伊藤博文・井上馨と肥前出身の大隈の対立が激化した。

念のため、この対立関係を概観しておこう。対立の争点は、国会開設問題と開拓使官有物払い下げ問題であった。国会開設問題では、大隈が、イギリス型議会制・政党内閣制を念頭に置きながら、国会早期開設を一八八一年三月に左大臣有栖川宮熾仁親王に上奏したところ、六月に伊藤がこれを知って、猛反発して両者は正面衝突することとなった。大隈の国会開設主張には、福沢諭吉の影響があり、福沢は、財政難克服策として、国会開設による地租増徴を考えていたといわれる[19]。伊藤と井上馨は、プロシャ型の立憲君主制を目指しながら漸進的に国会開設を実行することを主張し、右大臣岩倉具視と連携して、大隈と対決した。

開拓使官有物払い下げ問題は、薩摩閥黒田清隆長官が、開拓使事業（一八七一年から一〇年計画、投資総額一四〇〇万円）を、薩摩出身の五代友厚らの関西貿易商会に三九万円・無利息三〇年賦で払い下げることを決定したのに対して、大隈と有栖川左大臣が反対した。しかし、黒田らは、一八八一年七月に天皇の裁可を受けることに成功した。これに対して、新聞が藩閥と政商の結託と批判して、払い下げ反対の世論が沸騰した。さらに、大隈が、福沢諭吉と組んで薩長藩閥打倒を計画との風評も立ったので、伊藤らは大隈排除の策謀をめぐらすことになった。

一八八一年一〇月一一日、明治天皇の東北行幸後、御前会議で、立憲政体に関する方針（明治二三年国会開設）が採択され、大隈の参議罷免と開拓使払い下げの中止も決定された。国会開設の勅諭は、翌一二日に発せられ、払い下げ中止も発表された。これが、明治一四年の政変と呼ばれる、大隈追放クーデタである。大隈免官に抗議して辞職する高官・官僚が相次ぎ、結果的に、薩長藩閥支配が確立することとなった[20]。

Off-Arenaとして、皇族・公家についても目配りが必要である。太政大臣の三条実美は、幕末に尊皇攘夷運動で活躍したが、明治政府では、自己の政策を前面に打ち出すことは少なく、病気もあって調整役的な立場であった。三条より一二歳年長の右大臣岩倉は、権謀術数を得意とし、大隈追放に加担したように、政治・政策に対して発言する場合が多かった。財政問題では、一八八〇年に、地租米納論を主張したが、井上・大隈たちの反対で潰されている[21]。左大臣の有栖川宮熾仁親王は、尊皇攘夷派寄りの皇族で、王政復古後、一時は総裁として維新政府のトップに立ち、西南戦争では征討総督となった。一八八〇年二月から左大臣に就任し、大隈からは政策理解者として信頼される面を示した。のちに、参謀本部長、参謀総長をつとめた。

明治天皇の役割は、判断が難しい。明治天皇は、君臨すれども統治せずという立場であったわけではない。『明治天皇紀』が描くほど、積極的な政治的発言を行ったとは思われないが、Off-Arena における Actor の一人として位置づけることができよう。大隈の外債五〇〇〇万円発行案に対して、グラント前アメリカ大統領の忠告を考慮しながら、反対の態度を表明したことは、政策関与の一例である。積極的関与は別として、天皇が、政策の正当性を保証する役割を果たすことはしばしばであった。松方も、前に引用した高橋領事宛の書簡の中で、「去ル十五年ノ歳末両大臣ト共ニ、天皇陛下ニ……大蔵ノ政務ヲ奏上セリ。其奏ノ終リニ附言シテ曰ク、『本年世上既ニ不景気ヲ現ハセリ、明年ニ至ラハ必ス益々甚シキコトアラン。是レ臣ノ預シメ期スル所ニシテ敢テ恠ムニ足ラス。財政ノ実数固ヨリ免カル可カラス。臣敢テ理論ニ拘泥シテ説ヲ作スニ非ス、是レ皆欧米各国ノ経験ニ徴シ併セテ臣カ実歴ニ是レ由ル、翼クハ陛下宸襟ヲ安シ玉ヘ。臣当ニ鞠躬尽スコトアラン云々。』」[22] と述べているように、一八八二年末に、三条、岩倉両大臣とともに参内して、明治天皇から、緊縮政策への合意を取り付けている。

D　政策の選択

以上に見たような Arena と Off-Arena のなかで、松方は Actor として、政策を選択した。選択の内容は、すでに多くの研究によって明らかにされているから、ここでは、政策選択に際しての利害意識の作用を中心に見ることにしよう。

(1) 初期の政策選択

a　緊縮財政・紙幣整理

大蔵卿に就任した松方は、大隈の公債発行計画を中止した。これは、前にふれた一八八一年五月提出（九月再提出）の建議「財政議」で主張した松方独自の政策提案を実行に移したものであった。「財政議」を太政大臣に提出した松方は、伊藤を訪ねて、自分の建議が受け入れられなければ、内務卿を辞職すると強硬な申し入れを行った。これに対して、伊藤は、建議受入の可能性を示唆して、松方の辞職を思いとどまらせたといわれる[23]。伊藤は、大隈の公債発行計画に賛同していたのであるから、簡単に松方提案に乗り換えるわけにはいかなかったが、政策転換の可能性も視野に入れていたのかもしれない。

そこで、大隈の公債発行計画が、政府部内での合意を取り付けた経緯を振り返ってみる必要がある。第二節で触れたように、五〇〇〇万円外債発行案が否定された後、大隈財政は後期に入り、緊縮政策への転換が行われた。この緊縮政策は、伊藤との連名の「財政更改の議」で明示されたもので、ここでは、伊藤は、緊縮政策推進の立場にある。これは、同じ長州出身の井上馨（伊藤より五歳年長、一八七八年から参議）が、一八八〇年八月頃に提出した財政意見書[24]の緊縮政策提案の線に、伊藤が同意した結果と見ることができる[25]。ところが、大隈は末期に巻き返しに出て、五〇〇〇万円公債発行案を通すことに成功した。成功した原因は、室山義正によると、①外債から内国債に変わったこと、②政府内の薩摩閥と軍部の積極派が賛成したこと、③英大使パークスの献策であったことの三つであった[26]。政府部内の形勢を読んで、伊藤も大隈案に賛同したわけで、伊藤自身が、緊縮政策の再転換を積極的に推進したわけではなさそうである。とすれば、大隈追放後、公債発行案に固執することはなく、むしろ、井上馨の緊縮政策に連なる松方の提案を支持することに、伊藤としては矛盾を感じることはなかったと言えよう。

こうして、大隈免官後の政権を主導することになった伊藤は、松方が直談判で主張した「財政議」の路線を受け入れたのである。大隈案を支持していた薩摩閥は、開拓使払い下げ問題でつまずいた状態であったから、大隈案の継続を強く要求できる立場にはなかったと見て良かろう。財政運営について大隈財政批判の明確な提言を行っていたのは松方だけであったから、大隈免官後に松方が大蔵卿に就任したこと自体が、政府による大隈路線の放棄＝松方路線の承認を意味したとも言えよう[27]。

松方大蔵卿は、閣議で、五年間は忍耐する必要があるから、経費節約を堅忍すべきこと、騒擾・紛争が起きた場合には「宜シク協力シテ之ヲ鎮静セシメラルヘキ事」を要請し、紙幣整理断行の承認を得た[28]。そのうえで、前に触れたように、天皇の支持を取り付けたのである。大隈は、内国債発行に関連して、中央銀行の設立を構想していたが、これは英公使パークスの提案を受けたもので、財政顧問役にイギリス人「ロベットソン」を雇用することを閣議決定していた[29]。松方は、この財政顧問雇用をキャンセルしたところ、パークスは、井上馨外務卿に抗議してきたので、井上は、松方にパークスへの釈明を求めた。井上とともにパークスを訪ねた松方は、「今日以後正貨を積立て丶紙幣を交換せば、信用を回復すべし、之を正直なる方法と為す」と自己の方針を説き、パークスを説得することに成功した[30]。

松方は、関係方面に手を打ちながら、さっそく、独自の紙幣整理に着手した。紙幣の償却は、すでに、大隈時代から開始されており、一八七八年末の政府紙幣現在高一億三九四二万円に対して、一八八〇年末のそれは一億二四九四万円で、この二年間に一四四八万円減少している[31]。松方時代に入ってからは、一八八二年末が前年末より九五四万円減、一八八三年末が一一三七万円減と、二年間で二〇九一万円減少した。政府紙幣には、永久負債として発行される第一種紙幣と一時的に発行される第二種紙幣（予備紙幣）の二種類があるが、松方時代には、予備紙幣発行が急減したところに特徴がある。つまり、第一種紙幣は、一八七八年末の一億一九八〇万円から一八八〇年末の一億〇八四一万円へと、二年間で一一三九万円減少したが、一八八一年末からの二年間では七九一万円減で、大隈時代のほうが松方時代よりも減少額は大きい。しかし、予備紙幣は、松方時代に一八八一年末現在の一三〇〇万円が、二年間で全額消却されているので、政府紙幣の合計額は、松方時代の減額が大きくなっているのである。

予備紙幣は、一時的な歳入不足に対処するために使用されるが、当時の財政制度では、会計年度中に歳入不足が発生するのが常態となっていた。ひとつの原因は、租税納付時点とそれが国庫収入に計上される時点とのあいだにかなりの時差が生ずる出納手続きになっていたためであり、もうひとつの原因は、中心的租税である地租の納入時期が、農産物収穫期に応じて当年後期ないし翌年前期にわたっていたためであった。松方は、国庫金出納手続きを、納税と同時に歳入計上が行われる仕組みに改めて歳入不足の発生を抑えた。地租納入期限は、すでに、大隈時代に改訂されて、一八八一年度（一八八一年七月〜一八八二年六月）からは、最終納入期限が、翌年四月末から、翌年二月末に二カ月繰り上げられた。この制度改正に、歳出削減と増税による歳入増加が加わって、一時的な歳入不足の発生が抑制されたので、予備紙幣の発行はゼロにすることができたわけである。

歳出削減と歳入増加に関しては、すでに大隈後期に決定された方針（酒税増徴、営繕土木費の地方移転、経費節減など）が、一八八一年度から実施に移されたものであり、一八八二年度においても、松方は、各省庁経費の三カ年据え置き方針を提示したが[32]、特別に緊縮姿勢を強めたわけではなかった。松方の財政運営は、一八八二年七月の壬午事変の発生で変化せざるを得なくなるが、それについては後述することにしよう。

松方は、紙幣償却を行うと同時に、準備金操作による正貨蓄積を進めた。大隈は、銀貨価格の引き下げのために準備金のうちの銀貨を売却する措置を行ったので、準備金の構成は、一八八一年六月末には、銀貨一五・六％、紙幣八四・四％となった。松方は、準備金のうちの紙幣を横浜正金銀行を通して輸出荷為替資金として貸し付けて、銀貨で返却させることによって銀貨保有を増加する政策をとった。その結果、一八八五年六月末の準備金の構成は、銀貨八二・三％、紙幣一七・七％となり、銀貨保有額は、一八八一年六月末の八六九万円から、一八八五年六月末の三八三三万円に増加した[33]。これは、松方が、「財政管窺概略」（一八八〇年六月）で行った「外国為替金ヲ以テ年々準備ノ増殖ヲ謀ルヘシ」という提案を実行した措置である[34]。準備金の海外荷為替への運用で正貨準備を拡大させるという方法は、井上馨が、すでに提案していたから[35]、政府内での合意は得やすかったであろう。そして、松方は、正貨（銀貨）準備が「増殖」した段階で、紙幣の正貨兌換を実施することを提案していた。この提案は、日本銀行の設立と兌換銀行券発行のかたちで実現された。

b　日本銀行設立・銀本位制採用

松方は、早くから正貨兌換紙幣制度の樹立を念願としていたが、それを、中央銀行設立と兌換銀行券発行というかたちの構想として提起したのは、一八八一年九月の「財政議」である。すでに、一八七八年の渡欧の際に、レオン・セーから中央銀行制度を学び、セーの示唆に従って、ベルギー国立銀行を研究することとし[36]、同行していた大蔵省の加藤済（帰国後、銀行局長）をブリュッセルに残留させた松方であったが、内務卿就任後の一八八〇年六月の「財政管窺概略」では、政府紙幣の正貨兌換と「海外為替正金銀行」の設立を提案したにとどまっていた。海外為替正金銀行は、直輸出を促進するために輸出金融を行うことを業務とし、兌換紙幣を発行する権限を与えられるという銀行であった。すでに一八八〇年二月に設立されていた横浜正金銀行との関連は明確ではないが、兌換銀行券発行銀行とする点が、松方のねらいであった。

その後、大隈と伊藤の連名で「公債ヲ新募シ及ビ銀行ヲ設立セン事ヲ請フノ議」（一八八一年七月）が提出され、五〇〇〇万円内国債発行と中央銀行の設立が提案された。この中央銀行は、資本金一五〇〇万円以上の官民合弁銀行で、国庫金出納を司り、横浜正金銀行を吸収して外国為替取扱業務を行い、やがては政府紙幣に代わる兌換銀行券を発行するものとされていた[37]。

これに対して、松方が提出したのが「財政議」で、そこでは、日本帝国中央銀行の設立が提案されていた。日本帝国中央銀行は、資本金一〇〇〇万円、官民共立の株式会社で、官金出納部・普通営業部・外国為替部の三部を置き、横浜正金銀行を合併して外国為替取扱で正金を蓄積し、適当な時期に、国立銀行の紙幣発行権を吸収し、政府紙幣発行は停止して、唯一の発券銀行となるという構想であった。新規の設立が困難な場合には、第十五国立銀行の改組による設立も考慮されている。また、同時に、貯蓄銀行（駅逓局貯金を運用する官立銀行）と勧業銀行（資本金五〇〇万円の民間銀行で社債発行によって起業資金を供給する）の設立も提案されていた。

松方の中央銀行案は、大隈の中央銀行案とそれほど大きな違いはない。異なる点は、大隈が、内国債五〇〇〇万円の発行にからめて、中央銀行設立を構想していたのに対して、松方は、内国債発行を否定した上で、中央銀行を構想しているところである。つまり、大隈は、内国債に外国人が応募する道を開いて、外資の輸入による正貨蓄積を期待し、その外資＝正貨を保管・運用する機構として中央銀行を構想し、正貨準備が充実したところで兌換銀行券を発行しようと考えたのである。公債発行を否定した松方は、外資輸入に依らない正貨蓄積を進めて、兌換制度を樹立する道を提起したことになる。すでに、中央銀行設立については、政府内の合意は形成されていたのであるから、松方の路線は、反対論にあうことなく決定されたのである。

このような松方構想が、ややかたちを変えて実現されたのが、一八八二年一〇月の日本銀行（資本金一〇〇〇万円）設立であり、一八八五年五月からの日本銀行兌換銀券の発行、一八八六年一月からの政府紙幣の銀貨兌換であった。

(2) C時空変化後の政策選択

a　軍事費の支出

一八八二年七月の朝鮮における壬午事変発生とその後の経緯は、軍備増強のための軍事費支出の拡大を要請することとなった。明治初期の軍備は、陸海軍共に充実した状態からはほど遠かった[38]。海軍では、木造艦が多く、腐朽部分の修理に費用がかかり、新艦建造費を圧迫する有様であった。海軍は、拡張計画を立案して、一八八一年一〇月（政変直後）に川村純義海軍卿が、政府に、軍艦建造と造船所建築を提案した。ところが、この海軍拡張案は、松方の新規事業中止方針によって、否定されてしまったのである。

しかし、壬午事変のあと、清国との対決に備える陸海軍軍備強化は、政府の合意事項となり、松方も、煙草税増徴による軍事費拡張を容認する姿勢を示した。特に海軍拡張は急務と認められ、海軍当局は、一八八二年一一月に「軍艦製造ノ議」を提出して、八年間で四八隻（毎年六隻）を整備する計画の承認を求めた。松方は、紙幣整理と軍備拡張を両立させる道として、増税による経費調達を選んだが、自由民権運動が激化する中での増税には政治的困難が伴うことが予想された。松方は、勅諭によって地方長官を東京に召集して、増税への協力を要請した。松方は、「兵備ノ拡張ヲ計ラント欲セハ益々財政ノ速ニ救治セサル可ラサルヲ見ル、決シテ此ヲ捨テテ彼ヲ謀ルノ得策ナルヲ見サルナリ」と、紙幣整理を中止して軍備増強を図る考えのないことを強調し、双方を併行させるための増税の必要性を説いた。[39] 一方、松方は、増税可能な範囲内で軍事費支出を認める方針を示し、海軍提案の縮小を要請した。結局、国産可能な中小艦の数量を中心に隻数を削減した実行案が策定されたのである。陸軍も、兵員増加と砲台建築を中心とした経費拡張を提案して承認を得た。

こうして、松方は、軍備拡張費を増税可能な範囲に抑制しながら、軍部の要請に応え、自らの紙幣整理方針は堅持したのである。その後、一方では陸海軍の経費増額要求が強くなり、他方では松方デフレの進行とともに増税目（特に酒税）等の収入が減少したので、増税分では軍事費をまかなうことが難しくなった。そこで、紙幣整理も一段落した一八八六年には、海軍公債発行による軍備拡張方針が採用されることになる。

b　共同運輸会社の設立（一八八二年七月）

壬午事変と同様に、大隈の立憲改進党結成と政府攻撃も、松方財政にとっては、偶然的なC時空変化であったが、松方は、それにも対応せざるを得なくなった。大隈の「金穴」といわれた三菱の事業にたいする干渉は、まず、郵便汽船三菱会社への第三命令書（一八八二年二月）の下付というかたちで行われた。第三命令書は、三菱の独占的行為にたいする民間からの批判に対応して、運賃やサービスについての政府規制を強化することを表面的な目的としていたが、同時に、海上輸送以外の事業の禁止、船腹拡大の義務付けなど、三菱の活動を制約する内容を含んでいた。

そして、一八八二年七月には、三菱に対抗する海運企業として、共同運輸会社の設立を許可して、翌一八八三年一月に同社が開業した。資本金六〇〇万円のうち二六〇万円を政府が準備金のなかから出資した。二六〇万円は、一八八二年度の準備金繰入額五二三万円、紙幣償却額が三三〇万円であったことと較べると、異常に大きな金額である。松方は、官業払い下げ、民業奨励を主張してきたのであるから、ここで官民共同出資の海運会社を設立することに同意したことは、いささか不自然である。松方が、準備金からの株金支出を太政大臣に申請した文書は、極めて事務的で短いもので、どのような理由で支出が必要かについては一切触れていない[40]。

松方としては、大隈叩きというC時空変化に対しては、財政運営の原則からではなく、政治力学に従って対応したものと見て良かろう。

(3) 政策実施過程におけるフィードバック

松方の政策が実施されると、当然ながら、デフレーションが発生し、漸次不況は深刻化した。松方にとっては、不況の到来は予期した事態であり、前に引用したように、明治天皇にその旨を伝えて、全面的な支持を取り付けていた。とはいえ、現実に不況が進行すると、その事態に対応した新たな政策選択、フィードバックを行うこととなった。

増税と財政緊縮によって生じる財政余剰によって、紙幣償却と準備金繰入(正貨蓄積)を行うという当初の構想は、不況にともなう税収減少と軍事費のみならず通常歳出の漸増によって、継続が困難になってきた。そこで、松方は、公債発行による対応策を新たに採用することとした。

松方は、一八八三年一二月に、「公債證書発行意見書」を提出して、鉄道公債と金札引換公債の発行を提案した。鉄道公債は、山県有朋が建議した中山道鉄道(高崎・大垣間)敷設の資金を調達する目的の公債で、松方は、国内交通の不便→産業の未発達→貿易不均衡→紙幣価値下落という現状を打開するために、財政緊縮＝紙幣整理を実行している時に当たって、「今鉄道ノ布設ヲ図ラント欲シテ財政ノ困難ヲ感シ、財政ノ困難ヲ感シテ益々鉄道布設ノ今日ニ必要ナルヲ知ル」というジレンマに直面しているが、このジレンマを乗り切るには、公債発行が最善の策であると述べている[41]。さらに、松方は、鉄道公債(額面二〇〇〇万円)は、発行時に紙幣が国庫に入るが、事業費支出は一〇年にわたって行われるので、その間、紙幣流通額を縮小させる効果があると指摘している。

金札引換公債発行は、従来も内国人の請求に応じて発行されてきた金札引換公債を、外国人にも応募を認めて、正貨払込とし、その正貨を準備金中の紙幣と交換して紙幣を消却するという構想であった。この公債発行額は一〇〇〇万円と予定された。

松方は、大隈の内国債五〇〇〇万円発行案に猛反対して、内務卿就任後ただちにその計画を破棄したのであるから、一八八三年末の公債三〇〇〇万円発行提案は、首尾一貫性に欠けている。この態度変更は、不況の深刻化に対応した、フィードバック的な政策変更と見るしかなかろう。松方は、「公債證書発行意見書」のなかで、紙幣整理＝財政緊縮をこのまま進めれば、明治二〇（一八八七）年度には紙幣流通高一億円前後という適度な水準に達するという見通しを示しながら、「明治二十年度ニ至ルハ尚ホ四ケ年ノ日月ヲ待タサルヲ得ス、民力焉ソ能ク此久シキ不景気ニ耐ユルヲ得ンヤ」と、不況が長引くことへの不安を語っている。そして、紙幣整理を速やかに進めるために、両公債の発行が必要であると主張するわけである。民力が長期不況に耐えられないだろうという発言が、どれほど松方の本音であったかはいささか疑問ではあるが、状況変化に対応した、政策変更ではあろう。状況変化としては、紙幣価値の回復と共に、一八八一年時には低迷していた公債価格が上昇し、公債発行の環境が好転したという面も、松方の政策変更の合理性を説明するひとつの要因である。

松方は、一八八三年九月に「大蔵省證券発行ノ議」も提案している[42]。これは、年度中の歳入不足を、予備紙幣発行で補うことを中止してからは、準備金の紙幣貸付で処理してきたが、それを、大蔵省の短期証券発行でまかなう提案であった。準備金のなかで、正貨分の蓄積が進むに従って、運用可能な紙幣量が減少したという状況変化に対応した、フィードバック措置ということができる。

四　松方財政をどのように評価すべきか

このように展開された松方財政を、どのように評価すべきであろう。ここでは、先に確認した初期条件と歴史的課題に照らして、政策の合理性を評価する方法をとろう。はじめに松方財政の初期の政策を検討してから、C時空変化後の政策と、フィードバック政策の評価を行うこととする。

A　初期政策の合理性

(1)〈大状況場〉に規定された初期条件・課題との関連

〈大状況場〉からの明治初期の課題は、近代的国民国家・自立的国民経済の確立であり、そのためには封建制から資本制への移行を促進することが経済政策の目標である。松方は、大蔵省租税頭として地租改正事業を主導した。地租改正の経済政策史的分析は本章の対象範囲外であるから、結果的評価になるが、この地租改正は、封建的土地所有を近代的土地所有に転換させる措置と位置づけることができる[43]。このほかに、身分的支配の廃止、営業の自由・契約の自由の保証など、封建的規制を解体させる措置が、明治初期に進められたから、松方財政が開始される時期には、すでに資本制展開の基本的条件は整備されていたといえる。

そこで、松方財政の課題は、資本主義化をどのように進め、自立的国民経済を確立するかというところにあった。資本主義化を、国家資本による工業化を主軸に進める構想は、日本では採用されたことはなかったが、民間企業が未発達の間は国家資本が肩代わりをしたり、技術移転の模範役をはたすという、ある種の「上からの道」は、殖産興業政策として展開された。しかし、軍需工業と鉄道・通信を除くと、官業払い下げが行われて、「下からの道」が主軸になる。松方も、「民業ニ関スル事業ハ断然民有ニ帰セシム可キ事」と官業払い下げを支持する見解を表明している[44]。大隈時代に始まる官業払い下げは、財政負担の軽減を直接の契機としているが、基本的な方向として、民間企業に民業を委ねることは資本主義化の王道であり、官業払い下げによる民間企業・企業者・経営者の育成は、後発資本主義国として合理的な政策であった。

とはいえ、官業払い下げが民間企業の発達に繋がるには、企業活動展開の環境整備が必要である。西南戦争後のインフレーションは、松方も意識していたように、「物価騰貴スレハ商賈金員ヲ借用シテ物品ヲ買ヒ、其騰貴スルヲ待テ之ヲ売却シ、一攫千金ノ利ヲ得ント欲シ、頻ニ投機ヲ奨励シ空商百出、真正ノ生産力ヲ減少シテ大ニ国家財源ヲ乾涸ス」[45]ということになったから、インフレーションの抑制が、最大の環境整備であった。その意味で、松方財政は、歴史的課題に的確に対応する政策であったと評価できる。

あるいは、自立的国民経済という観点からすれば、大隈の外債発行案、あるいは外国人も応募できる内国債発行案にたいして、松方が強く反対したことは、妥当であった。明治政府は、鉄道への外資の直接進出を排除し、電信では外国企業による国際海底線の国内延長（長崎・横浜間）を陸上線建設を急ぐことによって阻止したり、鉱山へ投入された外資を買収したりして、外国資本による産業支配を極力排除する方針を採っていた。外資進出がもたらした中国の半植民地化を反面教師とした政策姿勢であり、後発国としては合理的な選択と言える。松方の外資排除姿勢も、ひとまず合理的と評価できる。

（2）〈中状況場〉に規定された初期条件・課題との関連

〈中状況場〉における歴史的課題は、資本の原始的蓄積である。まず、資本（資金）蓄積のためには、貨幣制度と銀行制度の整備が必要であった。松方は、準備金運用による正貨蓄積を進めたうえで、日本銀行設立と兌換銀行券発行を実現させた。これは、極めて適切な政策選択であったと評価できる。ここで、銀本位制が採られたのは、東アジアにおける銀貨流通に対応して、いわゆる貿易銀（一円銀貨）の国内流通を認める事実上の銀本位制が先行していたためであったが、結果論的には、世界的な銀価格下落のなかで、円安が進むことになり、輸出促進効果が生じた。松方は、金本位制への移行が必要であることは意識していたが[46]、当面、銀本位制を選んだ時に、この銀価格下落の効果まで予想していたわけではなかったと思われる。銀価格は、一八八四年頃までは弱含みながら比較的安定していたが、一八八五年から急落傾向を示したのである。この輸出促進効果は、意図せざる政策効果と見て良かろう。

紙幣整理による紙幣価値回復や会計制度整備による近代財政制度の確立も、資金の吸収と散布の機構を整備した点で、中央銀行設立による銀行制度の確立とならぶ、適切な政策選択と評価できる。この間の官業払い下げは、資本蓄積の担い手となるべき企業家・経営者の創出という課題に応える措置と評価できる。

次に、労働力の蓄積に関してであるが、松方が政策目標としてそれを意識していたとは考えられない。松方は、紙幣整理が、深刻な不況をもたらすことは予期していたが、その結果として、農民層の分解が促進されて、土地を喪失した無産者層が析出されて賃労働者の供給が豊富になるところまでは読んではいなかったのではなかろうか。松方デフレの労働力蓄積効果は、意図せざる政策効果といえよう。

同じように、大隈時代に決定された地租納期変更も、財政上の都合（歳入欠陥発生の回避）を考えての措置であったが、納期繰り上げは、収穫米の売却時期の繰り上げを農民に押し付けることになり、米価の下落をもたらして、農民所得を引き下げ、デフレを一層深刻化させ[47]、結果として農民層分解を促進する効果を発揮した。松方自身は、この地租納期繰り上げは、自分の政策ではないのでその意図ははっきりしないが、「或ハ農民ノ驕奢ヲ制スルノ趣意ニテモ可有之歟。今日世上ノ実況ニ対シ外面ノ観察ヨリ考フレハ又或ハ右様ノ趣意ヨリ出テシモノトノ想像アルハ御尤ノ儀トモ被存、且ツ世上ニモ此論者無キニ非サリシモ右ハ稍権謀ノ嫌ヒ無キ能ハスシテ余ノ固ヨリ取ラサル所ナリ」と述べている[48]。自分としては、一八八三年一一月に地租納期繰り下げを布告したほどであるから、農民所得の引き下げを意図してやるつもりはないという発言である。これが松方の本意であるかは疑問の余地が残るが、地租納期繰り上げが農民に及ぼした影響は認識していたことが分かる。納期繰り下げは、農民の窮状を救う措置であったから[49]、松方が農民層分解を積極的に促進しようとしたとは言えまい。松方は、一八八五年六月には、再度の納期繰り下げを提案している[50]。やはり、意図せざる政策効果として、労働力蓄積は促進されたのである。

(3) 〈小状況場〉に規定された初期条件・課題との関連

〈小状況場〉では、インフレ抑制・財政再建が課題であった。松方財政は、ほとんど完璧に、この課題に応えたと評価して良かろう。ただ、松方のどのような政策選択が、その課題の処理に際して効果を発揮したかについては、検討の余地がある。

松方財政が、どのような経路で、インフレーション抑制に効果を発揮したかについては、先述の地租納期繰り上げの影響を重視する室山義正の見解[51]のほかに、景気循環の問題が指摘されている。インフレーション時代の末期が、投機的ブームであったと見て、世界景気の動向もあわせて考えると、一八八一年一〇月の松方登場以前に、すでに景気は反転して不況局面に突入するところであったとの分析を、寺西重郎が提起している[52]。松方デフレが世界的な景気後退期と重なるという指摘は、中村隆英によってもなされている[53]。この観点を導入すると、松方デフレを、彼が実施した政策の効果としてだけ説明することは控えなければならない。そもそも、緊縮政策への転換は、大隈後期から取られ、増税と緊縮の一八八一（明治一四）年度予算も地租納期繰り上げも大隈の政策であるから、デフレーション発生を、単純に松方の政策効果と判定することには無理がある。この点では、後期大隈財政との連続性と景気循環の影響を考慮に入れて、松方財政を過大に評価することは避けておこう。

松方の独自性は、まず、末期大隈財政の五〇〇〇万円公債発行計画を否定したところに求めることができる。大隈の計画では、新規公債は紙幣で払込まれるが、請求に応じて随時紙幣との交換に応じることになっていた。つまり、公債発行時には紙幣流通量は収縮するが、政府に収納された紙幣はそのまま消却されるのではなく、景気動向に応じて、ふたたび紙幣が流通に再投入される仕組みになっている。公債と紙幣が、国庫と市場を往復して、通貨の必要流通量に応じて、紙幣流通量を、いわば自動的に調整するというのであるから、この公債発行は、紙幣整理という目的に対しての政策手段としては不適合であった。

松方が、これを否定したのは、公債を外国人にも応募させるという点に、先の外債発行案と同様な不安を持ったこともあろう。しかし、それ以上に、松方には、通貨制度＝金または銀本位制度＋兌換紙幣制度の確立を最優先課題とした場合、公債・紙幣相互交換システムは、いかにも不徹底なもの、あるいは無原則なものと映ったに違いない。中央銀行と兌換銀行券制度が成立した後でなら、公債オペレーションも有効な通貨調整手段になろうが、不換紙幣・不換銀行券が流通するなかで、大隈の公債構想を実施しても、結果は、まさに大隈が密かに期待していたような、積極政策の継続ということにしかならないであろう。松方が、この公債構想を否定したのは、彼の政策目標に照らして、極めて合理的であったと評価できる。つまり、末期大隈財政とは不連続であるところに松方財政の独自性を見ることができる。五〇〇〇万円公債発行が行われた場合には、デフレ効果は緩慢なものとなった可能性が大きいから、それを否定した松方財政は、強烈なデフレーションを招来したと言って良かろう。

松方の独自性は、財政余剰の処理の仕方にも認められる。増税と緊縮による財政余剰の全額を紙幣消却に当てれば紙幣整理はもっと早く進んだであろうが、そのような政策を採ると、紙幣流通の急な縮減による経済的混乱が発生し、いわばオーバーキルの状態になりかねなかったし、正貨蓄積は進まず、兌換紙幣制度の確立は遅れたに違いない。紙幣消却と準備金運用の両面作戦をとった松方は、極めて優れた経済政策家と評価できる。

紙幣整理とデフレーション発生、日本銀行設立と兌換銀行券発行までは、松方が意図したように政策が進められ、意図したような政策効果を得られたと言って良かろう。もちろん政策の意図せざる効果も発生する。前に検討した労働力蓄積の促進もそのひとつであり、また、自由民権運動への影響も、おそらく意図せざる効果であった。民権運動は、初期の士族民権から、いわゆる豪農民権へと発展してきたが、松方デフレの打撃を受けて、一方では豪農層が力を弱め、他方では、農民の貧窮化が進んだ結果として、貧農民権と呼ばれるような過激な運動が展開されるに至った。そして、一八八四年には自由党が解体して民権運動は終期を迎えた。このような政治時空への影響は、松方が意図したものであったであろうか。デフレーションが、インフレーション期に富裕化した豪商農層からの所得移転効果を発揮することについては、むしろ、松方はそれを意図していたという見解もある。[54] 松方が、経済的効果として農民の所得削減が進むことを予測していたのは確かであろう。しかし、それが、民権運動を変質させるところまで読み込んでいたとは断定できそうもない。ここでは、民権運動の変質は、あるいは意図していたかもしれない政策効果という程度に見ておこう。

B　C時空変化後の政策対応の合理性

(1) 壬午事変への対応

一八八二年の壬午事変発生後、松方は、軍事費支出と緊縮財政維持の両立を図らなければならなかった。このため、当面は、一方では軍事費の最小化を軍部に要請し、他方では増税によって財源を確保した。軍事費、特に艦艇整備の縮減を海軍部が受け入れたのは、仮想敵国とした清国の軍備がまだ低水準であり、それへの対抗であれば、相対的に小規模な海軍力でも十分であるという事情があったためである。後の対ロシア戦備の規模に較べると、この時期には、軍事費縮減の余地があったわけである。この点は、松方にとって好都合であったと言えよう。とはいえ、すぐに陸軍そして海軍の軍備強化要求は拡大し、増税ではまかないきれなくなって海軍公債の発行に財源を転換する。デフレの進行と共に、金利は低下し、遊資も発生した時期であったので、公債発行の環境は整っていた。このタイミングも、松方にとっては都合が良かった。こうして、松方は、C時空変化に伴う新たな軍部の要請に応えながら、緊縮政策も持続して所期の目標を達成したと評価できる。

海軍の当初の軍事費要求は、海外からの軍艦購入とならんで、海軍工廠の拡充による中小艦艇の国内建造能力の拡大も含んでいた。軍事費縮減によって、国内建艦量が減少したために、海軍工廠拡張計画は棚上げになったが、海軍は艦隊拡大にともなう修理作業の増加に対処するために工廠運営の再編成を行い、従来行ってきた民間向けの機械製造を中止することを決定した[55]。これは、官業払い下げを受けて操業を開始した民間機械工業にとっては、機械の受注機会が与えられることを意味したから、良いタイミングであった。また、艦艇の海外発注は、外貨支払いの増加を必要とするが、デフレにともなう内需の縮小で、貿易収支は好転したから、これもタイミングが良かった。軍事費に関しては、一般にその国内景気刺激効果が考えられるが、この時期の軍事費拡大は、外国発注が主となったので、国内景気への影響は僅少であった。

(2) 大隈の改進党活動への対応

改進党の資金源枯渇を目的に、三菱の対抗企業としての共同運輸会社設立に二六〇万円もの国家資金を投入したことは、緊縮財政持続の観点からは、極めて不適切と評価せざるを得ない。ただし、海運政策からすると、初期の民間海運企業保護から、競争促進への政策転換が行われ、さらに、一八八五年には、ふたたびトラスト保護政策へと再転換が行われて、日本郵船会社が誕生するという流れになる。日本の外航航路を担う強大なナショナル・フラッグ海運会社が生まれたのであるから、政治力学から展開された共同運輸会社設立も、結果的には、有効な海運政策と評価できることになる。[56] 意図せざる政策効果が生じたわけである。

C　フィードバック政策の合理性

デフレーションの深刻化に対応したフィードバック政策として、松方は、鉄道公債と金札引換公債の発行を提案した。鉄道公債は一八八四年三月から二〇〇〇万円、金札引換無記名公債は一八八四年五月から七九三万円が発行された。松方は、後者に関しては、外国人の応募を期待していたが、実際には応募はほとんどなかった。[57] 金札引換公債は、銀貨償還であったが、紙幣整理が進んで打歩（銀紙格差）が縮小傾向を示したので、魅力が薄れて、予定の一〇〇〇万円までは発行額が伸びなかった。とはいえ、公債発行による紙幣消却の促進構想は、ある程度まで効果を持ったと評価できる。

松方が、当初の方針を変更して、外資の導入に踏み切ったことは、実現はしなかったが、合理的な政策選択といえよう。外資への過度の警戒は、資金調達のひとつの手段を捨てることになるから、その限りでは、資金蓄積が低位な後発国にとって、合理的とはいえないのである。

五　むすび

以上のように松方財政を評価した場合に、従来の研究史のなかで提起されてきた松方財政の評価とは、どのような異同があるかを見ておこう。まず、松方財政と大隈財政との関連をめぐって、両者を連続的と見るか、断絶していると見るかが論点になっていた。大隈財政が緊縮政策に転換し、その方針を松方財政が引き継ぐ点を強調すると両者は連続しているという評価になる[58]。これに対して、大隈が公債発行による紙幣整理を計画したのを、松方が否定して緊縮財政による紙幣整理を行った点を強調すると、そこには断絶があるとの評価になる[59]。この対立する論点を、大隈財政は積極基調、松方財政は消極基調と見る新しい区分によって、両者は断絶していると評価する観点も神山恒雄が提起している[60]。あるいは、殖産興業政策の面から、直輸出拡大による殖産興業を目指した大隈財政にたいして、松方財政では直輸出による正貨獲得が強化され、産業奨励的側面が切り落とされたとして、断絶を認める見解も、小風秀雅が提起した[61]。たしかに、大隈財政と松方財政の間には、連続している側面と断絶している側面とがあるから、どちらを重視するかによって評価が異なってくるのは当然である。ただ、どちらかを重視するという見方自体が、どのような意味を持つのかは問題であろう。現実に実行された紙幣整理の発案者の特定だけを問題にするのであれば、伝記作成上の意味が有る程度のことにすぎない。ここで、〈状況場〉に規定された初期条件と歴史的課題に照らして政策の評価を行うのは、評価する立脚点、あるいは、評価することの意味を明確にしたかったからである。筆者の立場からすると、この、連続か断絶かという論点は、〈小状況場〉の課題であったインフレーション抑制に対して、末期大隈財政では合理性に疑問があり、松方財政の方に合理性が認められるという評価になる。

また、松方財政を、緊縮政策としてよりは、軍備拡張政策の側面から重視する評価がある[62]。これも、松方財政のふたつの側面のいずれを重視するかという論点ではあるが、やはり、論点の出し方に問題を感じる。明治初期の軍備については、〈大状況場〉から規定される歴史的課題である自立的近代国家樹立を軍事面からどのように担保するかという観点から問題にするのが適当と思われる。やや一般論的には、仮想敵国のあり方に応じて軍備規模が決まるのであり、松方の時期の適正軍備を想定した上で、財政支出の評価をするのが本筋である。ここでは、C時空変化という初期条件の変化に対応した政策として軍事費支出を評価する観点を取ってみた。

C時空変化ということでは、松方財政の登場自体が、C時空変化である面を持っている。松方が、大隈と対立する自らの政策を提起し、大蔵卿就任後、それを実施した点では、D時空の事象として松方財政は進行したのであるが、大蔵卿に就任したのは、明治一四年政変というC時空変化を媒介にしてであった。明治一四年政変が、大隈路線と松方路線の対立を主たる争点として発生したのであれば、大蔵卿就任もD時空事象と言えようが、政変は、国会開設問題と開拓使払い下げ問題を争点にして生じたのであるから、ひとまず、財政政策路線から見れば、C時空変化ということになる。つまり、財政路線としては、明治一四年政変というC時空変化がなければ、末期大隈財政が継続して、五〇〇〇万円内国債発行、中央銀行設立が、「ロベットソン」顧問の下で進行したはずである。

この「イフの歴史」は、洞富雄が興味を感じ[63]、長幸男が、自由民権の統一戦線の結成＝絶対主義的専制の改革、異なった資本主義の構造の形成として思い描いたものである[64]。政治構造の変化はさておいて、資本主義の構造が変わった可能性はあるであろうか。〈状況場〉の規定する歴史的課題は、たしかに、いろいろなかたちで実現されるのであるから、大隈財政が展開されれば、松方財政とは異なったD時空が出現する。しかし、初期条件は、歴史の進行に対して規定的であり、いわば枠を形成するから、程度にも依るが多少のC時空変化が生じても、それほど大きく歴史の流れが変わることはない。大隈といい松方といい、直面する歴史的課題の認識としては、それほど大きな違いはなかったから、両者の路線が、全く異なった結果をもたらすとは考えにくい。

あり得た相異としては、大隈路線が紙幣整理のデフレ効果を和らげて、原始的蓄積、特に労働力蓄積の進行を緩慢なものにしたかもしれないという点、外国人財政顧問の招来が外資の輸入を拡大したかもしれないという点であろう。原蓄の緩慢化は、金利水準と労賃水準に影響して、現実には一八八七年頃から始まった企業勃興を、やや遅らせた可能性はあるかもしれないが、資本主義化の路線にまで及ぶような大きな変化は、起こりそうもない。デフレの緩和は、個人所得減退にブレーキをかけたであろうが、それは、国内市場拡大による内部成長型の資本主義を登場させるほどの規模とはなりえなかったであろう。外資の輸入は、松方もフィードバック政策として期待したところであるが、「ロベットソン」の活躍でも、従属型資本主義になるほどの外資は入ってこなかったであろうから、資本主義の構造が変わったとは思えない。このように考えると、大隈路線と松方路線の連続・断絶を議論することの意味には、自ずから限界があるといえよう。

松方時代のC時空変化、壬午事変は、それに対応した軍事費の規模が比較的小さくて済んだので、経済史の上では、後の、井上財政にとっての満州事変、ドッジ・ラインにとっての朝鮮戦争ほどの影響はなかったように思われる。とはいえ、壬午事変以後、清国を仮想敵国とする軍備は拡大の一途を辿ったから、中期的に見れば、このC時空変化は、日清戦争・日露戦争へと繋がる政治的D時空の登場の契機となったのであり、その意味では経済時空への影響は大きかったのである。

最後に、室山義正が『松方財政研究』で提起した新しい観点について見ておこう。すでに、室山の松方「財政議」についての新見解は受容し、「インフレ期待」の影響についての新見解は判定留保として本章を記述してきたが、室山の新研究は、さらに、松方財政についての根本的な再評価を提起している。大きなファクツ・ファインディングは三つで、まず第一は、松方財政期の年度別財政収支は、決算年度では歳入超過になるが、年度を超える分を調整して「実際の財政支出」を計算し直すと、一八八二年度から一八八五年度までの四年間は支出超過となること、第二は、銀円換算（銀紙比価使用）の実質財政支出は、紙円表示の名目財政支出に比べて増大値が大きく、一八八六年度には一八八一年度の二倍近くの規模となること、第三は、紙幣整理とともに名目紙幣流通量は急減したが、銀円換算した実質通貨（紙幣・正貨）流通量は顕著に拡大していることである。この三つを踏まえて、室山は、「松方デフレ期の政府財政は、実質的には『赤字財政』として運用されており、しかもこの間に『実質』財政支出は倍増していたのであるから、財政はデフレの影響を緩和する強力なスタビライザーとして機能していたことになる。松方財政は、通常イメージされる『緊縮財政』『超均衡財政』とは、その性格がまったく異なっていた。（中略）松方の紙幣整理政策は『名目』紙幣流通量の削減を目指したものであったが、実際には逆に『実質』通貨供給量を急速に拡大させる効果が付随していたのである。」として「『松方財政』を単なる『緊縮財政』と捉え、あるいは単に『通貨収縮』によるデフレ政策とみたのでは、その『実相』を見失ってしまうことになる。」との新見解を提起する。[65]

従来の松方財政の見方を根底から覆すような、新しい見解である。三つのファクツ・ファインディングは、疑問の余地がない新しい事実の指摘であるから、問題は、その解釈の仕方である。当時の予算制度の特質であった決算年度数値と実際の年度別数値の乖離を調整した財政収支が「赤字」となることは、興味深い指摘ではあるが、それをただちに「赤字財政」と表現するのは適当ではない。歳出には、「紙幣償却」分が含まれており、室山新推計の一八八一年度から一八八五年度までの累計「赤字」額一四〇七・三万円は、この間の紙幣償却累計額一三六四万円でほぼ消えてしまう。財政剰余金の他の部分は、準備金に繰り入れられて、横浜正金銀行の輸出荷為替資金に貸し付けられているから、「赤字財政」でも、政府支出の需要拡大機能、スタビライザー効果が現れるとは限らないのである。

銀円換算による政府支出についても、同様に、「紙幣償却」「準備金繰入」が需要拡大には直結しないことに留意しなければならない。ただし、室山推計で経常購入と資本支出の合計が、紙円（名目）支出では一八八一年度の五九〇〇万円から一八八六年度の七八〇〇万円へと三二％増であるのに対して、銀円（実質）支出は、三五〇〇万円から七八〇〇万円へと一二三％の増大になることは、実質的には需要拡大効果が大きかったことを示している。この数値は、決算年度数値のままで、実際年度支出額の推計ではないが、おおよその傾向の指摘としては納得できる。しかし、すでに、松方財政が、歳出を抑制する姿勢は持続していたものの、実際には、オーバーキルを避けるような柔軟な政策選択を行い、軍事費・鉄道費や海運助成費の新規支出を認める予算執行を行ってきたことは周知のところであるから、松方財政を「超均衡・超緊縮財政」と誤解する論者に対しての批判にはなっても、通説を覆すほどの新見解とは言えまい。もちろん、一八八四年度、一八八六年度の名目歳出対前年縮小が、銀円表示では対前年増加となることも含めて、財政支出の経済効果が、名目値でみるよりも実質的にははるかに大きかったことの指摘には、注目すべきものがある。

銀円表示の通貨流通量が、名目紙幣流通量の減少とは逆に、顕著な増加を示し、金融緩和・金利低下、そして投資刺激効果を発揮したとの新見解は、興味深い。この時期の金利変動を東京貸付日歩年中平均で見ると、一八七七年の二・七四銭から一八八一年の三・八四銭まで急上昇した後、急低下して一八八三年に二・〇八銭となったが、その後は反転し一八八五年には三・一二銭になり、一八八六年からまた低下する[66]。一八八一年をピークとした金利低下は、従来は、不況期の貨幣需給関係に基づくもの、あるいは、インフレ期待で上昇した貨幣利子率が紙幣整理に伴うデフレ期待で下落したものと理解されていた。室山新見解によると、実質貨幣供給量増加による金利低下という解釈になる。室山も紙幣価値の回復要因としてインフレ期待の消失を重視しているのであり、その金利への影響を無視しているわけではなかろうから、実質通貨流通量の金利引き下げ効果の程度は、判断の難しいところであろう。

室山が開発した、実質財政支出、実質通貨流通量の概念を用いる分析方法は、たしかに、松方財政期の通説的イメージが、その「実相」とかなり異なる可能性を鋭く指摘している。松方デフレの農民への影響を分析する新見解も含めて、室山は、松方財政研究に新しい時代を開いたと評価できよう。まだ、荒削りな部分が目立つ仮説ではあるが、今後の展開を期待したい。

(1)松方財政の研究蓄積は多い。代表的なものは、次の通りである。長幸男『日本経済思想史研究——ブルジョア・デモクラシーの発展と財政金融政策』一九六三年、未來社。佐藤昌一郎「『松方財政』と軍拡財政の展開」『商学論集』第三二巻三号、一九六四年。藤村通『松方正義——日本財政のパイオニア』一九六六年、日本経済新聞社。中村尚美『大隈財政の研究』一九六八年、校倉書房。原田三喜雄『日本の近代化と経済政策——明治工業化政策研究』一九七二年、東洋経済新報社。大島清・加藤俊彦・大内力『人物日本資本主義』一・二、一九七二、一九七四年、東京大学出版会。梅村又次・中村隆英編『松方財政と殖産興業政策』一九八三年、国際連合大学。室山義正『近代日本の軍事と財政——海軍拡張をめぐる政策形成過程』一九八四年、東京大学出版会。兵頭徹「松方正義の滞欧期における財政論議の展開」原朗編『近代日本の経済と政治』一九八六年、山川出版社。兵頭徹「松方財政末期における経過と分析——谷謹一郎「明治十一年滞欧日記」を中心として」『東洋研究』七三号、一九八五年。小風秀雅「大隈財政末期における金札・藩札問題を中心として」『東洋研究』七七号、一九八六年、加筆・修正論文、一九八六年、大東文化大学『経済論集』四二号。兵頭徹「松方の紙幣整理期における貿易政策——大蔵卿時代の建議書を中心として」『東洋研究』九〇号、一九八九年。大石嘉一郎『自由民権と大隈・松方財政』一九八九年、東京大学出版会。神山恒雄『明治経済政策史の研究』一九九五年、塙書房。室山義正『松方財政研究——不退転の政策行動と経済危機克服の実相』二〇〇四年、ミネルヴァ書房。室山義正『松方正義——我に奇策あるに非ず、唯正直あるのみ』二〇〇五年、ミネルヴァ書房。

(2)成沢光「近代日本の社会秩序」東京大学社会科学研究所編『現代日本社会　四　歴史的前提』一九九一年、東京大学出版会。『現代日本の社会秩序——歴史的起源を求めて』一九九七年、岩波書店、所収。

(3)松方財政期の東京商工会の建議活動に関しては、三和良一『日本近代の経済政策史的研究』二〇〇二年、日本経済評論社、第一章「一八八〇年代の資本家団体——東京商工会の設立とその活動」を参照。

(4)藤村前掲『松方正義——日本財政のパイオニア』、大島・加藤・大内前掲『人物日本資本主義　一・二』の評価による。

(5)『侯爵松方正義卿實記　巻三』(藤村通監修『松方正義関係文書』第一巻、一九七九年、大東文化大学東洋研究所、所収)によると、西洋算術を三人の師から「日夜殆ント寝食ヲ忘レテ刻苦勉励」し、測量術は「自己ノ宿舎ノ屋根ニ上リテ之レカ練習ヲ行」ったという(一三一頁)。松方の伝記としては、徳富猪一郎『公爵松方正義伝』二巻(一九三五年、公爵松方正義伝記発行所)があるが、徳富蘇峰は、「侯爵松方正義卿實記」を台本に記述しているので、本章では、「侯爵松方正義卿實記」によることとする。「侯爵松方正義卿實記」は、松方の口述したものを基礎に、中村徳五郎が、大蔵省編纂『松方伯財政論策集』などによって資料を補充して作成したものとされる(藤村通「解題」『松方正義関係文書』第一巻所収)。

(6) 日田県知事時代の松方の業績については、兵頭前掲「松方財政の源流について——日田県政期における金札・藩札問題を中心として」参照。なお、小稿執筆に際しては、松方正義関係文書の利用に関して、大東文化大学の兵頭徹教授に大変お世話いただいた。ここに感謝申し上げたい。

(7) 大蔵省編纂『松方伯財政論策集』(『明治前期財政経済史料集成』第一巻、一九三一年、改造社)、二八一—二八二頁。

(8) 大島・加藤・大内前掲『人物日本資本主義』第一巻、参照。

(9) 前掲『松方伯財政論策集』三五七—三六一頁、三六三—三六四頁。

(10) 同上書、二八二—二八八頁。

(11) 同上書、二八六頁。

(12) セーは、ジャン・バプティスト・セー(J. B. Say 一七六七〜一八三二年)の孫で、一八二六年に生まれ、一八七一年から一八七六年までは下院議員、一八七六年から一八八九年までは上院議員、一八八〇〜一八八二年は上院議長を務め、一八八九年から死去する一八九六年まで下院議員の職にあった。この間、四つの内閣の大蔵大臣(一八七二〜七三年、一八七五〜七六年、一八七六〜七九年、一八八二年)に就任して、財政運営を担当した。セーは、普仏戦争(一八七〇〜七一年)の際に発行された戦時公債の処理に力を尽くし、後期には、第三共和国の財政再建に努力した。経済学者としての著作も多く、*Les finances de la France sous la troisiéme République* (1898-1901) が主著であり、*Nouveau dictionnaire d'économie politique* (1891-92) の編纂も行った。松方は、セーの著作を翻訳させて、『理財辞典』として大蔵省から一八八九年に刊行している。

(13) 「仏国元老院議官烈翁勢ニ與フルノ書」前掲『松方伯財政論策集』六二二頁。

(14) 同上書、五三二—五三五頁。

(15) 同上書、五一一—五一三頁。

(16) 「財政議」の現存文書は一八八一年九月の日付を持つので、これまで九月に太政大臣に提出されたと思われていたが、室山義正の検討で、最初は一八八一年五月に三条実美に提出され、その後、幾分修正されて九月に再提出されたことが明らかになった。室山前掲『松方財政研究——不退転の政策行動と経済危機克服の実相』一五八—一六一頁。

(17) 同上書、四三三—四三八頁。

(18) 「在紐育府高橋新吉ニ與フルノ書」同上書、六二三—六二八頁。高橋は、神戸税関長であったが、松方が、輸出荷為替事業の監督のために抜擢してニューヨーク領事に任命した(「侯爵松方正義卿實記」巻九、『松方正義関係文書』第二巻、六一一頁)。

(19) 坂野潤治「『富国』論の政治史的考察」、梅村又次・中村隆英編前掲『松方財政と殖産興業政策』四七―五〇頁。

(20) 政変による人的配置の変動は、次のようである。一八八一年一〇月二一日に、松方・大山巌(薩摩)、福岡孝弟・佐々木高行(土佐)を新しく参議に任命し、参議の省卿兼任を復活させて、大蔵卿を、佐野(佐賀)から松方に、内務卿を、松方から山田顕義(長州)に、司法卿を、田中不二磨(尾張)から大木喬任(佐賀)に、農商務卿を、河野敏鎌(土佐、大隈罷免に反対して辞任)から西郷従道(薩摩)に、工部卿を、山尾庸三(長州)から佐々木高行に替えた。この結果、一〇月二一日を境として、参議は、一〇名から一二名に増員され、その内訳は、薩摩出身が四名から五名に増加、長州出身は四名で変わらず、土佐出身は、ゼロから二名に増加、そして佐賀出身は二名が一名に減少となった。

(21) 猪木武徳「地租米納論と財政整理」(梅村・中村編前掲書)参照。

(22) 前掲『松方伯財政論策集』六二五頁。天皇は「松方ノ意見通リ断行セヨ」と発言したとされる(「侯爵松方正義卿實記」巻九『松方正義関係文書』第二巻、五三頁)。

(23) 伊藤は、「予聊か考慮する所あり。卿の辞表は姑く中止されたし」と言ったようである。徳富猪一郎『公爵松方正義伝』乾巻、七九三―七九四頁。この記事は、「侯爵松方正義卿實記」にはないが、「海東侯伝記資料　談話筆記第一」(『松方正義関係文書』第十巻所収)にはある(五五頁)から、事実であろう。「海東侯伝記資料　談話筆記第一」の史料的意義に関しては、兵頭徹が、「松方の思い入れを生々しく示しているとともに、『松方自身の自画像』に一層近いといえるのである。」と評価している(同上書、解説)。ただし、松方が伊藤と談判した日付については、これまで、一八八一年九月以降と考えられていたが、室山義正の検討によって、「財政議」が最初に提出された一八八一年五月六日の直後の五月九日であると推定されている。室山前掲『松方財政研究――不退転の政策行動と経済危機克服の実相』一五九頁。

(24) 井上馨侯伝記編纂会編『世外井上公伝』一九三四年、内外書籍、第三巻、一五九―一七三頁。なお、この意見書のタイトルは不明である。

(25) 梅村又次は、大隈後期の緊縮政策を、「実質的井上財政」と呼んでいる。「創業期財政政策の発展」、梅村・中村編前掲書、八〇頁。

(26) 室山前掲『近代日本の軍事と財政――海軍拡張をめぐる政策形成過程』五〇頁。

(27) 伊藤は、最初は、松方を参議兼内務卿に推して、自ら大蔵卿に就くつもりであったようで、政変後直ちに松方の路線を採用しようとしたわけではなかった。伊藤は、新設された参事院の初代議長に就任することになって、松方に大蔵卿の席が回ってきた。室山前掲『松方財政研究――不退転の政策行動と経済危機克服の実相』一三二―一三三頁。

(28)「侯爵松方正義卿實記」巻九『松方正義関係文書』第二巻、五一頁。

(29) 大隈の中央銀行構想には、大蔵省のお雇いを解任後、帰英していたA・A・シャンドとの書簡交換が影響していた（中村尚美前掲書、一九六―二九九頁）。「ロベットソン」＝「ロベルトソン」について、松方は「前の東洋銀行の支配人」（松方「紙幣整理」、国家学会編『明治憲政経済史論』一九一九年、同会、二八一頁）としている。オリエンタル・バンクの横浜支店長 John Robertson とすれば、大隈はパークスの紹介で一八六八年から「ロベットソン」とは面識があった。ロバートソンは、フランスのソシエテ・ジェネラルが抵当権を持つ横須賀製鉄所接収に必要な資金（五〇万ドル）の融資や新貨条例制定過程での建言などによって明治初期政府への影響力を持っていた。ロバートソンは一八七六年まで支店長を務め、八〇年に一時帰国し、八一年春に再来日している。立脇和夫『明治政府と英国東洋銀行』中央公論社、一九九二年、八頁、一六六―一六七頁。

(30)「海東侯伝記資料　談話筆記第一」『松方正義関係文書』第十巻、五八頁、六〇―六一頁。

(31) 紙幣流通量の数値は、『明治大正国勢總覧』（一九二七年、東洋経済新報社）一三三頁による。

(32)「各庁経費三ケ年据置ノ議」一八八二年四月、前掲『松方伯財政論策集』四七九頁。

(33) 三和良一・原朗編『近現代日本経済史要覧』（補訂版）、二〇一〇年、東京大学出版会、六五頁。

(34) 詳しくは、兵頭前掲「松方の紙幣整理期における貿易政策――大蔵卿時代の建議書を中心として」を参照。

(35) 財政意見書、前掲『世外井上公伝』第三巻、一七〇―一七一頁。

(36) 松方は、一八七八年八月一三・一四両日に、ベルギー国立銀行を自ら訪れている。兵頭前掲「松方正義の滞欧期における経過と分析――谷謹一郎『明治十一年滞欧日記』を中心として」。

(37)『大隈文書』第三巻、四七二―四七四頁。

(38) 軍備・軍事費に関する以下の記述は、主として、室山前掲『近代日本の軍事と財政――海軍拡張をめぐる政策形成過程』第一編第三章「松方財政期における海軍拡張政策の展開」、第四章「海軍工廠及び官民造船機械工業の動向」に依る。

(39)「各地方長官ノ延遼館集会席上ニ於ケル演説」一八八二年一二月、前掲『松方伯財政論策集』五七一―五七三頁。松方は、イタリーと比較して、日本は一人当たり租税負担が低い事を数値で示して、増税が正当であることを説明している。

(40)「共同運輸会社株金支出方之議」一八八二年一一月、前掲『松方伯財政論策集』三三九頁。

(41)「公債證書発行意見書」一八八三年一二月、前掲『松方伯財政論策集』三一五―三二〇頁。

(42)「大蔵省證券発行ノ議」一八八三年九月、前掲『松方伯財政論策集』三一四―三一五頁。

(43) 地租改正の評価をめぐっては対立する議論が続いている。筆者の立場に関しては、『概説日本経済史　近現代』第三版（二〇一二年、東京大学出版会）、三「明治維新」を参照されたい。

(44) 「財政管窺概略」（一八八〇年六月）の第一七目、前掲『松方伯財政論策集』五三四―五三五頁。

(45) 演説「元老院ニ於テ」一八八五年五月、前掲『松方伯財政論策集』五九〇―五九六頁。

(46) 松方は、当時、「白がねの世とはなれどもいつかまた黄金花さく春を見んとは」と歌ったという。「侯爵松方正義卿實記　巻一八」『松方正義関係文書』第三巻、四五頁。

(47) 室山前掲『近代日本の軍事と財政――海軍拡張をめぐる政策形成過程』七九―八六頁。室山は、この地租納入期限繰り上げを、紙幣整理と並ぶデフレ発生要因と見て、「『松方デフレ』といわれる深刻な不況は、主としてこの両者の相乗効果によって招来されたものであった」（八六頁）と書いている。

(48) 「在紐育府高橋新吉ニ與フルノ書」一八八四年九月、前掲『松方伯財政論策集』六二七頁。

(49) 「地税第四納期改定ノ議」（一八八三年一〇月）には、米価が下落している実情で納税者は困っているから、一カ月の納期繰り下げは、「人民ニ於テ蒙ムル所ノ利便ハ実ニ少少ナラス」と書かれている。前掲『松方伯財政論策集』三九六頁。

(50) 「地租徴収期限改定之議」一八八五年六月太政大臣提出、前掲『松方伯財政論策集』四〇八―四〇九頁。

(51) 室山は、『松方財政研究』では、大隈の紙幣整理がただちにデフレ効果をもたらさなかったのに比べて、松方の同じ紙幣整理が強烈なデフレ効果を発揮したことを、両者の政策スタンスが紙幣に対する「国民の信用」に与えた影響の差と捉える見解を提起している。大隈の政策スタンスは積極政策の転換とは受け取られずに、将来のインフレ期待をむしろ強めたが、松方の「不退転」の決意は、人々のインフレ期待を急速に下方修正させ、紙幣削減率を上回る紙幣価格の急回復をもたらしたと見ている（一七〇―一七三頁）。新鮮な見解であるが、人々のインフレ期待の強弱が物価に及ぼす影響を一般論として前提したうえでの判断であり、この時代の銀価値と紙幣価値の乖離を、ただちにインフレ期待のありかたで説明できるかについては疑問が残る。たとえば、西南戦争による紙幣流通量の急増は、ただちに紙幣価値の大幅下落に結果したのではなくタイムラグを持って急激なインフレをもたらしたのであり、この時期の紙幣価値変動は、かなり複雑なメカニズムのなかで生じている。このメカニズムの解明が未済である現状では、室山の見解を、全面的には支持できない。ただし、松方の断固たる政策姿勢が、人々の信認、コンフィデンスに大きな影響を与えたことは間違いなかろう。

(52) 寺西重郎「松方デフレのマクロ経済学的分析」梅村・中村編前掲書所収。

(53) 中村隆英「一九世紀末日本経済の成長と国際環境」同上書所収。

(54)寺西前掲論文、前掲書一八一―一八二頁。
(55)室山前掲『近代日本の軍事と財政――海軍拡張をめぐる政策形成過程』第一編第四章「海軍工廠及び官民造船機械工業の動向」参照。
(56)三和前掲『日本近代の経済政策史的研究』第七章「戦前期の海運政策」参照。
(57)神山前掲『明治経済政策史の研究』二二三頁。
(58)大石前掲『自由民権と大隈・松方財政』。
(59)室山前掲『近代日本の軍事と財政――海軍拡張をめぐる政策形成過程』。
(60)神山前掲『明治経済政策史の研究』。
(61)小風前掲「大隈財政末期における財政論議の展開」。
(62)佐藤前掲「『松方財政』と軍拡財政の展開」。
(63)洞富雄「洋銀相場と内国通貨(二)」『大隈研究』第五集、二一五頁。
(64)長前掲『日本経済思想史研究――ブルジョア・デモクラシーの発展と財政金融政策』一一七頁。
(65)室山前掲『松方財政研究――不退転の政策行動と経済危機克服の実相』二九六―二九七頁。
(66)後藤新一『日本の金融統計』一九七〇年、東洋経済新報社、二七三頁。

第六章　井上財政――日本経済再生のハード・トレイニング

一　はじめに

二〇世紀資本主義の時代に現れた、歴代第二番目の緊縮政策、井上財政を検討するのが本章の課題である。井上準之助蔵相の経済政策については、財政緊縮と金解禁を軸とした古典的な経済政策、つまり、資本主義の自由主義時代に典型的なオーソドックスな政策であると評価される場合が多い。この通説に対して、筆者は、それが一見古典的に見える外形を持ってはいるが、資本主義の〈中状況場〉が第二変質期、二〇世紀資本主義あるいは現代資本主義、国家独占資本主義の時代に移行しつつあることを考えると、本質的には、新しい時代に対応する政策と評価できると主張してきた(1)。本章でも、この評価を採るが、これまで、やや概括的な分析しか行っていなかった井上個人の政策姿勢を、詳細に検討することによって、この評価の妥当性を裏付けてみたい。

二　井上財政の課題はなんであったか

まず、井上財政の課題がなんであったかを見ることから始めよう。井上準之助は、後掲年譜に示されているように、一九二三（大正一二）年九月から翌二四年一月までと一九二九（昭和四）年七月から三一年一二月までの二回、大蔵大臣に就任している。はじめの蔵相時代には、関東大震災の事後処理に忙殺されているうちに虎の門事件で山本権兵衛（第二次）内閣が総辞職したので、特徴ある政策を行うことはできなかった。井上財政と呼ばれるのは、浜口雄幸民政党内閣に二度目に蔵相として入閣した時に展開した財政経済政策である。

A 〈大状況場〉に規定された初期条件・課題

〈大状況場〉とは、社会の経済的構成＝社会構成体の推転にかかわる歴史的状況である。一九二九年といえば、日ソ基本条約に調印してから、つまり、ロシア革命への干渉戦争をあきらめて遅蒔きながら社会主義ソ連を国家として承認してから四年後、ロシア革命から数えると一二年後の時期である。世界史上はじめて社会主義経済を目指す国が出現して、それが主権国家として認知されたのであるから、歴史の流れから見れば、資本主義から社会主義への推転が開始された時期といえる。

ここで、急いでことわっておかねばならないことがある。一九八九年以降の社会主義圏の崩壊と変質＝市場経済化の現実からすると、「資本主義から社会主義への推転」が開始されたという表現は、いささか奇妙に響く。東西冷戦はアメリカの大勝利に終わり、市場原理主義がグローバル・スタンダードになった昨今の現実は、一九一七年の社会主義革命の歴史的意義を、「後発国の開発独裁の失敗の始まり」程度に貶めることになった。しかし、はたしてこの新しい評価が正しいか否かは、長い目で人類史を見通してからでないと即断はできない。「社会主義への推転」の第一ステージが挫折したのは事実としても、人類が、市場原理主義の猛威に耐えかねて社会主義の第二ステージを選択する可能性は、なお否定されてはいないからである。とはいえ、ソ連型社会主義がみじめにも失敗したことは否定のしようもない事実である。ここから見ると、一九一七年以降を「社会主義への推転」期と評価することは、かなりミスリーディングに思える。しかし、これは、一九八九年以降の歴史展開を前提とした場合のはなしであり、同時代的な評価からすれば、一九一七年以降、すくなくとも一九七三年のベトナム戦争におけるアメリカの敗北ころまでは、社会主義は、資本主義の歴史的後継者としての地位を、世界のかなり多くの人々から承認されていたのである。

井上財政を考える場合には、やはり、同時代的な観点から、歴史的状況を解釈する必要がある。つまり、ロシア革命以降、資本主義諸国は、大なり小なり、社会主義革命発生という体制的危機に対処せざるを得なくなったのであり、その限りでは、時代は「社会主義への推転」期に入っていたのである。日本の場合、たとえばロシアや、ドイツ、オーストリアのように、現実に、労働者・農民が体制変革を目指した政治活動を大規模に展開するという、革命が差し迫った状況が生じることはなかった。とはいえ、第一次大戦期には、ロシア革命干渉のシベリア出兵も影響して米価が高騰したために、全国四九七市町村で米騒動が発生して、七〇箇所に軍隊が出動するという事件が起こり、寺内正毅内閣が倒れた。また、大戦中から戦後にかけて、労働争議と小作争議が、戦前とは桁違いの数で発生する状況にもなった。一九二二年には、もちろん非合法ながら、日本共産党も結成された。

このような情勢は、井上財政期には、資本主義か社会主義かという選択問題が、観念的イデオロギー的レベルにおいてではなく、現実の歴史的選択肢として存在するに至ったことを示している。社会主義革命が切迫したということではないが、革命の発生を抑圧する政策展開が必要になったのである。つまり、井上財政の時期には、社会主義に対抗して資本主義体制を維持することが、〈大状況場〉に規定された歴史的課題となったわけである。

B　〈中状況場〉に規定された初期条件・課題

〈中状況場〉は、資本主義の発展段階に対応した歴史的状況である。一九二九年頃の時期は、世界史上では、現代資本主義・国家独占資本主義あるいは二〇世紀資本主義の段階にあると考えられているが、その発展段階の内容規定については議論がある。また、日本がそのような発展段階に至ったか否かについても、論者の見解は区々である。この議論については、ここでその詳細を論じることは差し控えることにしよう。[2] 筆者の見解によれば、日本資本主義は、第一次大戦以降、資本主義の第二変質期、二〇世紀資本主義に向けての変質を進める。[3]

二〇世紀資本主義の特徴は、第三章で見たように、一般的には、政府による経済過程への政策的介入の多角化である。政策的介入を政策課題から大きく区分すれば、ひとつは階級間の宥和であり、もうひとつは資本蓄積の維持である。階級宥和政策は、完全雇用（賃金保証）・社会保障・弱者保護・労資関係の安定を政策目的とし、資本蓄積維持政策は、利潤保証（価値視点的再生産の維持）と生産力保証（素材視点的再生産の維持）を政策目的としていると考えることにする。

井上財政期には、社会政策の重要性が強く意識され、浜口内閣は、社会政策審議会を設けて、失業救済施設、労働組合法、小作問題、船員保険法の四項目を諮問した。社会政策という言葉は、ドイツから導入されて、一八九六（明治二九）年には、社会政策学会の母体（研究団体、翌九七年に正式に命名）が結成され、工場法や足尾鉱毒問題などが調査・論議されたから、歴史は古い。そして、一九一一年には、工場法が制定され、一九一六年に施行された。この原始工場法は、労働者保護立法ではあるものの、年少者・女子の就労時間制限・深夜労働禁止規定が甘く、紡績への適用除外を認めるなど、いわば、形式的立法であって、階級宥和政策とは言い難い。これが、第一次大戦後、一九二三年に改正されて、紡績業の女子深夜業禁止も一九二九年から実施されることとなったのは、国際労働機構ＩＬＯへの加盟という外圧があったのも事実であるが、やはり、新しい時代への対応と評価してよかろう。

つまり、内務省社会局・農商務省工務局労働課の新設（一九二〇年）に見られるような、労働者対策の必要性の認識のうえに開始された政策的対応のひとつの現れであった。新しい政策対応は、労働者・農民対策としては、労働組合法案・小作法案の作成、小作調停法（一九二四年）・労働争議調停法（一九二六年）の制定、治安警察法改正（一九二六年）、自作農創設維持補助規則制定（一九二六年）と展開され、一般的対策としては、簡易生命保険法（一九一六年）・職業紹介所法（一九二一年）・健康保険法（一九二二年）・借地借家調停法（一九二二年）・普通選挙制度（一九二五年衆議院議員選挙法改正、同時に、治安維持法制定）として展開された。このような階級宥和政策の流れの中で、井上財政期には、一層の社会政策強化が課題となったのである。

他方、資本蓄積維持政策は、利潤保証と生産力保証の両面から必要とされる状況であった。後に述べるように、金融恐慌（一九二七年）による財界整理がある程度進んだとはいえ、企業の利潤率は回復せず、日本企業の国際競争力も強化されてはいなかった。金本位制停止下の積極政策がもたらした低生産性部門の存続、不良企業の残存は、解決されるべき大きな課題であった。

C　〈小状況場〉に規定された初期条件・課題

〈小状況場〉は、資本主義の発展段階のなかのある時期における歴史的状況である。井上財政が直面した課題は、まず、一九二〇年代の日本経済が抱えた二つの危機であった。ひとつは、企業利潤率の傾向的低下に示されるミクロの危機であり、もうひとつは、国際収支の赤字累積に示されるマクロの危機である。一九二〇年恐慌後、原敬・高橋是清政友会内閣は、積極財政を継続したが、これは、大きな打撃を受けた企業を救済する効果を持った。たとえば、第一次大戦中に、売上高で三井物産を超えたと言われる鈴木商店は、戦争終結時の手仕舞いの失敗から巨額な損失を抱えたが、救済政策で延命し、さらに、関東大震災の事後処理策であった震災手形を利用して破綻を回避した。このような不良企業の存在は、「財界の癌」と呼ばれ、その整理の必要が唱えられた。結局、一九二七年の金融恐慌のなかで、鈴木商店をはじめとする不良企業が破産して整理が行われた。同時に、不良債権を抱えていた中小銀行が淘汰されて、金融機構に内在していた不安定要因が、かなりの程度まで取り除かれた。しかしながら、景気は低迷を続け、金融恐慌で預金の大銀行への集中が進んだが、資金需要は弱く、健全な融資先も乏しいために、大銀行では巨額の遊休資金が発生した。一九二〇年恐慌以来、一貫して低下を続けた企業利潤率（使用総資本利益率）は、一九二八年下期には、六・二%の水準にまで低下した[4]。資本蓄積の危機＝ミクロの危機は、克服すべき大きな課題であった。

国際収支の危機＝マクロの危機も、一九二〇年代一〇年間の貿易収支赤字の累積額、三二・六億円という数字に示されるように深刻であった。連年の輸入超過は、絹類輸出が伸長する中で発生したもので、内需の拡大にともなう食料品・肥料・衣料原料・木材などの消費関連財と、国際競争力の弱い金属・機械など生産財の輸入が巨額にのぼった結果であった。国際競争力の強化と国内の輸入品需要の抑制が、大きな課題であった。

国際競争力の強化は、マクロ・ミクロ両面の危機への対応策として目指される政策目標であった。競争力の劣位が目立つのは、金属・機械などの重工業部門であり、産業合理化の必要性が強調されていた。一九二〇年代には、その前半期にやや重化学工業化が後退したが、後半期には、電力・電鉄・電機・化学主導でふたたび重化学工業化は進みはじめた。しかし、たとえば、一九二二年から一九二七年までの水力発電用水車新設数の六五・五％、水力発電機の五八・七％、火力発電用蒸気タービンの九七・二％が外国製品で占められた事実[5]や、一九二八年の苛性ソーダ・ソーダ灰の輸入量は国内生産量の二倍を超えている事実[6]が示すように、重化学工業の国際競争力はまだ弱かった。企業合同やカルテルが、産業合理化の手段として推奨されたが、一九二〇年代の独占形成は鈍く、独占組織の市場支配力も強くはなかった[7]。

低迷する日本経済の打開策として論議の対象になったのは、金解禁＝金本位制への復帰であった。憲政会＝民政党が金解禁即行論を、政友会が金解禁慎重論を唱える政治的構図のなかで、第一次若槻礼次郎内閣の進めた解禁準備が金融恐慌を引き起こすというアクシデントが発生し、政権に就いた政友会田中義一内閣は、金解禁を政策目標には掲げなかった。しかしながら、一九二八年六月にフランスが金本位制に復帰し、ひとまず再建国際金本位制が安定した構造を持つに至ると、残された日本の金解禁をめぐる思惑から、円に対する為替投機が激しくなり、横浜正金銀行の為替建値は、一九二八年中に九一回も変更される有様になった[8]。田中内閣の三土忠造蔵相は、積極財政を継続しながら金解禁を行う方法を模索しつつその準備をはじめた。ところが、田中内閣は、張作霖爆殺事件（一九二八年六月）の事後処理問題につまずいて総辞職することとなり、一九二九年七月には民政党浜口雄幸内閣が登場する。

田中内閣を崩壊させた原因は、金解禁問題にとっては、C時空の出来事である。つまり、三土蔵相の金解禁への取り組みを原因とする内閣交替だったわけではない。政友会の伝統的な対中国政策と金解禁問題は無関係ではなく、原・高橋内閣が金解禁を選ばなかったのは、第一次大戦期に蓄積した正貨を中国への資本投資に備えて温存するという意図が、ひとつの原因であったといわれている。あるいは、二十一カ条要求の強制に対しての民族的反発に端を発した日貨排斥運動が、日本にとっての中国市場を狭め、日本の貿易収支悪化の一因となる状況に対応して、政友会が、対中国強硬外交を主張し、軍事費拡大をふくむ積極財政路線を選んだことは、金解禁の尚早論ないし新平価解禁論に繋がることとなる。とはいえ、張作霖爆殺は、関東軍の独断専行であり、その行為の処罰を行政処分に留めざるをえなかったのは、内閣の軍部統制力の欠如であったのであるから、田中内閣の崩壊は、金解禁問題とは直接の因果関係はなかった。

三土蔵相からの訓電を受けて、クレジット設定に関して英米金融筋と接触し、新平価解禁の構想を胸にした津島寿一財務官(9)が、帰国の船上にいた時に、田中内閣は総辞職したのであるから、もし、昭和天皇の田中首相不信任の一言がなかったとしたら、事態は異なったかたちで展開した可能性がある。三土蔵相が、積極財政と金解禁の両立という、ほとんど不可能な課題に取り組んで時間が流れる中で、一九二九年一〇月二四日、暗黒の木曜日を迎えていたら、金解禁は実施されなかったかもしれない。このように考えてみると、金解禁は、憲政会＝民政党の政策主張からすればD時空の出来事ではあるが、浜口内閣の登場自体は、C時空の変化の結果であり、井上財政は、いわば偶然の産物ということになる。ここらが、歴史における必然と偶然の問題を考える好材料であるが、その検討は、別の機会に試みることとしよう。

井上財政が展開されるなかで、〈小状況場〉では、極めて大きな変化が生じる。一九二九年一〇月のアメリカ株式相場大暴落に端を発した世界恐慌の発生、その集中的表現であるイギリスの金本位制離脱（一九三一年九月二一日）と、満州事変の勃発（一九三一年九月一八日）である。このふたつは、井上財政からすれば、直接的な因果関係のない出来事、つまり、偶然的なC時空における事象であった。しかし、このふたつの出来事は、〈小状況場〉を一変させ、新しい政策課題を発生させることとなったのである。

三　井上準之助はどのように政策を決定したか

A　井上準之助の履歴

井上準之助は、一八六九（明治二）年五月六日に、日田藩大鶴村に生まれた。ちょうど、松方正義が県知事をつとめていた時代である。以後の履歴は、年譜の通りである。

B　Arena の状況

政策決定機構は、天皇が任命する国務大臣で構成される内閣が中心であるが、一九一八年に、米騒動で寺内正毅内閣が倒れた後の原内閣からは、いわゆる政党内閣の時代となり、第二次加藤高明内閣からは、立憲政友会と憲政会＝立憲民政党の二大政党が交互に政権を担当するようになった。この日本政治史上まれにみる二大政党制は、両党の政策主張が、外交・財政経済・内政それぞれについて明確に対立し、実質的にも二大政党政治の特徴を色濃く示していた。

とはいえ、議院内閣制ではなかったから、政権交替は、かならずしも衆議院議員議席数に応じて行われたわけではない。原敬内閣（一九一八年九月～一九二一年一一月）は、一九一七年四月選挙で政友会が多数党となった状況を踏まえて登場し、一九二〇年五月選挙でも、政友会が圧倒的多数を獲得して、高橋是清内閣（一九二一年一一月～一九二二年六月）まで政権を維持した。加藤友三郎・第二次山本権兵衛・清浦奎吾の三代の非政党内閣のあと、第二次護憲運動の結果として誕生した第一次加藤高明内閣（一九二四年六月～一九二五年八月）は、一九二四年五月選挙で第一党となった憲政会が、政友会・革新倶楽部と連携して組織したいわゆる護憲三派連立内閣で、これが、選挙の結果

井上準之助年譜

西暦	和暦	月	事項
一八六九	明治　二	五月	六日　大分県日田郡大鶴村の酒造業井上家に生まれる
一八七五	八		叔父井上簡一の養子になる
一八八〇	一三		郡立教英中学入学
一八八三	一六		病気のため中学中退、療養後、実家の酒造業を手伝う
一八八五	一八		上京、受験失敗、神田の成立学舎で英語・数学を勉強
一八八七	二〇		仙台、第二高等中学入学「温厚・謙譲・平静・老成」
一八九三	二六		第二高等中学卒業、東京帝国大学法科入学
一八九六	二九		東京帝国大学法科卒業、日本銀行に就職、大阪支店勤務
一八九七	三〇		本店勤務、イギリスへ留学、ロンドン、パース銀行勤務
一八九九	三二		帰国、検査役
一九〇一	三四		大阪支店調査役
一九〇三	三六		京都出張所長
一九〇五	三八		大阪支店長（高橋是清副総裁が抜擢）
一九〇六	三九		本店営業局長
一九〇八	四一		ニューヨーク代理店監督役

西暦	和暦	月	事項
一九一一	明治四四	九月	帰国、横浜正金銀行副頭取
一九一三	大正　二		横浜正金銀行頭取
一九一九	八	三月	日本銀行総裁
一九二三	一二	九月	大蔵大臣（第二次山本権兵衛内閣）
一九二四	一三	一月	内閣総辞職、貴族院議員
一九二七	昭和　二	五月	日本銀行総裁（高橋是清蔵相の要請）
一九二八	三	六月	日本銀行総裁辞任
一九二九	四	七月	大蔵大臣（浜口雄幸内閣、一九三一年四月第二次若槻礼次郎内閣）
一九三一	六	一二月	内閣総辞職
一九三二	七	二月	九日　血盟団員小沼正によって暗殺される

（出典）井上準之助論叢編纂会『井上準之助傳』一九三五年、同会。

によって政権を獲得した最初の内閣であった。第二次加藤高明内閣（一九二五年八月～一九二六年一月）は、憲政会単独内閣であるが、憲政会単独では議会で多数を制することはできず、政友本党との妥協をはかっての政権運営を行った。加藤首相病死後、第一次若槻礼次郎内閣（一九二六年一月～一九二七年四月）も少数与党で議会対策に苦戦し、片岡直温蔵相の失言がきっかけとなった金融恐慌のなかで、後に述べる枢密院の策謀によって総辞職に追い込まれた。田中義一内閣（一九二七年四月～一九二九年七月）は、少数与党の政友会単独内閣として発足したが、一九二八年二月選挙で、一議席差で民政党（一九二七年六月、憲政会と政友本党の合同で誕生）を制して政友会が第一党となり、政権基盤を固めた。前述の昭和天皇発言で田中内閣が倒れて、浜口雄幸内閣（一九二九年七月～一九三一年四月）が登場するが、民政党は、内部分裂で床次派などが脱党したあとで、議席数一八一（四六六議席中）の弱小与党であった。井上財政は、このような議会勢力配置のなかで政策決定されたわけである。金解禁実施後の一九三〇年二月選挙では、民政党は、単独過半数の議席を獲得し、浜口首相が狙撃されて第二次若槻内閣（一九三一年四月～一二月）に代わっても安定多数の第一党として政権を維持した。安達謙蔵内相の反乱で第二次若槻内閣が総辞職したあとは、後述するような元老西園寺公望の裁断で犬養毅内閣（一九三一年一二月～一九三二年五月）が登場するが、政友会は、少数与党であった。一九三二年二月選挙で、政友会は、圧倒的勝利を収めて単独過半数を確保したが、五・一五事件で、政党内閣の時代は終わる。

内閣・議会以外には、枢密院、軍部、元老が、制度化された機関として存在していたが、それらが政策決定にかかわる仕方としては、おおむね、表面に現れる部分よりは、隠された裏面での影響が大きかった。

民間では、資本家団体である日本経済連盟会、日本工業俱楽部、日本商工会議所、各地商工会議所、全国産業団体連合会、東京実業組合連合会、農業者団体である蚕糸業同業組合中央会、帝国養蚕組合などが、この時期の政策決定過程で、それぞれの意思表示を行っている。また、言論界では、特に金解禁問題で、『東洋経済新報』が、主幹の石橋湛山の主張する新平価解禁論の論陣を張り、高橋亀吉、小汀利得、山崎靖純らがこれに加わった。

C　Off-Arena の状況

（1）井上準之助の内面

政策決定の舞台裏 Off-Arena に関しては、まず、井上準之助が、どのような価値意識と状況判断能力を持っていたかを検討する必要がある。井上準之助関係の基本資料としては、『井上準之助論叢』四巻、『清渓おち穂』、『井上準之助傳』の六冊が刊行されている[10]。このほか、井上準之助を知る人の回顧談として、池田成彬、津島寿一、深井英五、青木一男らの記録が残されている[11]。また、これらの資料を用いて井上財政を論じた著作には、中村隆英『経済政策の運命』[12]があり、関係論文も多い[13]。

井上準之助が、自己の行為を規制する基準としてどのような価値規範を持っていたかについては、注記した文献からさまざまな見方がうかがわれる。井上が人生の目標としていわゆる立身出世を選択し、出世を国家への献身と結びつけて考えていたことは、ほぼ一致した見方である。立身の場としては、金融界を選んだが、これは、独立独行の職業として弁護士を志望したところ、留学費用を実家が出してくれなかった結果であったという[14]。立身を政府官僚経由の道に求めるのが普通であった時代に、官吏になる考えは持たなかったところに井上の価値意識の特質が見られる。日本銀行・横浜正金銀行で、旧来の慣行や権威に縛られることを嫌い、新しい業務の執行方法や新しい制度を採用した話は、数多く残されている。新しいやり方を採用する場合の評価基準は、合理性・効率性にあったようで、ロンドン留学から帰った後の一九〇〇年稿の小論文「銀行員の心得一斑」では、日英の銀行員の比較を行いながら、日本の銀行員の非効率性を鋭く批判しており[15]、日本銀行時代の行員や業務の管理にこの批判が生かされている。

井上は合理的と評価できる原則や判断に対しては、それを固持する頑固さを持っていた。日本銀行営業局長としてこの頑固さを押し通したことが、松尾臣善総裁との軋轢を招いて、ニューヨーク代理店監督役への左遷の一因となったといわれる。とはいえ、『井上準之助傳』に序を寄せた結城豊太郎が、「全體として纏まって居れば、局部々々の不出来な事は多く問はなかった」[16]と述べているように、原理・原則を細部にわたるまで貫徹させることを求めたのではなかったようである。したがって、結城が「物事の處理——仕末を着くることのうまかったこと」と言うように、対立する見解・利害を調整する能力も高かった。第二次山本権兵衛内閣の大蔵大臣を辞任した後、「財界世話役」「渋沢第二世」と呼ばれた所以である。

では、池田成彬の人物評、「銀行をやって居る時分にはむしろ小心翼々として、どっちかというと我々から言えば消極的で弱かったですね。」、「民政党に入り政治をやり始めてからは、どうも性格がすっかり變つたと私は思うのです。」「非常に明敏な男だが、弱い人で、急に何だかばかに強い人のようになって来た」[17]という評価は、どのように理解できるのであろう。後段の「強い人」という評価は、緊縮政策への固執やドル買いへの対応を指しているから判りやすい。前段の「消極的で」「弱い人」とは、城山三郎が、ニューヨーク時代の井上を千代子夫人宛の私信によって描き出したように、私人としては理解できるが、帰国後一〇数年間の横浜正金銀行頭取・日本銀行総裁・大蔵大臣など公人としての井上についての評価としては分かりにくい。池田は、寺内内閣時代に、横浜正金銀行頭取だった井上が、勝田主計蔵相と衝突した時に、「首を切られるかも知れないから辞めたい」と相談に来たことを弱い事例として挙げている。しかし、これは、勝田蔵相がいわゆる西原借款の協調融資団への参加を横浜正金銀行に依頼したのを、井上が断固拒絶した事件であり、むしろ井上の「強さ」を示す事例である。親交の深い二歳年長の池田に、やや弱気を見せたということであろう。

池田が「弱い人」と評した銀行家井上準之助の活動を二度の日本銀行総裁時代について見てみると、目立つのは一九二〇年恐慌と金融恐慌への対応である。第一次大戦後の最初の日本銀行総裁時代（一九一九年三月～一九二三年九月）には、公定歩合を二回（一九一九年一〇月・一一月）にわたって引き上げ、バブル景気に警告を発する発言を行った[18]。この警告が的中して反動恐慌が起こると、井上総裁は、救済融資を主導した。この時、日本銀行は、それまでの方針を変えて、銀行への支払準備資金特別融通ばかりでなく産業ごとに救済資金を特別融通するという積極的な救済措置を採用した。これは、のちに深井英五が日銀の救済機関化の始まりと見たような[19]、日本銀行の変質であり、井上総裁が選択した道であった。井上は、一九二五年に東京商科大学で行った連続講演の中で、この救済措置を、「これまでの救済の方法で行けば、機械が急に運轉が止まったから、何處に故障があるか分らぬが、油を持つて行つてぱつと打掛けるというやうなことをしたのでありますが、今度はさういふ必要は無い、此の機械が動かぬならば、何れの場所に油の切れた處があるか、斯ういうことを見て其の切れた場所に油を注ぐが本當であらう。[20]」と考えたと説明している。反動恐慌が深刻でかなりの期間続くと見た井上は、旧来の慣行を破って、新しい救済方法を実行したのであった。このような措置をとる井上を、池田が「弱い」と評価したとすると、それは、①通貨価値の維持という中央銀行の本来の役割から逸脱した、②救済措置を取るに際して公正な選択が歪められた、というふたつの観点のいずれかからの評価と考えられる。民間銀行家であり反動恐慌対策に苦労した池田が、①のような観点からの評価を下したとは思えないから、②の観点からの評価で、井上が人間関係から特定の人物への配慮をはかったという批判であろう。当時、茂木惣兵衛との関係が取りざたされ、『井上準之助傳』では井上が茂木家の顧問であったことは否定されているが、茂木家と機関銀行の七十四銀行の整理に井上が尽力したことは事実とされている[21]。高橋是清蔵相が一度は拒否した整理案を、原敬首相を動かして実現させたのであるから、井上の肩入れはかなりのものであった。ここらが、池田に、人間関係に「弱い人」と感じさせたのかもしれない。

二度目の日銀総裁（一九二七年五月〜一九二八年六月）としての井上準之助は、高橋是清蔵相の要請をうけて就任し、金融恐慌の後始末に当たった。井上総裁は、すでに制定されていた日本銀行特別融通及損失補償法に基づいて、特別融通を実行し、期限（一九二八年五月）までに総額約七・六億円を一一四行に貸し出した。特別融通の決定は、勅令の規定する特別融通審査会（会長日銀総裁、委員大蔵省銀行局長・理財局長、日銀副総裁・理事）が行うのであるから、この時の井上には、「強い人」「弱い人」との評価は当てはまらないであろう。しかし、井上は、度重なる特別融通について否定的な反省の発言をしている。一九二八年一月の東京銀行倶楽部新年宴会挨拶では、損失補償法について「日本銀行としては本來の性質からいふと遺憾此の上もありませぬが、日本の金融界の大騒ぎを鎮める爲めに、騒ぎを根本的に整理する爲めに、遺憾ながらさういふことになつて居る[22]」と述べている。また、一九二八年五月の日本銀行本支店事務協議会では、「大正九年来日本銀行の採り来つた所は其本来の立場から云ふと遺憾な事が多い、殊に大正十二年即ち震災後に変則な取扱の最も顕著なものがある、銀行資金の夥しい固定は此度の補償法を機会に大体整理を為し得たが此間に於ける日本銀行の態度は中央銀行として忍びざる所であつたので茲に態度方針の一変を要する」「今後日本銀行は成規の取引以外はやらない積りで夫れが為め仮令銀行が潰れる様なことがあつても已むを得ない、又無理に貸付を行へば自分の立場を失ふに至るのでもう整理救済はやらぬ方針である」と発言している[23]。これらの発言は、中央銀行の節度を守れなかった自分の「弱さ」への痛切な反省とも言えよう。

井上の反省発言の中にある震災後の変則的取扱についても、井上は大蔵大臣として、支払延期令、震災手形割引損失補償令の発令を行った当事者である。つまり、一九二〇年恐慌、関東大震災、そして金融恐慌に際して、日本銀行が実施した救済融資は、すべて、井上準之助のかかわるところだったのであり、それがもたらした結果に対して、井上は、深刻な反省を強いられたことになる。では、反省すべきは、どのような結果であったろうか。井上は、まずは、中央銀行としての本来のあり方から見て「遺憾」であったといっている。これは、特に、金融恐慌後、日本銀行の特別融通が固定化し、通貨現在高が高水準（一九二六年末二〇・三億円、一九二八年末二二・〇億円[24]）に留まり、市中銀行の日本銀行預金額（一九二六年五月六一八九万円、一九二八年五月五億一五六八万円[25]）も大きく、日本銀行は通貨の調整能力をほとんど喪失した状態に陥ったことへの反省であった。

しかし、井上は、自らの反省とは別に、一九二〇年代の日本経済を厳しく批判している。前に引用した一九二五年の東京商科大学講演のなかで、井上は、「外國に行つて、日本の整理の状態と比較して見ますと、日本は非常に劣ります。戰争中に斯くの如き經濟界の變動に處して損をしたといふことは、これは世界を通じての事實であります。儲けた人もあれば損をした人もある。併しながら整理に就ては、もう日本は實に外國と比べますと比較にならぬのです。

言語道斷、實に愧入る状態であります。[26]」と語っている。また、金融恐慌が一段落した一九二七年九月の東京銀行集会所における日銀総裁としての講演でも、「此處で禍根を殘してはいかぬので、根本的に此の時機に整理して、日本の此の經濟界を立直すといふことを覺悟して行かなければならぬと、私は思ふのであります。[27]」と話している。一九二〇年恐慌後も、さらに金融恐慌後も、日本経済の整理が進んでいないことを問題としているわけである。整理が進んでいない状態は、後に、金解禁方針を述べた論文では、「大戰後約十年にして尚此の餘風去らざるは、金輸出禁止を繼續し、之れによりて虚僞の財政、虚僞の事業経営、虚僞の私生活に對し一種の保護を與へて居つたことが、其の主因の一であると云はねばならぬ。[28]」と、財政・経営・消費の面で、「虚僞」つまり本来あるべき姿とは異なった状態として述べられている。一九二〇年代の日本経済の状態については、別に検討したことがあり、井上が、「虚僞」と呼んだものが、金本位制停止下の積極政策がもたらした結果であったことはほぼ明らかである。[29]

ところで、井上は、一九二〇年代を「虚僞」の経済と批判するが、それと、まえに見たような日銀の救済融資を「遺憾」とする反省とは、無関係であろうか。井上が「虚僞」と言う積極財政・放漫経営・過大消費は、政友会が主導した政策の帰結であると同時に、井上がかかわった通貨政策の産物でもある。日本銀行が、前例をみない大規模な救済融資を繰り返さなかったならば、すくなくとも「虚僞」の放漫経営は破綻して、財界整理は進み、一層深刻化したであろう不況は、「虚僞」の消費を強制的に抑制したにちがいない。井上は、公開の場では、「虚僞」の経済が出現した原因として、政府の政策の不適切さ、企業経営者の怠慢、国民の虚栄などを指摘しているが、おそらく内面では、通貨政策の及ぼした影響を「遺憾」に思っていたのではなかろうか。

吉野俊彦は、井上総裁を論じて、「恐慌救済のための資金放出にのみ終始したとするならば、井上の名前は日本の金融史の上で、それほど残らなかったかもしれない。ところがこれを是とするものも非とするものも、彼が金本位制の復活と、その擁護とのため死をもって戦ったという事実あるがゆえにこそ、彼の政策に一つの筋がとおったことを認めざるをえないのではなかろうか。[30]」と書いている。吉野は、筋がとおったというのは「金本位制度を復活することによって、財界に合理化を要請しまた国民生活に貯蓄の重要性を認識させ、日本経済全体としての国際競争力を高め、第一次大戦終了後、万年赤字をつづけて来た国際収支の改善をはかり、それを基礎にして日本経済の再建をはかることは、たんなる跡仕末的対策の連続とは異なるからである。」と説明している。しかし、この説明は、少しおかしい。救済融資を行うことと、金解禁を行うことは、ただちにひとつの「筋がとおった」政策選択と見ることはできない。救済融資は「虚僞」をもたらした一因であり、金解禁は「虚僞」を正常に引き戻す政策であるから、ベクトルが異なる。「筋がとおった」と見ることができるとすれば、それは、井上が、「虚僞」をもたらしたことを「遺憾」であると反省したうえで、その「虚僞」を否定するべく行動したと理解する場合である。

「虚僞」に加担した「弱い人」が、その深い反省の上に、「虚僞」を放逐するために断固として緊縮・金解禁を遂行する「強い人」となったとすれば、「一つの筋がとおった」話であるし、「性格がすっかり變つた」（池田）ことも理解可能になる。Off-Arenaとしての井上準之助の内面については、この程度のことが推測できそうである。

(2) 政党・枢密院・元老

政党政治の時代であるから、Off-Arenaにおいては、政党の利害対抗が重要な政策決定要因である。政友会が積極外交・積極財政を、憲政会・民政党が協調外交・緊縮財政を主張した背景にどのような利害状況が存在したかについては、未解明な部分が多い。政友会と三井、憲政会・民政党と三菱の関係から、政策の差異を説明する仮説[31]も提起されているが、あまり説得力はない[32]。たとえば、幣原喜重郎は、岩崎弥太郎の女婿で、党員にはならなかったが、憲政会・民政党の協調外交の担い手であった。しかし、一二歳年長の加藤高明は三菱出身で、かつ岩崎弥太郎の女婿であるから、同じく協調外交を掲げたかといえば、そうではない。対華二十一カ条要求を強行したのは、立憲同志会（憲政会の前身のひとつ）総裁として大隈重信内閣の外務大臣を務めた加藤高明、その人であった。階級政党の場合は別として、一般政党の政策主張を、特定の利害集団と関係付けるには、ケース・バイ・ケースの検討が必要で、概括的な一般論は成立しそうにない。政友会と憲政会・民政党の経済政策に関しては、それぞれの主導的党員の個性が強く影響していると見ることができる。政友会の高橋是清は、工業生産力伸長のための積極財政論者で、積極外交論とは異なるが大陸政策の観点から金解禁反対論を唱え、憲政会・民政党の浜口雄幸は、大蔵省出身者らしく、財政の健全化・緊縮財政を主張して、それぞれの政党の政策基調におけるコントラストを強める役割を果たした。

枢密院は、大日本帝国憲法に規定された天皇の諮詢機関で、違憲立法審査権を持つ「憲法の番人」役であったが、特に緊急勅令・条約の審査権をとおして、政府の政策に介入する力能を持っていた。第一次若槻内閣が、金融恐慌の沈静化のために台湾銀行への救済融資を緊急勅令で行おうとしたとき、それを否決して内閣総辞職をもたらしたのが枢密院であった。枢密院には、伊東巳代治、平沼騏一郎（副議長）など、政友会寄りで、幣原外相の協調外交に批判的な勢力が存在していた。枢密院の精査委員会（委員長平沼）は、緊急勅令案を否決したので、倉富勇三郎議長は、若槻首相に緊急勅令案の撤回を勧告したが、若槻首相は、強行突破を図って枢密院本会議開催を要請した。一九二七年三月一七日、昭和天皇臨席の枢密院本会議が開催され、激論のすえ、緊急勅令案は一一対一九で否決された。閣僚も拠職上、枢密顧問官となっていたが、この時は、閣僚一二名で一名（文相）が欠席だったから、政府側以外の枢密顧問官は出席者全員（欠席者四名）が反対したことになる。席上、伊東巳代治は、「独り本案に対して現内閣の措置の不当なるのみならず対支問題に対する措置は如何であるか、事毎にその宜しきを失し国威失墜を招いたことはわが国民の到底黙視する能はざるところである」「速かに罪を闕下に謝し骸骨を乞ふべきではないか」と政府を弾劾する発言をしたのである。[33] 枢密院の伊東・平沼らは、浜口内閣のロンドン海軍軍縮条約締結に際しても、批准を阻止する動きを示したが、これは失敗した。この時にも、裏では、政友会が政権交替を狙って画策していたのであるから、政党はみずから議会政治を否定するような行動パターンを取っていたわけである。

元老は、法律上の制度ではなく、天皇が後継首相指名の際に諮問を発する人物（首相・大臣等経験者）が元老と呼ばれた。大正天皇は、山県有朋（一九二二年没）・松方正義（一九二四年没）・井上馨（一九一五年没）・大山巌（一九一六年没）・桂太郎（一九一三年没）・西園寺公望（一九四〇年没）を元老としたが、松方没後は、しばらくの間、西園寺ひとりが後継首相選定に当たった[34]。西園寺は、政党政治の支持者で、第二次加藤高明内閣以後、犬養内閣までは、二大政党の党首を交互に首相に選定した[35]。この選定で西園寺が最も悩んだのは、第二次若槻内閣の後継者であった。彼は、井上財政と幣原外交を支持していたし、金再禁止見込みのドル買い投機が巨額に上っていることも知っていたから、連立内閣を主張して閣議出席を拒否する行動にでた安達謙蔵内相の辞表だけを受理して若槻に第三次内閣を組織させる道も考えた。しかし、西園寺は、政友会総裁の犬養毅を後継首相に選んだ。原田熊雄によれば、「官僚出身の一部の先輩及び軍部に一種の陰謀のあることなどを承知しておられる公爵としては、これと政友会とが合流して、側近攻撃、宮中に對する非難中傷が起ることは、今日の場合、頗る憂慮すべき結果を惹起しはしないか、といふ懸念が、相當強く公爵の頭を支配してゐたわけである[36]。」という理由であった。西園寺は、軍部のなかに天皇批判の空気があり、その後ろに極左がいるという懸念を持っていたようである[37]。西園寺は、天皇批判を回避するために、あえて民政党内閣を諦め、井上財政も幣原外交も捨てたことになる。金本位制は、後に検討するように、すでに限界点に達していたが、直接的には、西園寺のこの選択によって放棄されたと言えよう。

(3) 軍部・財界・海外勢力

西園寺に苦渋の選択をさせた軍部の圧力は、張作霖爆殺事件（一九二八年六月）を関東軍が起こしたときから強まり、ロンドン軍縮条約問題（一九三〇年四月調印、一〇月批准）で海軍内部にも急進派が台頭し、やがて、陸軍のクーデター未遂事件（一九三一年三月、三月事件）から、関東軍による柳条溝事件（一九三一年九月一八日）、朝鮮軍の独断越境進軍（九月二一日）と発展し、再度の陸軍クーデター未遂事件（一九三一年一〇月、一〇月事件）と続いた。圧力の発生源は青年将校であったが、軍上層にも同調者がいて、陸軍内部は、軍政面も軍令面も中央の統制が不能に近い状態となっていた。陸軍クーデター未遂事件には、民間右翼もかかわりを持ち、一〇月事件には、のちに井上準之助・団琢磨を暗殺した血盟団の組織者井上日召も参加していた。

財界では、前に挙げた経済団体がArenaで意思表示を行っていた。Off-Arenaでは、昭和初期には、ポスト渋沢の財界世話役として和田豊治・井上準之助・郷誠之助が活躍したと指摘される[38]。財閥では、三井で団琢磨（三井合名）・池田成彬（三井銀行）、三菱で木村久寿弥太（三菱合資）・各務謙吉（東京海上保険）・山室宗文（三菱銀行）、住友で湯川寛吉（住友合資）、安田で結城豊太郎（安田保善社）、古河で中島久万吉（古河合名）、紡績業では、武藤山治（鐘淵紡績）・宮島清次郎（日清紡績）・阿部房次郎（東洋紡績）、そのほか、山本条太郎（満鉄）、藤山雷太（東京商工会議所）、藤原銀次郎（王子製紙）、大川平三郎（樺太工業・富士製紙）、若尾璋八（東京電燈）、稲畑勝太郎（大阪商工会議所）などが、Actorとして表に裏に影響力を発揮した。金解禁をめぐるこれらの財界人の動きについては、多少のところまでは検討したことがある[39]。

海外の利害関係者としては、アメリカのJ・P・モルガン商会のパートナーで事実上の経営責任者であった、ラモント（Thomas W. Lamont, 一八七〇年生、一九四八年没）が最も大きな存在である。国際金融界の第一人者であるラモントは、関東大震災後の復興公債を引き受けた功績で、勲二等旭日重光章を受勲したが、金解禁に際しても、日本へのアドバイザー役・支援役を務めた。田中政友会内閣の三土蔵相からの電報でクレジット設定の下交渉を行った津島寿一財務官は、ラモントらから、新平価解禁のアドバイスを受けたのである[40]。井上蔵相の旧平価解禁方針にしたがって、クレジット設定のために渡米した津島財務官にたいして、ラモントらは、新平価解禁を忠告したのに実力以上の旧平価での解禁を行うことなどを理由にクレジット設定に難色を示した。しかし、最終的には、ラモントが井上を信頼してクレジットは成立したのである[41]。井上準之助の国際金融界における評価は、極めて高く、英米の金融関係者との信頼関係が、金解禁政策を可能にした側面があったわけである。

D　政策の選択

(1) 初期の政策選択

a　緊縮財政・旧平価金解禁

一九二九年七月二日に井上準之助は浜口雄幸民政党内閣の大蔵大臣に就任した。この直前の五月三〇日には、井上は、団琢磨・郷誠之助とともに三土蔵相を訪問して、金解禁について「昨今の如き財界の状態の下においては軽々にこれを實行することの出來ないことは勿論である」と発言をさせていた。[42] そこで、「さきに三土蔵相に対し金解禁非即行を言明させた井上準之助氏が新蔵相として入閣したことからいって、金解禁は早急には實現しないであらうとは財界一般の一致せる観測であった。[43]」というふうに見られた。ところが、井上蔵相は、金解禁断行の姿勢を強く示したから、世間では井上が「豹変」したと驚いた。小汀利得は、「七月二日に井上さんが大蔵大臣になった。その三、四日前に信州松本で井上さんは、『今頃金解禁することは肺病患者にマラソン競争をさせるようなものだ』と演説したことを聞いておった。ところが九日には金解禁をやると出たから、先生の所謂政治家振りに驚いてしまいました。[44]」と語っている。では、井上は、「豹変」したのであろうか。

井上準之助の発言をさかのぼると、彼は一貫して金解禁論者だったことが分かる。初めての大蔵大臣を退いて貴族院議員となっていた一九二五年二月の東京商科大学における連続講演で、井上は、「亞米利加の金輸出解禁の時代に日本が解禁しなかつたのは、政治上の理由があるから宜しいとしても、大正十一年の華盛頓會議が出來た時、殊に大正十二年の為替相場も元に恢復し、貿易も改善した時に金の輸出解禁をやらなかつたといふことは、これは非常な失策であつて、理窟が立たぬ事であると云はねばなりませぬ。[45]」と言っている。第一次大戦直後に金解禁を行わなかったのは「政治上の理由」、つまり高橋是清蔵相の政治的判断として了解するが、加藤友三郎内閣の市来乙彦蔵相が金解禁をしなかったことは失策だったと批判している。これは、一九二三年四月頃に円相場が一〇〇円＝四九ドルに回復した時が金解禁の好機であったとの判断である。市来蔵相（一九二二年六月～一九二三年八月）が、それまでの政友会的積極政策を緊縮政策に転換させた背景には、日銀総裁だった井上準之助の発言と日本経済連盟会の設立（一九二二年八月）があった[46]。井上は、一九二〇年恐慌後も国際比較の上で日本の物価が割高である状況にたいして、財政の緊縮が必要であることを強調していた[47]。消費節減・財政緊縮によって貿易収支が均衡し為替相場が回復したところで金本位制に戻るというのが井上の構想であった。ところが、市来蔵相が、貿易収支の均衡回復の時機を待つうちに、加藤首相が病死し（一九二三年八月二四日）、山本権兵衛が組閣中に関東大震災が発生して、井上準之助が蔵相に就任して震災後の処理を担当するが、為替相場は暴落して金解禁は不可能になったのである。井上の山本内閣への入閣は、震災発生直前に要請されており、大震災が起こらなければ、井上準之助蔵相の手で金解禁が実行された可能性は大きい。もっとも、これには、山本内閣退陣の原因となった虎の門事件（摂政宮狙撃事件）が起こらなかったという、もうひとつの歴史的イフが仮定されなければならないであろう。ともあれ、このとき、井上準之助は、緊縮財政・金解禁の構想を持ちながら、震災事後処理のための財政拡張・金輸出禁止継続という、逆向きの政策を実行せざるを得なかったのである。

大震災の翌年一九二四年には、円為替は三八・五ドルにまで下落し、円価維持のための金解禁が提起された。井上は、一九二六年五月の京都帝国大学における連続講演の中で、一九二四年時点の円為替維持のための金解禁論は机上の空論であると断じて、その時期の金解禁は不適当であったと判定した上で、円為替が回復して四八ドルに近づいた現在は、金解禁を行うための準備時代であると語った[48]。また、一九二六年一〇月には、東京銀行倶楽部晩餐会で、「昨年の初めに此處に參りまして金輸出解禁反對論を唱へたのであります。然るに今年の五月に京都大学に於きまして講演を致しました頃から、私は金解禁論者になつたのであります。同じテーブルで私の變説ぶりを御覽になるお積りの皮肉であらうと心得るのでありますが、私は決して變説したのではありませぬ。」と前置きしてから、「金の解禁をする其の準備が出來たならば、直ちにすべし。」と端的に結論を述べている[49]。若槻内閣・片岡蔵相が緊縮政策を進める時期の金解禁即行論である。ところが、この半年後には、金融恐慌が起こって、井上準之助は、再度、日本銀行総裁として恐慌処理の救済融資を担当するめぐり合わせになってしまう。

一九二八年五月の全国手形交換所連合会では、井上日銀総裁は、日本銀行の通貨調節力が欠ける状況を述べて、「斯かる状態の下に於きまして俄に金の輸出解禁を實行致しますことは、其の結果を考へますと懸念無きを得ないのであります。[50]」と解禁尚早論を表明した。金解禁は、日本銀行の救済融資の回収が相当程度まで進んでから実行すべしという提言である。日銀総裁を一年で退いてからは、一九二九年四月の新日本同盟例会で、政友会の積極方針を批判しながら、金融恐慌後の日本財界は、「癌腫は無くなったが、身體そのものは非常に傷んで居る」から、「金の解禁をしてしまって、それから日本の財界を整理しようといふ非常手段には日本の財界はよう堪へませぬ」と語っている。[51]そして、「今の政友会内閣といふものは金の解禁をするのには丁度反対の方向に走る政策を持つている」、「田中さんの顔は財政緊縮が出來ない顔であらう」、「爲めに金の即時解禁は現在は絶對的に出來ぬ」という判断を、井上は示した。金融恐慌から田中内閣の時期には、井上は、金解禁は尚早であるとの判断を持ち、三土蔵相と会見してクギを差す役割を、団琢磨・郷誠之助とともに務めたのである。

尚早論を主張する演説では、小汀利得が紹介した「肺病患者にマラソン競争」という譬えも、井上が実際に用いたのであろう。しかし、井上は、「豹変」したのではなかった。ここまで見てきたように、井上は、一貫した金解禁論者であったが、経済状況と政府の政策姿勢に応じて、即行論あるいは尚早論を主張したのであった。したがって、緊縮政策を標榜する浜口民政党内閣が登場すると、自らの手で金解禁を実行するべく、大蔵大臣への就任要請を承諾したのである。井上が強力に推し進めた緊縮財政と旧平価金解禁の展開過程については、すでに多くの研究が明らかにしているから、ここでの論述は省略して良かろう。[52]解禁に際して、新平価論をしりぞけて旧平価解禁を選んだ理由に関しては検討の必要があるが、この点は、後に取り上げることとする。

b　産業合理化・階級宥和

浜口・若槻内閣は、緊縮＝金解禁政策を実行するとともに、産業合理化と、労働組合法案・小作法案など社会政策にも力を入れた。産業合理化政策は、臨時産業審議会（一九三〇年一月設置）での検討を経て、臨時産業合理局の新設（一九三〇年五月）、重要産業統制法公布（一九三一年四月）と進められた。労働組合法案と小作法案は、一九三一年の第五九回帝国議会に提案され、衆議院は通過したが、貴族院で審議未了廃案となった。労働組合法案に関しては、やや詳細に検討したことがあるが[53]、産業合理化問題と小作法制定問題については、未検討であるので、ここでは、事実のみ確認するに止めたい。

これらの問題について、井上準之助がどのような意見を持っていたかは、あまり明確ではない。産業合理化に関連しての発言は、一九三〇年四月の衆議院における財政演説などに散見できる。この財政演説では、「此の時期に於て各事業に就き合理化を圖り、財界全般の整理を行ふことを最も急務とするのであります。[54]」とのべている。合理化の内容としては、不当な競争を止めて生産調整を行って製品価格の安定を図ること、事業の内部の整理などを挙げている。この時期の産業合理化は、臨時産業合理局の第一部が規格統一・工程管理・財務管理を、第二部が企業統制を担当したように、狭義の合理化とカルテル・トラスト促進というふたつの内容を含んでいたのであり、井上蔵相は、この両方の合理化が急務であると発言したのである。財政演説の翌月には、大阪倶楽部の経済更新会演説で、造船業の合同、電力業の統一を、産業合理化の具体的提案として挙げている。[55]当時、商工省の工務局長だった吉野信次は、海外の産業合理化事情を調査するための海外出張を商工大臣に許可してもらったところ、井上蔵相が、「これから政府が産業合理化の方策を実行せんとするとき、その責任者たる局長を洋行させるとはなにごとか、まかりならんと言ってきて、ぺしゃんこになった」と回想している。[56]井上蔵相は、産業合理化にかなり期待していたようである。

労働問題については、一九三〇年六月の日本貿易協会例会演説と同年一一月の関西銀行大会演説で、失業対策には論及しているが、労働組合法案についての発言は見あたらない。井上蔵相は、失業対策として、失業保険制度を設けることには反対の見解を示しながら、雇用機会を増やす土木事業などの失業救済事業のために地方公共団体の起債許可条件を緩和する方針を取り、さらに必要な場合には政府が預金部引受による公債発行で救済事業を行う覚悟であると語っている[57]。そして、昭和六年度予算では、緊縮方針の中でも、一般会計・特別会計を通じて三五五〇万円の失業救済公債が預金部引受で発行されたのである。

農村問題では、閑居時代の一九二六年五月に名古屋銀行倶楽部の晩餐会で、勧銀・興銀合併問題に関説して、「小作争議は今日日本の社會問題中解決の困難なるもので、普通の工業上の労働争議以上に遙かに困難な問題であるが、其の解決としては、世界各国の例をとりましても、日本は今後自作農といふものを殖やす、寧ろ自作農制度にするといふことが最も良くはないかと思ひます」と述べ、日本勧業銀行が農村銀行として努力することの必要性を語っている[58]。このほかには、小作問題への言及は見あたらない。

(2) C時空変化後の政策選択

a　世界恐慌

井上準之助蔵相が、金解禁日を一九三〇年一月一一日とする大蔵省令を出したのは、一九二九年一一月二一日であった。すでに、一〇月二四日、暗黒の木曜日を過ぎていたのであるから、今日から見ると、世界恐慌が始まろうとする時に、金解禁に踏み切ったのは、重大な判断ミスとなる。しかし、ニューヨーク証券市場の暴落が、来るべき世界恐慌の契機になるとは、当時は、ソ連の世界経済世界政治研究所のヴァルガ所長くらいしか予想していなかったのであり、一般には、株式バブルが弾けて、アメリカ経済は正常な状態に戻ると考えられていた。バブル期に上昇した金利が低下することは、輸出解禁後のアメリカへの投資による金流出を少なくするから、金解禁には、むしろ好条件と見なされたのである。井上蔵相も、一九二九年一二月の慶應義塾大学での講演で、米英の金利が下がって日本の金利よりも低くなったので金流出の懸念は「非常に都合好く解決して、今日は日本の金が放資の爲に巨額に海外に出て行くことはありませぬ」と述べている[59]。

しかし、アメリカの株式暴落にはじまる恐慌の影響は、一九三〇年五月の生糸価格崩落ではっきりと現れてきた。この時期に、井上蔵相は、日本貿易協会で、「斯やうな世界を通じた深刻な不景気を目の前において、之れに對して日本だけが此の不景気の影響を免れて、唯一人景気に變るやうな案がありましょうか」、「名案は容易に出ない」と述べ、緊縮政策を続けることしか日本経済の立て直しの道はないと語りかけている[60]。また、この一年後、一九三一年四月の全国無尽集会所総会での講演では、世界不況の到来について、「それが分からぬやうなぼんくらは役に立たぬものであるといふ非難もあります。併しながら知らないこと、先の見えなかつたことは人間にあり勝の事であつて、隠すこともなく申上げますと、昨年から段々世界的に不景気が來るが、去年の五月から九月まで來たやうな經濟界の急激な變化があらうとは、吾々は分らなかったのです。」と率直に述べ、不景気は急には回復しないだろうが、今後悪くなることは無く「段々好くなるのぢやないかと思います」とやや楽観的な見通しを語りながら、緊縮・整理継続の必要性を説いている[61]。そして、「人間の力といふものは、天然自然の力に反した場合は非常に力の弱いものでありま す」、「人爲的にやりますことは非常な害が殘つて利益がありませぬ」と言い、フーヴァー大統領について、「何もやらずにおいたならば亞米利加の改善も早かつたものを、今日は各種の救濟策を講じてそれが皆不成功に終つた。害だけが茲にずつと殘つて來て居る。」と批判している。

結局、井上蔵相は、世界恐慌の到来に対しては、それが自然の流れである以上、人為的な対応は有害無益であるという観点から、積極政策への政策転換を要請する声には耳を傾けずに、緊縮政策を貫いたのである。

b　満州事変とイギリス金本位制離脱

一九三一年九月一八日には、関東軍が柳条溝事件を起こして満州侵略を開始し、続いて、二一日には、イギリスが金本位制を停止した。満州事変は、それまで井上蔵相が努力してきた軍事費縮減を不可能にし、緊縮財政の維持が困難となりそうな状況をもたらした。若槻内閣は、軍事行動の拡大を阻止しようとしたが、関東軍の突出を事後的に承認した軍部を抑えることはできなかった。

イギリスの金本位制停止に際しては、井上蔵相は、イギリスと違って日本には短期外資が投資されてはいないし、貿易も均衡化に向かっているから、金の大量流出が起こるおそれはなく、ただちに金輸出を再禁止する必要はないと判断した。そして、金輸出再禁止を予想したドル買い思惑に対しては、金本位制堅持の方針を掲げて、しばらくの間は、横浜正金銀行に無制限のドル売りに応じさせた。日本銀行は、一〇月六日に日銀公定歩合を引き上げて、ドル買い側の資金調達の抑制を図った。しかし、その後もドル買いは続いたので、一〇月一四日には、井上蔵相は、土方久徴日銀総裁・深井英五日銀副総裁・児玉謙次横浜正金銀行頭取と協議して、ドル為替の売却を貿易決済に制限することとし、さらに、一一月四日からは実需であることが確認できない輸入為替取り組みも拒否することとした。これらの措置によって、金本位制の機能は制約され、実質的には為替管理に近い状態が出現した。その上に、日本銀行は、一一月五日から公定歩合をさらに引き上げて、ドル為替先物予約の解け合いを促進させようとした。井上蔵相は、断固としてドル買いと対決したのである。

一九三一年一一月一〇日には、政友会代議士会が金輸出の即時再禁止を決議するに至ったが、井上蔵相は、同日、ただちに声明書を発表して、金輸出再禁止が「一部ノ産業一部ノ人々ニ一時的ノ利益ヲ与フルニ過ギナイノデアッテ、之ガ為経済ノ基礎ハ破壊セラレ一般民衆ハ非常ナ不利益ヲ蒙ルコトトナル[62]」と金本位制の維持方針を明らかにした。ところが、この頃から、安達謙蔵内相が、連立内閣構想を唱えはじめた。金輸出再禁止を公表した政友会との連立には、井上蔵相と幣原外相が強硬に反対し、民政党内閣には大きな亀裂が生じた。ドル買いとの戦いは、横浜正金銀行が先物の解け合い申込期限を一二月一五日までとしたことで、いよいよ大詰めにさしかかってきた。安達内相は、一二月一〇日の閣議で連立内閣結成を主張したが、合意を得られないと自宅に帰って閣議への参加を拒み、単独辞表の提出も拒否した。若槻首相は、一一日の閣議で総辞職を決定し、再度、首相に指名されることを期待したが、前述したように、元老西園寺は、政友会総裁犬養毅を次期首相に推薦したのである。一二月一三日に成立した犬養内閣は、即日金輸出を再禁止し、ドル買い側は凱歌を上げることとなった。安達内相とドル買い勢力との関係が取りざたされたが、真相は不明のままである。

金輸出が禁止された後も日本銀行の金兌換は制限されながらも続けられたが、一二月一七日には、緊急勅令で日本銀行券・朝鮮銀行券・台湾銀行券の金貨兌換が停止された。井上準之助が身を賭して守ろうとした金本位制度は、ここに終焉の時を迎えたのである。

四　井上財政をどのように評価すべきか

このように展開された井上財政を評価してみよう。ここでも、先に確認した初期条件と歴史的課題に照らして、政策の合理性を評価する方法をとり、はじめに井上財政の初期の政策を検討してから、C時空変化後の政策の評価を行うこととする。

A　初期政策の合理性

(1)〈大状況場〉に規定された初期条件・課題との関連

社会主義が出現した時期の資本主義政府の政策目標は、資本主義体制の維持であるが、その政策手段として、井上財政は適切であったろうか。この時期に積極的に検討された社会政策は、階級宥和政策として、適切に機能する可能性はあった。城山三郎は、「転向した人ですけれども、共産党の当時の大物だった人に会って聞いたときに、浜口内閣がやりだしたことを見て、『共産党のやることがなくなっちゃった』と党内で話したことがあるといっておりました」と経験談を語っている。[63] しかし、井上蔵相の緊縮政策は、中長期的にはともかくとして、短期的には不況をもたらし、労働条件の低下や失業の増大を招くから、階級宥和とは逆方向の政策である。

井上準之助が、現実の社会主義・共産主義に対して持っていた評価は、かなり低い。井上は、読書家であり、特に英語文献をよく読んでいた。蔵書の中には、ウエッブ夫妻の著作も含まれていたから、イギリス労働党や労働運動についての知識も持っていたにちがいない[64]。井上は、一九二六年五月の講演で、政治的な「デモクラシー」は世界的な風潮であるが、「經濟上のデモクラティックな政策がどうして行はれるかといふことは、各國とも全く解決がついて居らぬのであります。御承知の如く、露西亞は共産黨の政策を行つて見たのですが、之れは全然失敗で行はれなかつたのであります。即ち經濟上の今までの諸制度を破壊して共産主義を採つて行かうといふ考へであつたのでありますが、之は試みて見て成功しなかった。併しながら、歐洲戰争以來現にさういふ思想といふものが非常に廣く行はれて居るのは事實であります。」と述べている[65]。また、世界恐慌のなかで、労働党政権下のオーストラリアが、いかに深い経済的困難に陥ったかについても、しばしば論及している[66]。現実のソ連共産主義や英・豪労働党の社会主義は失敗したという評価になっているのであるが、「さういふ思想」の高まりは認識している。井上の秘書役で蔵書の整理をした清水浩は、P・アインチッヒの著作に、井上が、「經濟の不安は革命」と鉛筆で書き込んでいたことを紹介している[67]。井上準之助は、社会主義との対抗を明確に意識していたと見て良かろう。「革命の危機」が切迫しているとは感じていなかったであろうが、昭和恐慌が深化するなかで、緊縮財政を貫きながらも、失業救済事業への支出は承認するだけの「危機」意識は持っていたのである。

(2)〈中状況場〉に規定された初期条件・課題との関連

井上財政期は、資本主義の発展段階としては二〇世紀資本主義の時代であると考えると、そこでの課題は、階級宥和と資本蓄積維持となる。階級宥和政策については、前にふれたように、労働組合法案・小作法案の提出、失業対策事業が行われた。このほか、一九三一年四月には労働者災害扶助法が公布された。これらの政策は、緊縮政策がもたらす不況の中で階級対立が激化する事態にたいしては、政策手段としての適合性は認められるし、歴代内閣の中でも、浜口・若槻内閣は、最も、階級宥和政策に力を入れた内閣と言うことができる。しかしながら、労働組合法にせよ小作法にせよ、結局は実現しなかったし、浜口内閣が提案した労働組合法案は、規制的色彩が強く、労働者側も強く反対したから[68]、階級宥和という点での有効性は小さかったと評価せざるを得ない。

資本蓄積維持という課題に対しては、利潤保証政策と生産力保証政策が政策手段として選択されるべき局面であった。一九二〇年代の日本資本主義は、金本位制の停止下で、政友会主導の積極政策や救済政策を展開した結果として、不良債権・債務関係の堆積、物価の国際的割高、輸入の高水準などの問題点を抱え込んでいた。つまり、二〇世紀資本主義的な政策が採られた結果として、そのマイナス効果が発生していたのである。マイナス効果は、〈小状況場〉においては、ミクロの危機＝利潤率の低下と、マクロの危機＝経常収支の赤字として現れた。ふたつの危機は、日本企業の国際競争力劣化を大きな要因として発生していたから、政策手段としては、まず第一に、国際競争力を回復させる生産力保証政策の採用が必要であった。そこで、生産力保証政策として、金解禁が選択される。

井上準之助が、一貫して金解禁論者であったことは前に確認したが、このことは、ただちに、井上が、単なる金本位制の古典的信奉者であったことを示すものではない。長幸男の魅力的な井上金解禁論分析いらい、井上を、古典的金本位論者と見る見方が定着している。長は、「金本位制が不可欠でもなく、金科玉条でもな」いと言う深井英五と対比させながら、井上を、「極めて素朴な常識的な金本位の所謂自動調節作用を採用する理論」の信奉者であり、「死を賭した断乎たる金解禁へのこの確信——ドグマティックな信念」の持ち主と描き出した[69]。もちろん、長も、古典的金本位論者井上が、一九世紀的な金本位制への復帰を企てたわけではなく、「その素朴な論理に託された資本の複雑な利害[70]」を代表して金解禁を実行したと見ている。長は、「金融資本の経済的支配を更に整えようというのがデフレ政策——金本位制であり、対外均衡の回復を転回軸として資本主義的発展を待望する井上の古典主義はこの金融資本の運動原理を全国民のものであるとして宣言したことにほかならなかった」と判定して、「日本金融資本も、大戦以来の資本蓄積を足場として、国際資本戦の戦士として自らの筋骨を鍛えなければならぬ。日本経済に課せられたハード・トレイニングが緊縮財政であり、金解禁であった。」と書いている[71]。つまり、長の評価は、井上準之助は「日本金融資本」の「自動調節作用にたいする信念――幻想的ドグマ」の持ち主であったが、井上の果たした役割は「日本金融資本」の利害代表であったということになる。

長の井上準之助分析は、歴史における個人の信念が果たす役割如何という問題を提起していて興味深いが、いささか井上準之助の思考と行動を単純化しすぎているように思われる。まず、井上準之助は、通貨価値の安定を至上命題とする価値意識から金本位制を支持したのではない。すでに見たように、一九二〇年恐慌時の日本銀行総裁、大震災時の大蔵大臣、金融恐慌時の日本銀行総裁として、井上準之助は、救済融資を積極的に推進したのであるから、通貨価値の安定を至上の原理として行動したとは言えない。加藤俊彦は、若い時代の論考で、日本銀行総裁時代の井上について、「この時期の井上準之助には、後年の金解禁を断行し、金本位の維持に、それこそ全力をあげた彼の面目をみることはできない。否、むしろ、ある点では必要以上に放漫であつたとすら感じられる。」と書いている[72]。

つぎに、この救済融資への反省の上に、あらためて通貨価値の安定を金本位制に期待したのかというと、そうでもない。一九二六年一〇月の東京銀行倶楽部での講演では、財界整理の必要を説きながら、「人間といふものは非常に弱いものでありまして、正月が來なければ大晦日に簞笥の抽出の掃除も出來ぬのであります。金の解禁をする、即ち相當財界に影響を与へるやうなことも此處にしなければならぬと云つて年限が決まつたならば、此の財界の整理といふことも必ず相當迅速に運ぶであらう、又運ばせなければならぬのであります[73]。」と語っている。ここで井上は、財界整理という目的を達成するために、金解禁という手段が有効であると言っている。大晦日の掃除になぞらえて軽い調子で語ってはいるが、金解禁を、目的としてではなく手段として位置づける発想は、井上の本音なのではなかろうか。つまり、一九二〇年代の不良債権・債務の累積や経常収支の不均衡など「不自然な經濟界」の「立直し」のための手段として金解禁が必要とされたのである。吉田賢一の言葉を借りれば、「金解禁とは、いわば己のまいた種を己で刈取るとも言える政策」[74]であった。

もし、単なる金本位制の古典的信奉者であれば、旧平価解禁であろうと新平価解禁であろうと、金本位制に復帰しさえすれば良いわけで、旧平価にさほどこだわることはないはずである。ところが、井上準之助は、旧平価解禁にこだわった。これには、井上が銀行家出身で貸借関係の実質的変動を嫌ったとか、フランスなど新平価採用国の場合ほど円価格は下落していなかったとか、貨幣法改正を要する新平価解禁は少数与党の民政党内閣にとって困難であったなどの理由も考えられる。しかし、最大の理由は、井上準之助にとって、旧平価解禁こそが、手段としての合理性が高かったからなのである。「己のまいた種を己で刈取る」には、旧平価解禁でなければならなかったのである。井上自らの説明を聞いてみよう。

「金の解禁は單に爲替相場の安定のみが全目的ではない。之れによつて國民一般の緊縮氣分を喚起し、公私經濟の面目を一新し、産業の經營を合理化し、經濟の根本立直しを行はんとする理想を其の中に包藏して居るのであって、此の目的達成の爲めには、從來の平價への合理的復帰を目標として進むの外ないのである。[75]」

つまり、井上準之助は、「幻想的ドグマ」の信奉者などではなく、金本位制を手段として日本経済の立て直しを図ろうとした現実的政策家だったのである。[76]そして、その政策構想は、日本経済に「ハード・トレイニング」を課すことによって、「国際資本戦の戦士として筋骨を鍛え」、国際競争力を回復しようとするものであった。金解禁は、一九二〇年代の二〇世紀資本主義的政策展開のマイナス効果を払拭するための生産力保証政策としては、まさに合理的な政策選択と評価できるのである。二〇世紀資本主義がまいた種を、二〇世紀資本主義が己で刈取る構図と言うことができよう。

また、井手英策の研究によって、一九三〇年二月に設けられた日本銀行制度改善に関する大蔵省及び日本銀行共同調査会で、日本銀行券の発行制度に関して保証発行限度額の拡大（一億二〇〇〇万円から五億円へ）などが検討されたことが明らかになった。[77]井上蔵相が金解禁後の政策展開の自由度を増すために制度改革を意図したものと考えてよかろう。井上が金本位制の規制力を弱める改革を意図した事実は、井上財政を現代資本主義的政策に位置づけようという仮説には整合的である。

（3）〈小状況場〉に規定された初期条件・課題との関連

①ミクロの危機への対応

企業利潤率が傾向的に低下を続けるというミクロの危機に対して、井上財政は適合的であったであろうか。緊縮財政と旧平価金解禁は、デフレーション＝不況状態をもたらすから、短期的には企業利潤率はさらに低下するであろう。しかし、不況は、賃金コストの引下げを可能にするし、スパルタ式の「ハード・トレイニング」が企業の合理化を促進すれば、コスト削減による企業利潤率の回復は展望できる。また、デフレは、不良企業を淘汰し、企業集中を促進するし、重要産業統制法がカルテルを保護すると、独占的大企業の製品価格維持力は強化されて、利潤率は回復する可能性がある。

井上は、一九三一年四月の講演で、「日本に於て大小の企業を問はず、生産費が昨年の五月から今日までにずつと非常に下りました。原料を除いて――外国からの原料の下ることは勿論でありまするが、原料を除いて非常に生産費が下つたのであります。（中略）恐らくは今日では少なくとも二割五分、多いものは三割から三割五分位の生産費が下つて居ります。（中略）勞働賃銀を下げることも、勞働者を解雇することも、其の他非常な苦勞をして所謂冗費を省くことが、到底平時の場合では出來なかつたのが、左様にできたのであります。[78]」と語っている。井上が言うほど生産費削減効果が上がったかどうかは分からないが、輸入原料価格の低下を除いても、生産費削減が進んだことは間違いあるまい。また、不況下に、カルテル活動が活発になったことも事実である。井上財政は、ミクロ危機対応策として、短期的には不適合でも中期的には適切であると評価できる。

②マクロの危機への対応

国際収支の赤字累積というマクロの危機への対応策としてはどうであろうか。緊縮財政によるデフレ＝不況は、内需を抑制して輸入を縮減させるし、輸出ドライブを強めるから、経常収支が均衡化する方向に向かうことは期待できる。旧平価金輸出解禁は、為替を安定させる限りでは貿易を促進するが、円為替を上昇させたから、輸入品円価格安・輸出品外貨価格高となって、当面は輸出抑制・輸入増進のマイナス効果が発生せざるを得ない。経常収支均衡化という目標に対して、緊縮政策は合理的であるが、旧平価解禁は不適切という評価になる。ただ、井上は、「ハード・トレイニング」による合理化を狙ったのであるから、その限りでは、新平価より旧平価による金解禁の方が「ハード」であり期待効果は大きくて、適合的であるとは言えよう。

井上準之助は、日本の貿易収支が均衡化することについて、決して楽観的ではない。一九二六年時点の発言ではあるが、井上は、日本の貿易の将来について、輸出面では、生糸は人造絹糸の登場で急増は困難、綿も在華紡の発展で伸び悩み、機械類は現在期待できない、輸入面では、綿花・食料は減らせず、機械類は殖えることはあっても減りはしないであろうから、「輸出を殖やすことも輸入を減らすことも、共に餘程困難であります」との見通しを述べ、海運振興による貿易外受け取りの増加をはかって経常収支を均衡化させるしか方法はないと語っている。[79] 日本の貿易が輸入超過になるのは避けられないとの判断には、一九二〇年代特に前半期の現実が強く反映されており、一九三〇年代特に金輸出再禁止以後の実態からすると、誤った判断ということもできるが、一九二九年に蔵相に就任した時点では、井上は、貿易収支の均衡化が、極めて強硬な方法を用いなければ実現し得ない難問と考えていたにちがいない。一九三〇年五月には、輸出補償法を制定して、輸出手形決済不能の際の政府補償制度を新設するなどの輸出奨励策は取ったが、輸入関税引き上げなどによる輸入制限策は採用せず、貿易収支均衡化の基本線は、厳しい緊縮政策の継続に求められたのである。

一九二〇年代後半から、ふたたび重化学工業化が進みはじめ、国産品による輸入代替や、重化学工業製品の輸出が期待される時代に入りつつあったことを考えると、井上準之助の緊縮政策・旧平価解禁は、国内市場を収縮させ、輸入品の円建て価格を引き下げるから、重化学工業化のトレンドからすると不適合である[80]。重工業の中では、井上は、海運振興に関連させて造船業の発展に期待をかけている。そして、造船業に対しては、集中的に保護することが良策であるとして、一九二六年頃には、イタリーのスクラップ・アンド・ビルド方式を紹介しながら古船の輸入関税を高めて新船建造を促す政策を提案している[81]。この造船業保護提案は、浜口内閣の蔵相時代には、造船資金貸付補給制度の新設というかたちで実施されている[82]。造船業やそれと関連する造船用鋼板の保護政策には賛成であった井上も、重工業の一般的保護政策は効果がないと考えていた。井上は、為替相場の低い状態が「保護關税を設けたと同様の影響を或種の工業に與へつつあつたものですから、解禁により爲替相場が恢復すれば此の保護を失ふこととなります」と述べながら、それに対する補償措置などを講じるとは一言も言わずに「生産費の低減によつて、失ふ所を償ふだけの用意と覺悟とが大切」と説教している[83]。重化学工業は、造船業などを除くと、裸のままで国際競争に曝されたのである。

井上財政は、マクロの危機に対して、短期的には、緊縮政策による不況下の縮小均衡をもたらすという効果を持つ可能性は高かった。しかし、中長期的に、経済成長のなかで拡大均衡を実現させることに成功するかどうかは疑問なところがある。産業合理化を進めるとしても、大量生産によるコスト低減を基本とする重化学工業部門の競争力強化には、やはり、ある程度の国内市場が必要である。緊縮政策で縮小した国内市場が、旧平価解禁による円高為替相場を梃子として輸入品に蚕食されることは、一九二〇年代後半からふたたび進行しはじめた重化学工業化にとっては、極めて不利な状況である。「ハード・トレイニング」による日本的合理化が、賃金コスト削減に力点を置いて進められると、労働集約的産業部門の競争力は強化される。比較優位原理が働けば、軽工業中心型の産業構造が選ばれることになるが、井上も予想したように、人絹工業や中国紡績業が発展する時代に、軽工業中心型構造によって貿易収支の均衡化がもたらされる保証はない。井上財政は、国際競争力を強化する生産力保証政策ではあっても、はたして、中長期的なマクロ危機克服策として合理的であるか否かは、判定することが難しいのである。現実には、井上が緊縮財政・金解禁政策を開始するのとほぼ同時に、国際環境の大きな変化が発生したから、この判定は、結局、不可能になったのである。

B　C時空変化後の政策対応の合理性

（1）世界恐慌とイギリスの金本位制離脱への対応

井上財政が、それ独自の不況を発生させたところに、世界恐慌が起こって、国際環境は大きく変わった。このC時空変化に対して、井上準之助は、失業対策事業への財政支出を行ったものの、基本的には、緊縮政策を継続して金本位制を維持する政策、つまり、政策を転換しない道を選択した。一九三一年九月にイギリスが金本位制を離脱してからも、なお、井上は、政策転換を行わなかった。

中村隆英は、「井上の政策は不況を激化させ、その故に政治的な反対勢力はますます強くなった。そのような状況においては経済政策は単なる経済政策である以上に、内閣や政党の運命をかける争点に転化していく。経済理論的に考える限り経済政策は外側の条件が変わればそれに応じて変化すべきものであり、政策の基本を変えないにしてもその強さを加減したりするべきはずのものである。ところが政治的なイッシューに転化してしまった経済政策はもはやそれなりに硬直したものになってしまい、臨機応変の政策をとることが理論的には望ましいにしても、政治的には敗北を意味するという矛盾におちいってしまうのである。」と書いている[84]。

たしかに、井上準之助は、政治的な立場から、政策転換を行わなかったのかもしれない。ただ、井上が、「臨機応変の政策をとることが理論的には望ましい」と考えていたかどうかは判然としていない。大蔵大臣在職中も、また、民政党所属の貴族院議員としても、井上は、みずからの緊縮政策と金解禁堅持方針の正しさを訴え続けていた。すでに多くの人々が、金本位制を維持することは困難であると判断していたなかで、あえてそれが可能であると判断する根拠として、井上は、日本の場合は大量の金流出が起こる可能性は無いことを挙げている。緊縮政策の下では通貨の膨張はあり得ず、経常収支は均衡しており、短期の外資も存在していないから、金流出はあり得ないという判断である[85]。これは、当面の短期的状況判断としては正しさを含んでいるが、中長期的な状況判断と合わせてみなければ、金本位制維持が可能であるという判断にはならない。

当時は、イギリスの金本位制離脱は一時的措置であって、いずれは再び金本位制に復帰するとの見方も有力であったから[86]、事後的な経過を知る立場から、国際金本位制の終焉を見通して日本もただちに金輸出を再禁止すべきだったとの批判を井上に浴びせるのは無理である。しかし、金輸出禁止の結果、ポンド価値は下落し、一円＝二シリング強の金平価から、一九三一年中に一円＝三シリング強のところまで、三〇％以上も円高となったのであるから、これが日本の貿易収支に悪影響を及ぼすことは明白であった[87]。また、イギリス金本位制離脱の三日前にはじまった満州事変は、それまでも続いていた中国の日貨排斥の運動を一層激化させることは明らかであった。そして、一九三〇年六月のアメリカのホーレイ・スムート関税法に始まるブロック経済化の動きも高まりつつあり、一九三一年には、すでに「関税戦争」という言葉も使われる状況[88]になっていたから、日本の経常収支が均衡を続けられるという保証はなかった。このような問題点は、井上も認識しており、一九三一年一〇月一〇日の財界有力者たちとの懇談会の席上、金本位制堅持方針を説明する中で、「對支貿易は満洲問題からボイコットもあるが、これに就ては極力貿易の減少を阻止し、印度、亞弗利加等は磅下落のため故障を來してゐるが、之れについても貿易上、為替上、金融上に十分援助する考である。尚この外磅價下落から輸入が増加するのではないかと考へられるから、政府は極力これが調査研究を爲す筈である[89]。」と述べているが、具体的な対応策は提示していない。

また、短期の外資は存在しなかったから資金の引き上げは起こらないにしても、ドル買いの盛行が示すような、いわば国内発の資金流出はすでに発生していたのである。一九三一年の対ドル買い戦争には勝利したとしても、さらなるドル買いを抑制し続けて金流出を回避できるという保証もなかった。ドル買いに対抗する措置として、実需向け以外のドル為替取引を拒絶するという一種の為替管理を開始していたが、この結果、先物取引では、年内物が四九ドルを割り込む水準に下落し、翌年物はさらに円安になるという、金本位制下では起こり得ない異常な事態が生じていた[90]。為替取引の規制を解除することが困難であるとすれば、金本位制の維持は不可能ということになろう。また、ドル買いに対抗して採用した金融引き締めにしても、いつまでも続けることは不況を悪化させるから不可能であり、金融を緩和すれば、ドル買いの再発を招きかねないことになる。イギリスに続いて、九月中にスウェーデン・ノルウエー・デンマーク、一〇月にカナダ・フィンランドが金本位制を停止し、ドイツはすでに七月から為替管理を開始しているというように、国際金本位制の動揺が続く限りは、円が投機対象になることは避けがたかったと思われる。

このような中長期的な状況判断に立つと、イギリスの金本位制離脱によって、日本の金本位制の維持は、極めて困難になっていたと判断すべきであろう。このような判断ができない井上ではなかろうと考えると、あえて短期的な状況判断に基づいて金本位制の維持が可能であると井上が主張したのは、中村隆英のいう「政治的」立場からであったのかもしれない。この「政治的」立場は、民政党員としての井上が、若槻民政党内閣を存続させることに価値を認めたということかもしれないし、政策主張を曲げないことによって政治家としての自己の名声や地位を守ろうとしたということかもしれない。井上の「政治的」立場は、満州事変への態度を検討する中で、もう少し明らかになりそうである。

(2) 満州事変への対応

一九三一年九月一八日の柳条溝事件は、関東軍の独走であったが、中国東北部侵略への陸軍内の動きは、すでに張作霖爆殺事件(一九二八年)以来、密かに着実に進行しており、陸軍中央や外務省も関東軍の謀略を事前に察知し、それを止める努力も払ったが失敗したのであった。若槻内閣は、不拡大方針を取ったが、戦費支出は承認し、国際連盟議長の中日両軍の撤退勧告に対して公表した声明(九月二四日)では、満州での軍事行動を、正当な権利利益擁護のための措置と弁明し、国際連盟理事会の日本への撤兵勧告決議に対する声明（一〇月二六日）では、撤兵は事態を悪化させるとして無条件の撤退を拒否した。

幣原外交にとって満州事変は致命的な打撃となったが、それは同時に、井上財政にも大きなマイナスの影響を与えた。幣原外交がロンドン海軍軍縮条約を締結して国際協調路線を進んだことは、軍事費縮減を含む緊縮財政を可能にする大きな前提となっていた。幣原外相は、対外的には満州事変の正当性を主張しながら、対内面ではそれが満州独立にまで進むのを抑えようと努めた。満州全面占領から満州建国まで事態が進行した場合の財政負担は、井上財政を否定し去るに違いなかった。満州侵略を抑制できるか否かが、井上財政の存否を決めることになる。

満州事変にたいする国内の反応は、無産政党や石橋湛山らを除くと圧倒的に軍事行動を支持するもので、経済団体は、相次いで、日中懸案・満蒙問題の根本的解決を決議した。たとえば、日本商工会議所は、九月二八日に中国権益擁護・排日運動絶滅を主張する声明を発表した。ところで、一方で、日本商工会議所常議員会は、一一月一一日に、金本位制擁護声明を発表した。満州事変を支持すると同時に金本位制も擁護するという構図になるが、このふたつの声明に含まれる自己矛盾・自家撞着は、そのまま、末期の若槻内閣が抱える問題点であった。

満州侵略を強行する軍部を抑える手段として、安達謙蔵内相が政友会との連立内閣構想を提唱した。井上蔵相は、幣原外相とともに、これに強く反対したが、その時の様子を、内大臣秘書官長の木戸幸一が、次のように日記に記録している。[91]

「（一一月一七日）井上蔵相の今日の政情に対する意見は、昨今唱へらるゝ所謂挙国一致内閣或は政民聯立内閣は何れも軍部を掣肘し統制せむとする強力なるものには非ずして、寧ろ軍部に媚むとするものなれば、国家の前途を思ふては到底賛することを得ず、此上軍部をして国際関係を無視して其の計画を進むるが如きことあるに於ては国家は滅亡に瀕すべし、現政府は微力なりと雖も兎も角も今日あらゆる手段により軍部の活動を制御しつつある次第なり、従て軍部には誠に不評判なるも止むを得ざるところにして、此以上の強力なる内閣の実現は目下の処想像し得ざるなり、而かも若し軍部の統制を遂行し得るが如き強力なる内閣の成立を見るを得ば、此際特に好ましきことにて、之を支持するにやぶさかなるものにあらず、と概要其意見を吐露せらる。」

井上は、軍部の独走は国家を滅亡させかねないという危機感を持ちながら、軍部の抑制に努力していたことがうかがえる。井上が、軍部や軍事政策にたいしてどのような評価を持っていたのかを伝える資料は極めて乏しい。一九三五年刊行の伝記には、軍部批判など書かれるはずはないし、井上の公的発言のなかにもそれが現れることはほとんどあり得ない。この木戸日記以外には、一万田尚登の回想に、「井上さんが口癖のように軍が政治を左右するようになれば国が亡ぶと憂慮せられていたことは、いまなお、記憶に新しい」というくだりがある。一万田は、井上が金本位制維持を主張したのは、「軍を押えて戦争に赴くことを回避するためには、たとえ金の流出減少を來すとも金本位制を固く守り、軍費の無限の増大を防がねばならぬとの堅い信念に基づくものでなかったかと思う」と推測している。(92)

たしかに、緊縮政策の中で、井上は、軍事費の削減にもかなりの精力を注いできた。昭和四年度実行予算では、政友会の当初予算より総額九一六五万円を減額したが、そのうち陸軍省分が一三四三万円、海軍省分が八〇〇万円で、軍部予算減額は総減額の二三・四%であり、昭和六年度予算でも、前年度実行予算比減額一億二一七三万円中、陸海軍両省減額は七四二三万円で減額分の六一%、昭和七年度予算では、削減総額七五五六万円中、軍部予算減額は三七七一万円で約五〇%を占めている。特に、海軍関係では、ロンドン軍縮条約の結果、すでに決定されていた昭和六年度から六年間の留保財源五億八一〇〇万円のうち約四億円が削減可能になっていた。ところが、軍縮条約を不満とする海軍は、条約内艦艇建造と航空兵力増強を中心とする海軍補充計画を新たに立案して、総額五億二六二七万円の財源を要求した。厳しい折衝のすえ、井上蔵相は、補充計画を総額三億九四一三万円にまで削減し、一億三四〇〇万円を軍縮にともなう余剰財源として、それを減税に回すことに成功した。(93)

軍部との折衝で示された井上蔵相の厳しい姿勢には、緊縮政策を貫こうとする意思の強さとともに、軍事予算の規制を通して軍部を抑えようとする意向も感じられる。あるいは、満州事変以降の緊縮・金解禁政策の継続は、軍部抑制という「政治的」立場に起因するのかもしれない。しかし、独走しはじめた軍部を、対外的には弁護しながら、内部的に財政面から規制することは、ほとんど不可能であろう。すでに、奉天特務機関長土肥原賢二大佐は、一九三一年一一月八日には、満州国の頭首に予定した清朝最後の皇帝溥儀を、謀略によって、天津から満州に連れ出していた。緊縮政策は、遠からず、持続困難に陥るに違いなかった。

五　むすび

若槻内閣が倒れてから、井上準之助は、民政党の筆頭総務として政界活動を開始した。そして、総選挙の応援活動の最中、一九三二年二月九日夜に、血盟団員小沼正に射殺された。一〇月事件失敗後、海軍将校らと共謀して新たなクーデターを計画した血盟団組織者井上日召は、海軍将校らの行動に先立って、民間人による政財界巨頭や天皇側近の暗殺、「一人一殺」を計画し、小沼に拳銃を渡して井上狙撃を指示したのである。井上暗殺は、団琢磨暗殺、犬養毅暗殺（五・一五事件）、そして高橋是清暗殺（二・二六事件）と続く日本のファシズム形成史の開始を告げるものとなった。

血盟団や軍部青年将校らの行動を触発した原因は多様であるが、そのひとつが、昭和恐慌による都市中下層や農民層にたいする経済的打撃であることは間違いない。また、ドル買い事件がドル買い側の勝利に終わり、庶民の困窮をしり目に財閥などが巨利を得たと言われ、社会的反発が高まったことも、原因のひとつであった。このことから、もしも、世界恐慌以前の時期の経済政策が、井上財政とは異なっていたならば、歴史は、別の方向に展開したかもしれないという仮説がたてられる。長幸男は、高橋是清の軍事費抑制の努力は、「ファシズムを圧服して議会制民主主義を回生せしめるには、あまりにも遅すぎたのである。金解禁前の大正末期から昭和初期においてこそ、あるいはその可能性が賭けらるべき時であったろう。」と書いている。[94]「新平価と積極財政による経済の安定と産業構造改革の可能性は少なくとも金解禁以前の時期」[95]にあったと見るのである。興味深い仮説であるが、はたして、旧平価にかわる新平価解禁、緊縮政策にかわる積極政策が実行されたとして、世界恐慌の影響をどれほど軽減し得たかは疑問である。世界恐慌が、生糸価格＝繭価格の暴落を通して農村に与えた影響は、新平価では救いがたいものである。仮に影響が軽かったとしても、軍部の謀略として進みつつあった満州侵略は発生していたであろう。満州国樹立＝中国東北部の植民地化までを前提とすると、一五年戦争へと向かった歴史が変わり得た分岐点は、高橋財政期に求めるべきと思われる[96]。戦争への道を決定的にしたのは、二・二六事件であった。井上財政が、別のかたちの財政であったら二・二六事件も発生しなかったと立論できれば、長幸男仮説も支持できるが、この立論にはかなりな無理がありそうである。つまり、井上財政が、一五年戦争への道を必然なものとしたとは断定できないであろう。しかし、ここにも、歴史における必然と偶然の問題を考える好素材があることは確かである。

井上財政が、出発時の初期条件下では、二〇世紀資本主義的政策としても、〈小状況場〉の課題に対しても合理性を持っていたが、C時空変化が発生して以後の時期には、その合理性を失ったという評価を提起したところで本章を終わりたい。

（1）「第一次大戦後の経済構造と金解禁政策」（安藤良雄編『日本経済政策史論』上巻、東京大学出版会、一九七三年、『戦間期日本の経済政策史的研究』東京大学出版会、二〇〇三年、第六章）や「金解禁政策決定過程における利害意識」（一九七四年、『青山経済論集』第二六巻第一・二・三合併号、『戦間期日本の経済政策史的研究』二〇〇三年、東京大学出版会、第七章）で金解禁政策の分析を試みた時は、それを二〇世紀資本主義の政策とは位置づけていなかったが、二〇世紀資本主義（当時の用語は国家独占資本主義）の特質を、「生産力保証政策」という概念を導入して体系的に把握するようになってからは、井上財政を、新しい二〇世紀資本主義の政策と捉える考え方を採用した。この考え方を明確に公表したのは、一九八〇年の社会経済史学会大会報告である（「経済政策体系」社会経済史学会編『一九三〇年代の日本経済――その史的分析』一九八二年、東京大学出版会。『戦間期日本の経済政策史的研究』第一章

「現代資本主義への接近」)。
(2) 前掲『戦間期日本の経済政策史的研究』第一章「現代資本主義への接近」・第二章「日本現代資本主義(戦前期)の研究史」参照。
(3) 筆者は、『概説日本経済史　近現代』第二版(二〇〇二年、東京大学出版会)から、それまでの現代資本主義あるいは国家独占資本主義に替えて、二〇世紀資本主義という用語を用いている。
(4) 日本銀行統計局『明治以降本邦主要経済統計』一九六六年、三三五頁。一九二〇年上期の使用総資本利益率は、二五・七%であった。第一次大戦直後の不況時、一九一四年下期でも、この数値は、七・四%であった。
(5) 日立製作所『日立製作所史』第一巻、一九六〇年、六頁。
(6) 橋本寿朗『大恐慌期の日本資本主義』一九八四年、東京大学出版会、二三九頁。
(7) 前掲『戦間期日本の経済政策史的研究』一六二―一六四頁。
(8) 大蔵省財政史室編『昭和財政史――終戦から講和まで』第一三巻「国際金融・貿易」、一九六三年、東洋経済新報社、六三頁。
(9) 津島寿一は、「私が七月に持って帰ってきた意見は、政友会内閣が継続しておるものと予想して、円為替相場を若干切り下げるというのでした。」と語っている。安藤良雄編著『昭和経済史への証言』上巻(一九六五年、毎日新聞社)、六二頁。
(10) 『井上準之助論叢』第一巻～第四巻(一九三五年)は、井上準之助の著作・論文・講演などを収録している。『清渓おち穂』(一九三八年)は、井上準之助の秘書役的人物であった清水浩が、『論叢』四巻を編集した後に、ヒアリングなどによって収集した井上準之助の人物像を、エピソード風にまとめた書物である。『井上準之助傳』(一九三五年)は、大蔵官僚として井上準之助の素顔を知る青木得三が執筆した伝記であり、この六冊は、いずれも井上準之助論叢編纂会によって刊行されている。
(11) 柳澤健『財界回顧』一九四九年、世界の日本社。柳澤健『故人今人』一九四九年、世界の日本社。津島寿一『芳塘随想』第九集、一九六二年、芳塘刊行会。深井英五『回顧七十年』一九四一年、岩波書店。青木一男『聖山随想』一九五九年、日本経済新聞社。このほか、前掲『昭和経済史への証言』上巻には、津島寿一・青木得三・青木一男・石橋湛山・高橋亀吉・大内兵衛のヒアリングが収録されている。
(12) 一九六七年、日本経済新聞社。のちに『昭和恐慌と経済政策』と改題されて、講談社から一九九四年に再刊された。中村は、この本の最後に、金解禁関係の政府・日本銀行資料の公開が望ましいと書いているが、その後、日本銀行調査局編『日本金融史資料　昭和編』の第二〇巻～第二三巻(一九六八～一九六九年)に、金輸出解禁・再禁止関係資料が収録公開された。
(13) 井上準之助あるいは井上財政に関する論考を含む刊行書としては次のようなものが挙げられる。島恭彦『大蔵大臣』一九四八年、岩波書店。吉野俊彦『歴代日本銀行総裁論――日本金融政策史の研究』一九五七年、ダイヤモンド社。有竹修二『昭和大蔵省外史』上巻、一九六七年、昭和大蔵省外史刊行会。長幸男『日本経済思想史研究――ブルジョア・デモクラシーの発展と財政金融政策』一九六三年、未來社。長幸男『昭和恐慌――日本ファシズム前夜』一九七三年、岩波書店。田中生夫『戦前戦後日本銀行金融政策史』一九八〇年、有斐閣。NHK〝ドキュメント昭和〟取材班編『ドキュメント昭和六　潰え去ったシナリオ――ウォール街からの衝撃』一九八六年、角川書店。山本義彦『戦間期日本資本主義と経済政策――金解禁問題をめぐる国家と経済』一九八九年、柏書房。松浦正孝『財界の政治経済史――井上準之助・郷誠之助・池田成彬の時代』二〇〇二年、東京大学出版会。井手英策『高橋財政の研究――昭和恐慌からの脱出と財政再建への苦闘』二〇〇六年、有斐閣。鎮目雅人『世界恐慌と経済政策――「開放小国」日本の経験と現代』二〇〇九年、日本経済新聞出版社。

井上準之助に関する論文は、下記のものがある。加藤俊彦「井上準之助についての覚書」一九五七年『金融経済』四三号。宮本憲一「昭和恐慌と財政政策――井上財政と高橋財政」『講座・日本資本主義発達史論』第三巻、一九六八年、日本評論社。桜谷勝美「日本資本主義と金解禁政策」一九七六年『現代と思想』二四号。同「井上準之助の金解禁論」一九七八年『三重大学教育学部研究紀要』第二九巻三号。森七郎「日本における金解禁の特殊性」一九七七年『金融経済』一六五・一六六号。河原宏「井上準之助」『現代の眼』一九八〇年八月号。吉田賢一「金解禁の歴史的意義――井上準之助の緊縮財政政策」一九八八年『経済学研究』北海道大学、第三八巻三号。川畑寿「昭和恐慌と井上準之助」一九九七年『亜細亜大学経済学紀要』第二一巻一号。小林道彦「高橋是清『東亜経済力樹立ニ関スル意見』と井上準之助」二〇〇一年『北九州市立大学法政論集』第二九巻一・二号。同「井上準之助と軍制改革問題」二〇〇七年『北九州市立大学法政論集』第三四巻三・四号。松元崇「明治憲法下の財政制度（一四）井上準之助と金解禁不況」二〇〇六年『ファイナンス』第四二巻三号。滝口剛「民政党内閣と大阪財界（一）（二）井上準之助蔵相と経済的自由主義」二〇〇七・二〇〇九年『阪大法学』第五七巻四号、第五八巻五号。

また、井上準之助を扱った小説的伝記には、城山三郎『男子の本懐』（一九八〇年、新潮社）、秋田博『凛の人　井上準之助』（一九九三年、講談社）、高橋義夫『覚悟の経済政策――昭和恐慌蔵相井上準之助の闘い』（一九九九年、ダイヤモンド社）がある。

（14）前掲『清渓おち穂』二一〇―二一一頁。

（15）前掲『井上準之助論叢』第四巻、一四―三〇頁。

（16）前掲『井上準之助傳』五頁。次の引用も同じ箇所。

（17）前掲『故人今人』一二四―一二五頁。

(18) 「東京手形交換所新年宴会演説」(一九二〇年一月二七日)、前掲『井上準之助論叢』二、二三八—二四六頁。
(19) 深井英五『通貨問題としての金解禁』一九二九年、日本評論社、一一八—一一九頁。
(20) 前掲『井上準之助論叢』第一巻、七六頁。
(21) 前掲『井上準之助傳』一六二—一六五頁。
(22) 前掲『井上準之助論叢』第四巻、五〇七頁。
(23) 日本銀行百年史編纂委員会編『日本銀行百年史』第三巻、日本銀行、二六二頁。
(24) 三和良一・原朗編『近現代日本経済史要覧』(補訂版)、二〇一〇年、東京大学出版会、四頁。
(25) 前掲『日本銀行百年史』第三巻、二六二頁。
(26) 前掲『井上準之助論叢』第一巻、九一頁。
(27) 「休業銀行の整理方針と將來の財界對策」一九二七年九月二一日講演、前掲『井上準之助論叢』第三巻、一三頁。
(28) 「舊平價解禁論」一九二九年八月稿、前掲『井上準之助論叢』第四巻、二六三—二六四頁。
(29) 前掲『戦間期日本の経済政策史的研究』第四章「第一次大戦後の物価問題」、第六章「第一次大戦後の経済構造と金解禁政策」参照。
(30) 前掲『歴代日本銀行総裁論——日本金融政策史の研究』一七二頁。次の引用も同頁。
(31) 小野義彦「金融寡頭制の確立」『岩波講座日本歴史　第二〇(現代第三)』一九六三年、岩波書店。
(32) 前掲『戦間期日本の経済政策史的研究』第七章「金解禁政策決定過程における利害意識」参照。
(33) 朝日新聞経済部『朝日経済年史』昭和三年版、一九二八年、朝日新聞社、五三頁。
(34) 西園寺は、犬養内閣が五・一五事件で倒れてからは、いわゆる重臣たちと相談しながら後継首相を選定するようになった。
(35) 加藤高明病没後と浜口雄幸狙撃後の内閣交替は、同一政党党首を選定した。
(36) 原田熊雄述『西園寺公と政局』第二巻、一九五〇年、岩波書店、一六八頁。
(37) 増田知子『天皇制と国家——近代日本の立憲君主制』一九九九年、青木書店、一八五頁。
(38) 松浦正孝『財界の政治経済史——井上準之助・郷誠之助・池田成彬の時代』二〇〇二年、東京大学出版会、第二章「「財界世話業」の群像」参照。
(39) これらの Actor が、金解禁問題でどのような役割を果たしたかについては、前掲『戦間期日本の経済政策史的研究』第七章「金解禁政策決定過程における利害意識」参照。
(40) 前掲『昭和経済史への証言』上巻、六三頁。
(41) 前掲『ドキュメント昭和六　潰え去ったシナリオ――ウォール街からの衝撃』一四五―一四八頁。
(42) 『朝日経済年史』昭和五年版、三三五頁。
(43) 同書、三三七頁。
(44) 前掲『財界回顧』一五六頁。
(45) 前掲『井上準之助論叢』第一巻、二〇三頁。
(46) 前掲『戦間期日本の経済政策史的研究』第四章「第一次大戦後の物価問題」参照。
(47) 一九二一年一一月の関西銀行大会演説、前掲『井上準之助論叢』第二巻、二八三―二八五頁。
(48) 前掲『井上準之助論叢』第一巻、四三六―四三七頁。
(49) 前掲『井上準之助論叢』第二巻、四八八、五一一頁。
(50) 前掲『井上準之助論叢』第三巻、五五頁。
(51) 同書、一五三頁。次の引用は、同書、一五三―一五四頁。
(52) 井上財政に関する研究は、前掲注13、14の論著のほか、以下を参照。隅谷三喜男編『昭和恐慌――その歴史的意義と全体像』一九七四年、有斐閣。東京大学社会科学研究所編『ファシズム期の国家と社会　一　昭和恐慌』一九七八年、東京大学出版会。橋本寿朗『大恐慌期の日本資本主義』一九八四年、東京大学出版会。大石嘉一郎編『日本帝国主義史　二　世界大恐慌期』一九八七年、東京大学出版会。石井寛治・原朗・武田晴人編『日本経済史　三　両大戦間期』二〇〇二年、東京大学出版会。
(53) 前掲『戦間期日本の経済政策史的研究』第八章「労働組合法制定問題」参照。
(54) 前掲『井上準之助論叢』第三巻、三六二頁。
(55) 同書、三八八―三八九頁。
(56) 吉野信次『商工行政の思い出――日本資本主義の歩み』一九六二年、商工政策史刊行会、一八四頁。
(57) 前掲『井上準之助論叢』第三巻、四一三―四一五頁、四三八頁。
(58) 前掲『井上準之助論叢』第二巻、四三五頁。
(59) 前掲『井上準之助論叢』第二巻、三〇七頁。

(60)「我国財界の現状と国民の覺悟」一九三〇年六月一六日講演、前掲『井上準之助論叢』三、四〇八―四〇九頁。
(61) 同書、五一六、五二九、五三二頁。
(62) 前掲『日本金融史資料　昭和編』第二一巻（金輸出解禁・再禁止関係資料第二）、四〇一頁。
(63) 前掲『ドキュメント昭和六　潰え去ったシナリオ――ウォール街からの衝撃』二〇二頁。
(64) 前掲『清渓おち穂』一四九頁。ウエッブ夫妻の *Soviet Communism: A New Civilisation?* は、一九三五年の出版であるから、井上は読めなかった。ちなみに、高橋是清は、この本を読んでおり、本を手にする高橋の新聞写真を見て、大内兵衛は、日本の財政もなお「健全」さが保たれるかもしれないという一縷の希望をいだいたと回想している。大内兵衛『忘れ得ぬ人びと』一九六九年、角川書店、二二三―二二五頁。
(65) 前掲『井上準之助論叢』第二巻、四二一―四二三頁。
(66)「濠洲の經濟政策破綻」一九三〇年五月稿、前掲『井上準之助論叢』第四巻、二七〇―二九三頁。
(67) 前掲『清渓おち穂』一四九頁。
(68) 前掲『戦間期日本の経済政策史的研究』第八章「労働組合法制定問題」参照。
(69) 前掲『日本経済思想史研究――ブルジョア・デモクラシーの発展と財政金融政策』一一九―一二一頁。
(70) 同書、一二一頁。
(71) 同書、一六六―一六七頁。
(72) 前掲「井上準之助についての覚書」五〇頁。
(73) 前掲『井上準之助論叢』第二巻、五二〇―五二一頁。
(74) 前掲「金解禁の歴史的意義」七一頁。なお、吉田論文には三和の論理的不整合を指摘する箇所があるが、この批判は承服しがたい。旧平価解禁は実物経済には影響しない名目的な物価下落であり、昭和恐慌という実物経済に直載《ママ》影響を及ぼす経済過程と無区別に論じたことが不整合と批判されているが、三和の論点は、旧平価解禁の準備過程の緊縮政策がデフレをもたらし、さらに、解禁による円為替高が物価を引き下げるということであるから、昭和恐慌を予料して議論しているわけではない。
(75)「舊平價解禁論」一九二九年八月稿、前掲『井上準之助論叢』第四巻、二六四頁。
(76) 井上準之助が、金本位制の自動調節作用を金科玉条の理論として受け容れていたかどうかは疑問である。井上は、「對外價値と對内價値といふものは、日本のやうな世界の中心から遠ざかつて居る所で一致するや否やといふことは、私は疑ふのであります。」と発言している（前掲『井上準之助論叢』第三巻、一五九頁）。
(77) 前掲『高橋財政の研究――昭和恐慌からの脱出と財政再建への苦闘』四七頁。
(78) 一九三一年四月二七日、全国無尽集会所定時総会における演説。前掲『井上準之助論叢』第三巻、五一八―五一九頁。
(79) 京都帝国大学連続講演。同書、四八四―四八六頁、四九五頁。
(80) 吉田賢一は、旧平価解禁の理由のひとつとして、「重化学工業化のための基礎資材の輸入価格引き下げに寄与すること」を挙げている（前掲「金解禁の歴史的意義」七六―七七頁）。主として桜谷勝美の前掲論文に依拠した論点であるが、これは支持しがたい。一九二〇年代末の時点では、基礎資材輸入よりも製品の国内市場確保が重化学工業にとっての最重要課題であったからこそ、重化学工業企業は、金解禁に拒否反応を示したのである（前掲『戦間期日本の経済政策史的研究』第七章「金解禁政策決定過程における利害意識」参照）。
(81) 京都帝国大学連続講演。同書、五〇二―五〇五頁。
(82) 杉山和雄『戦間期海運金融の政策過程――諸構想の対立と調整』一九九四年、有斐閣、第二章「造船資金貸付制度の成立」参照。三和良一『日本近代の経済政策史的研究』二〇〇二年、日本経済評論社、第七章「戦前期の海運政策」参照。
(83) 「金解禁決行に當りて」一九三〇年一月一一日ラジオ放送、前掲『井上準之助論叢』第三巻、三二一五頁。
(84) 中村隆英『経済政策の運命』一九六七年、日本経済新聞社、二〇七―二〇八頁。
(85) 日本商工会議所定期総会懇親会における演説、一九三一年一一月二七日。前掲『井上準之助論叢』第三巻、五五六―五六一頁。
(86) 『朝日経済年史』昭和七年版、三四六頁。
(87) 日本銀行内部でもこの点は懸念されていた。「日本銀行調査月報」昭和六年九月、前掲『日本銀行百年史』第三巻、四九七頁。
(88) 『朝日経済年史』昭和七年版は、三四六―三五六頁に「關税戰争鳥瞰」を特集している。
(89) 前掲『井上準之助傳』七九四頁。一九三一年一一月六日の第二回懇談会では、井上は、ボイコットとポンド下落の影響は小さく、一九三一年の経常収支はトントンになるかもしれないとの見通しを語っている。
(90) 『朝日経済年史』昭和七年版、三〇頁。
(91) 『木戸幸一日記』上巻、一九六六年、東京大学出版会、一一四頁。
(92) 一万田尚登『人間と経済』一九五〇年、河出書房、一〇一―一〇二頁。
(93) 予算数値は、大蔵省財政史室編『昭和財政史――終戦から講和まで』第三巻「歳計」（一九五五年、東洋経済新報社）と、前掲

『井上準之助傳』による。昭和五年度予算については、適当な数値が得られなかった。
(94) 前掲『昭和恐慌――日本ファシズム前夜』二二〇頁。
(95) 同書、一九七頁。
(96) 前掲『戦間期日本の経済政策史的研究』第九章「高橋財政期の経済政策」参照。

第七章　ドッジ・ライン——資本主義システムへの復帰

一　はじめに

ドッジ・ラインは、一九四九年二月にマッカーサー連合国軍最高司令官の財政顧問（公使）として来日したジョセフ・ドッジ（Joseph Morrell Dodge）デトロイト銀行頭取によって推進された緊縮政策である。もちろん日本経済を舞台とした政策展開であるが、これまでの松方・井上両財政とは異なって、登場する主人公ドッジはアメリカ人である。連合国によって占領されるという日本史上初めての異常な時期であったから、日本国の主権は実態的には失われ、連合国、特にアメリカ合衆国が政策決定の権限を持つ状況のもとで、ドッジ・ラインは実施された。

このことは、ドッジ・ラインを経済政策史的分析の対象とする場合に、方法論に関しては、これまでとは異なった観点を導入することを要請する。大枠としては、これまでの方法を用いるが、政策にかかわる主体が、日本とアメリカ（連合国）のふたつに分かれるので、各〈状況場〉に規定された初期条件と課題は、日本とアメリカ（連合国）それぞれについて検討することが必要になる。もっとも、ふたつの政策主体といっても、連合国のなかの社会主義国ソ連は、占領初期には対日政策決定に多少の影響力は持っていたものの、ドッジ・ラインの時期にはほとんど発言力を失っていたから、連合国という政策主体は、本質的には日本と変わらない資本主義体制国である。したがって、〈大状況場〉と〈中状況場〉については、ふたつの政策主体の政策課題は、ほぼ一致している。しかし、〈小状況場〉に関しては、日本の利害状況と連合国の利害状況は、それぞれに複雑な姿を呈しているから、両者の政策課題を別々に検討することが必要である。ここでは、連合国の中で主導権を握っていたアメリカについて、〈小状況場〉の初期条件・課題・政策評価を行うこととする。とはいえ、焦点は、もとより日本経済政策史に合わせることになり、アメリカ経済政策史研究の際に要求されるような密度での政策主体としてのアメリカの分析を行うつもりはないし、その必要もなかろう。

アメリカといっても、ドッジ・ラインをめぐっては、マッカーサーが統括する占領軍とアメリカ本国政府との間には意見の対立があったから、その点もふくめて検討しなければならず、〈小状況場〉の分析は、いささか複雑になる。そして、〈小状況場〉では、一九五〇年に朝鮮戦争が起こって、〈状況場〉は大きく変化する。ドッジ・ラインからすれば、これは、C時空の変化であり、ドッジはこれへの対応という新しい課題を背負うことになる。

二　ドッジ・ラインの課題はなんであったか

A　〈大状況場〉に規定された初期条件・課題

第二次大戦後、東ヨーロッパ諸国、中国、ベトナム、北朝鮮などが社会主義国となって、世界は、大きくふたつの経済圏に分けられた。ソ連一国だけが社会主義であった時代とは異なって、社会主義は、明らかに、資本主義に対抗する新しい経済体制であることが証明された。後には、この二〇世紀社会主義体制の脆弱さが判明することになるが、この時点においては、やがて社会主義が資本主義に代わる経済体制として世界に拡大するであろうと信じる人々が増えつつあった。〈大状況場〉は、現在は資本主義から社会主義への過渡期であるとの認識が拡がり、資本主義は、体制的危機に直面する状況であった。

第二次大戦中はファシズム勢力との対抗上、協力関係を結んでいたアメリカとソ連は、戦後ほどなく、冷戦と呼ばれる対立状態に入った。軍事面では、核兵器とそれを搭載する爆撃機・ミサイル・原子力潜水艦の開発競争が進められたが、経済面でも、経済成長を競い合い、後発地域への経済援助の競争が展開された。〈大状況場〉では、社会主義圏の拡張をはかるソ連に対して、アメリカは、自由主義圏＝資本主義圏の維持強化を目指した。〈大状況場〉では、資本主義か社会主義かという歴史的選択の問題が、現実的には、軍事力でも、経済力でも、またイデオロギー面でも、アメリカ対ソ連の対抗関係のかたちで、極めて明確に提起されたのである。

敗戦直後には、活動を公然と再開した日本共産党が勢力を伸ばして、革命間近という雰囲気が醸し出された時期もあったが、アメリカが日本の共産化を許すはずはなく、ドッジ・ラインが実施された一九四九年には、教育界から、いわゆるレッド・パージが開始され、翌一九五〇年には言論界や民間労働者、さらに公務員へと共産主義者追放が拡がった。日本共産党は、一九五〇年六月の中央委員公職追放を指令したマッカーサー書簡を機に、非公然活動体制に入り、やがて、武装闘争路線を採るに至る。平和的な社会主義への移行を掲げた日本社会党は、一九四七年に、民主党・国民協同党と連携して政権を獲得したが、炭鉱国家管理程度の改革にとどまり、本来の社会主義的政策を実施することはできないままに政権の座を降りた。戦後に盛り上がりを見せた革命気運も、結局、一時的なものに終わったわけであるが、戦後しばらくの時期が、日本資本主義の体制的危機の時代であったことは事実である。

このような政治的状況のもとで、戦後の経済政策は、日本経済の復興を、資本主義の枠組みの中で達成することによって、資本主義体制を維持し再強化することを課題としていたのである。アメリカは、占領初期には、日本の非軍事化と、そのための民主化を政策目標として戦後経済改革を推し進めたが、冷戦の時代を迎えると、政策目標を、日本の経済復興に転換した。日本を自由主義＝資本主義陣営に繋ぎ止め、アジアにおける共産主義への防波堤とする意図からの政策転換であった。[1] ドッジ・ラインも、当然、このような〈大状況場〉に規定された課題を担っていた。

B 〈中状況場〉に規定された初期条件・課題

資本主義の発展段階からすると、二〇世紀資本主義が、ドッジ・ラインの〈中状況場〉である。二〇世紀資本主義の大きな特徴は、経済過程への政府の介入拡大であるが、その際に、政府は、資本蓄積（＝利潤保証）と階級宥和（＝所得保証）という二律背反的目標の実現を政策課題としていた。占領期に行われた経済改革、特に、農地改革と労働改革は、戦前には微弱なレベルでしか取り組まれなかった階級宥和という課題を、一挙に、極めて高い水準で実現することとなった。連合国が経済改革を強制した直接的な目的は、日本の非軍事化を達成することであって、ことさら階級宥和が意図されたわけではない。しかし、国内に堆積する不満が反体制運動に結びつくことを抑えるために、国民の眼を外に向けさせる政策、国内の階級対立を排外主義的イデオロギー操作で処理しようとする試みが、日本の軍国主義的対外侵略のひとつの動因と考えられていたから、非軍事化を目的とする戦後改革が、階級宥和を結果として実現することは、いわば、当然でもあった。

農地改革は、一九二六年の自作農創設維持補助規則にはじまる地主小作関係の対立緩和策、階級宥和政策の延長線上に位置づけられる措置である。全農地の約四六％を占めていた小作地のうちの七七・八％に当たる一五六・七万町歩を強制的に地主から買い上げて小作農に売却するという大規模な土地改革は、世界の歴史にも類例を見ない政策であった。戦時経済統制のなかで、地主の力は、かなり削減されていたとはいえ、このような土地改革が地主の抵抗もなく実行できたのは、占領軍の権力が存在していたからにほかならない。独立回復後に提訴された、土地の強制買収を私的所有権の侵害であるとする違憲訴訟のなかで、たとえ憲法違反であっても農地改革は被占領下に最高司令官の指令によって憲法外の措置として行われたのであるから違憲とは判定できないという裁判官見解が示されたように、農地改革は、超憲法的措置という性格を帯びていた。[2] 連合国の対日政策によって、近代日本が抱え続けてきた地主・小作農の階級対立は、ほぼ、最終的に解消されたのである。

労働改革も、一九二〇年代から提起された労働法制定政策の延長線上にある。労働組合法案は、一九三一年には貴族院で審議未了とはなったものの衆議院では可決されたという歴史を持っている。戦前の労働組合法制定の目的には、労資関係の対立を法制度の枠内で処理させ、枠を越えるような過激な労働運動を抑制するという狙いも含まれていたが、本質的には、階級宥和の実現を目指すものであった。[3]一九四五年一〇月のマッカーサーの五大改革指令を受けて、労働組合法策定作業が開始されたが、農地改革の場合とは異なって、法案作成は、日本側のイニシアティブで進められ、早くも同年一二月には労働組合法が公布されるに至った。明らかに、戦前からの労働立法への努力と経験の蓄積が、このような急速な「国産法」の制定を可能にしたのであり、階級宥和を目的とした労資同権化政策は、敗戦を経ることによって、ようやく本格的な展開の時代を迎えたのであった。

農地改革と労働改革によって、日本資本主義は、二〇世紀資本主義としての姿を完成させたといって良かろう。とはいえ、ふたつの改革がもたらしたものは、階級宥和を実現させるためのいわば枠組みであって、現実には、労働運動と農民運動の高揚が、前述のような体制的危機の様相を呈するに至った。もちろん、これは、政治局面の現象であったが、その背景には、生活物資の供給不足、高まるインフレーション、失業者の累積などの戦後の経済局面における問題が存在していた。階級宥和を実現するには、戦後改革で創られた枠組みのなかで、労働者・農民に実質的な所得を保証することが不可欠であり、そのためには、日本経済を成長軌道に乗せる政策展開が必要であった。ドッジ・ラインは、このような〈中状況場〉からの政策課題にも応えることを要請されていたわけである。

C 〈小状況場〉に規定された初期条件・課題

ドッジ・ラインが実施された時期の〈小状況場〉は、日本の経済復興をめぐって、日本政府、占領軍、アメリカ政府が、それぞれの利害状況に応じた政策提示を行う、複雑な状況にあった。

敗戦直後から日本経済再建の努力が開始されたが、生産活動の水準は、石炭・鉄鋼など基礎物資の供給不足のために、極めて低い状態が続いた。他方で、通貨流通量は、政府戦時債務の支払いなどで急膨張したから、激しいインフレーションが発生した。一九四六年三月の金融緊急措置（新円切替・預金封鎖）は、一時的な効果を示したにとどまり、一九四七年一月からの傾斜生産方式で石炭・鉄鋼の生産は増加しはじめたが、同時に活動を開始した復興金融金庫の傾斜金融で供給される資金（復金債発行による）は通貨流通量を拡大させたので、インフレーションの進行は止まらなかった。戦時統制を再編成して物価統制は続けられたが、公定価格と実勢（闇）価格の較差は広がり、物資の闇取引が横行して、正常な生産活動の回復を妨げた。また、日本の非軍事化を目的として、財閥解体・経済力集中排除が進められるとともに、機械・設備を賠償として撤去する政策もとられたが、集中排除措置と賠償撤去の及ぶ範囲と規模がなかなか確定されなかったので、企業は、先行きの不透明さのために、生産活動を本格的に再開することができなかった。

占領軍は、「初期の基本的指令」（JCS1380/15, 一九四五年一一月）で、日本の経済的復興には何らの責任も負わないとされてはいたが、初期の諸改革の実施が一段落すると、占領の安定的な継続のためにも必要な経済復興に、政策的関心を持たざるを得なくなった。特に、連合国間の調整が難航して政策決定が遅れていた対日賠償問題が、経済復興の大きな障害となっていることに注目して、一九四六年一二月には、本国政府に賠償規模の縮小と早期決定を要望した。冷戦開始を予知していたアメリカ陸軍省は、これに敏感に反応して、対日賠償規模縮減に動いた。賠償問題から、アメリカの対日占領政策の見直しと転換が始まったのである。アメリカは、一九四七年四月に、極東委員会ＦＥＣが中間賠償計画として暫定的に決定していた賠償案を最終賠償計画とすることをＦＥＣに提案した。後には、さらに賠償規模は縮小されるが、アメリカのこの態度決定で、とりあえず、賠償問題の不透明さは払拭された。財閥解体に続く経済力集中排除政策は、アメリカが世界戦略を冷戦対応型に切り替えるまっただ中で立案が進行し、曲折のすえに、一九四七年一二月に過度経済力集中排除法が制定されたが、その実施規模は、当初計画からするとはるかに縮小されたものとなることが、すでに確定的であった。

不透明であった賠償・集中排除政策がほぼ確定したところで、経済復興への政策選択が本格的に論議されることとなった。経済復興というときには、低下した経済活動、特に生産の水準を戦前レベルに回復させることが最大の目標になるが、同時に、昂進し続けるインフレーションを抑制すること、つまり経済安定も大きな課題であった。この復興と安定は最終的には同時に実現されるべきことではあるが、短期的には二律背反的関係でもあった。つまり、生産復興には資金供給が必要であるから、政府・民間の投融資を拡大しなければならないが、それは通貨流通量を増加させ、有効需要を拡大させることでインフレーション促進的に作用するし、インフレーションを抑制するために財政金融政策を引き締め基調に運営すれば、生産の回復にはブレーキがかかるというわけである。

経済成長と通貨安定とが二律背反的な関係になるのは二〇世紀資本主義の一般的な特徴といっても良い。景気調整政策は、不況対策としてはインフレーショナリーな政策が採られるし、完全雇用政策が成功すれば賃金上昇がコストプッシュ・インフレーションを招きやすい。インフレーションが急進することを抑えながら、経済成長を促進するという、かなり難しい経済政策の舵取りが必要になるわけである。しかし、日本の戦後経済が直面した復興か安定かという問題は、同じく舵取りは難しいが、二〇世紀資本主義の成長か安定かという一般問題とは、異なる質の難しさを持っていた。

生産回復に必要な実体的要因を、固定設備、原材料・燃料、労働力に分けてみると、原材料・燃料の供給不足が最大のボトルネックになっていた。固定設備は、戦時期の企業整備で機械類がスクラップ化された繊維業を除くと、老朽化は激しかったものの生産設備能力としては、日中戦争開始頃の時期を上まわる水準を保持する産業が多かったと推定されている。[4] 労働力は、いうまでもなく、軍隊からの復員、海外からの引き揚げで、供給過剰な状態であった。燃料は、石炭時代であったから、傾斜生産・傾斜金融による増産が期待できたが、原材料は、戦時中のストック分が底をついてからは、海外からの供給に仰ぐものが多く、輸入が不可欠であった。

貿易は占領軍と日本政府の管理下で、徐々に再開されていったが、戦前の主力輸出品であった生糸が、化学繊維・合成繊維に市場を蚕食されて外貨獲得商品として期待できなくなった。生糸とならぶ輸出品であった綿製品は、輸出市場の状況が大きく変化したし、なによりも原綿輸入が先行しなければ輸出することはできない。こうして、外貨が極めて乏しい状態であったから、輸入は強く制約されていた。食糧も供給不足で輸入を必要としていたから、原材料輸入をまかなうべき外貨不足は一層深刻であった。この窮状を緩和する役割を果たしたのがアメリカの対日援助で、食糧に始まって、綿花など原材料が、とりあえず無償で陸軍省予算（当初はいわゆるプレ・ガリオアで、一九四七年度からガリオア（GARIOA）［占領地における施政及び救済］予算科目が設けられ、一九四八年度からエロア（EROA）［占領地の経済復興］援助も開始された）から日本に供給された。戦後日本経済の物的再生産は、この対日援助によってはじめて可能になっていたのであり、やがて、対日援助無しでの再生産、つまり、経済自立が課題となった。

生産回復に必要な貨幣的要因は、もちろん企業への資金供給である。民間産業企業は、戦時補償打ち切りや海外資産喪失などで財務基盤が極めて弱くなっていたし、金融機関も戦時融資が不良債権化したことや保有有価証券の価値下落で大きな打撃を受けていた。総じて、資金蓄積の水準が著しく低下したうえに、新たな蓄積を進めるための経済活動が低迷した状態であったから、民間部門からの資金供給力は弱かった。いきおい、政府部門が資金供給の主役にならざるを得なかったが、税収の源泉が弱体になっているので、財政の赤字化、政府金融機関の債券発行、そして、日本銀行の資金供給拡大が不可避となった。政府部門を中心とした資金供給が、効率的に生産回復に結びつき、供給力を拡張させれば、インフレーションを抑える効果が現れるはずである。しかし、インフレーション・マインドが強いと、政府供給資金は、いたずらに有効需要を拡大させて、インフレーションを昂進させる怖れがあった。

インフレ・マネー化が避けられる資金供給として、外資導入も提唱された。外資は、外貨不足から生じる輸入制約を緩和することで、ただちに供給力を拡大させる効果を持つから、外資導入には大きな期待がかけられたが、海外民間企業が日本を有望な投資先と評価するには、経済安定が前提条件となるから、早急な実現は困難であった。

インフレーションを抑制するには、根本的には、極端な需要超過・供給不足状態を解消させなければならないが、供給拡大＝生産回復には、上述のような困難が立ちはだかっていた。一五年戦争とその敗北がもたらした異常事態は、経済政策の運営に巨大な難問を投げかけていたのである。

この難問に立ち向かう経済政策としては、塩野谷祐一の整理に従うと、四つの類型があり得た[5]。マトリックス表示で、横軸にはミクロ的資源配分条件として「統制」と「市場」を、縦軸にはマクロ的貨幣的条件として「縮小」と「拡大」を設定すると、四つの象限が区分できる。つまり、A「統制・縮小」、B「統制・拡大」、C「市場・縮小」、D「市場・拡大」という四つの政策類型が想定できるわけで、一九四六年の金融緊急措置はA型、一九四七・四八年当時の連合軍と日本政府が選んでいた政策はB型、ドッジ・ラインはC型で、大蔵大臣就任前の石橋湛山はD型を主張していたというのが、塩野谷の分類である。一国モデルで対外関係が捨象されているから芦田均内閣の外資導入論などが組み込めない不便さはあるが、ドッジ・ライン期の〈小状況場〉の現実からすると、明解で有用な政策類型区分である。

統制か市場かという政策選択は、占領初期から現実問題となっており、石橋湛山が主張したばかりでなく、日本政府も、戦時経済統制、特に物価統制を撤廃することを提案して占領軍に反対され、戦時統制を物価統制令と臨時物資需給調整法（それぞれ一九四六年三月・一〇月公布）による戦後統制システムに再編した経緯があった。経済統制に限界があることは戦時経済運営の経験から明らかであり、戦後統制も、生活必需品や基礎的原材料の配分を公正に行うという流通統制面ではある程度の成果をあげたが、価格統制面ではインフレーションの抑制効果は弱かった。公定価格を維持するために価格差補給金などの補助金支出が行われたが、これは直接に補助金を受け取る企業や補助金によって低く抑えられた価格で原材料を購入できる企業が、企業努力によって生産費を引き下げようという意欲を弱めるマイナスの副作用を引き起こす可能性があった。

これと同様の副作用は、占領軍と政府が管理する国営貿易からも発生した。貿易商品の国内売買は貿易庁・貿易公団が円建てで行い、海外売買は占領軍が外貨建てで行うという仕組みは、いわゆる複数レート制をもたらし、輸出品には円安レート、輸入品には円高レートが適用される状態となった。これは、実質的には、輸出に輸出補助金が、輸入に輸入補助金が支払われることを意味したから、貿易関連企業の生産費引き下げ努力をスポイルする可能性が大きかった。

国内商品・貿易商品にたいする補助金は、短期的には価格上昇を抑制したとしても、中長期的には、コスト引き下げによる価格低下を妨げるというマイナス効果を持つ可能性があったのである。このマイナス効果発生を嫌うとすれば、価格統制を撤廃して市場機能を回復させるという選択肢が望ましいことになる。

マクロ的貨幣政策の「拡大」か「縮小」かという選択肢は、積極財政か緊縮財政か、復興金融金庫債発行（日本銀行引受）は是か否か、日本銀行の金融政策を緩めるか引き締めるかという政策選択であったが、このほかに貿易資金管理方式にもかかわる問題であった。円建ての貿易品取引は貿易資金特別会計が管理し、外貨資金は占領軍が管理する体制であったから、貿易収支の動向から生じるはずの通貨流通量変動が、正常なかたちでは現れてこなかった。これには、複数為替レート制と対日援助が関係してくる。たとえば、一九四七年の貿易実態は、輸出が一〇一・五億円、一・七億ドル、輸入が二〇二・七億円、五・二億ドルであったから、円建てで一〇一・二億円、ドル建てで三・五億ドルの輸入超過となっていた。ドル建ての輸入のうちの四億ドルは援助物資であったから、ただちに外貨で支払う必要はないために、外貨建ての大幅な輸入超過が、金融引き締めを要請することにはならなかった。円建ての収支は複数レート制の結果として輸入超過の数値が、ドル建ての数値より遥かに小さくなっていて、デフレ効果は縮小している。とはいえ、輸入超過であるから、資金は引き揚げ超過となるはずであったが、国営貿易のコスト、つまり輸入経費・保管費用・在庫分などを負担すると、貿易資金特別会計では、資金は支払い超過となって、むしろインフレ効果を招いていた。国際関係では、いわば閉鎖経済状態となっていたわけで、ここからも、単一為替レートの設定が政策選択肢としての重要性を持ったのである。

以上のような〈小状況場〉の初期条件のなかで、日本政府、占領軍、そしてアメリカ政府が、それぞれ、どのような政策を選択したのかを見てみよう。一九四七年から一九四八年の時期には、日本側では、一挙安定路線と中間安定路線、塩野谷の区分では、A型かB型かの政策選択が提起されていた。片山哲内閣では、経済安定本部を中心に、デノミネーションを伴う新円封鎖、第二次新通貨発行によるインフレーション抑制措置が検討されたが、内閣交替で、この一挙安定構想は実現しなかった。芦田内閣は、経済統制を強化しながら、対日援助と外資導入によって供給力拡大をはかり、インフレーションの進行を緩和させるという中間安定政策を選んだ。統制強化のキー・ポイントは、賃金の規制であった。価格統制を徹底させようとすれば、当然、賃金統制も必要となるが、これまで、一九四六年三月の三・三物価体系では標準世帯生計費一ケ月五〇〇円、一九四七年の七月物価体系では基準賃金一ケ月一八〇〇円が、計算基準として示されたにとどまっていた。芦田内閣は、占領軍からの賃金統制の示唆をうけて、経済安定本部が賃金統制を含む「中間的経済安定計画（試案）」を作成したが、結局、労働者を支持基盤とする社会党が参加する連立内閣には、その実行に踏み切る決断はできず、一九四八年六月の物価改定でも平均賃金一ケ月三七〇〇円という基準値を示しただけであった。

占領軍は、内部に対立する見解を抱えていたが、一九四八年時点では、塩野谷のB型、つまり、貨幣面での縮小方針はとらずに、統制を継続強化することでインフレーションを抑制するという政策を選択していた。芦田内閣の中間安定路線に近かったが、賃金統制の実行を強く主張する点に違いがあった。

アメリカ政府は、この時期には、一挙安定路線に近い政策を選択しようとしていた。すでに、一九四八年一月のロイヤル（K. Royall）陸軍長官演説とマッコイ（F. McCoy）極東委員会アメリカ代表演説が、対日政策目的を非軍事化から経済復興に転換することを表明し、二月にはケナン（G. Kennan）国務省政策企画室長、三月にはドレーパー（W. Draper）陸軍次官とジョンストン調査団が来日してマッカーサー最高司令官に政策転換の基本線を説明した。そして、五月には、ケナンとドレーパーの報告をもとに国務省が作成した対日政策転換の公式政策文書が、国家安全保障会議（NSC）に付議され、一〇月には「アメリカの対日政策にかんする勧告」（NSC13/2）が採択されて、政策転換が正式に確定された。日本の経済復興を速やかに実現するための政策に、アメリカ政府が直接の関心を持つに至ったわけである。

陸軍省は、ガリオア予算とは別枠で日本と朝鮮の復興援助資金を支出することを一九四八―四九年度予算案に盛り込む提案を行った。この提案を審議した国際通貨金融問題に関する国家諮問委員会NACは、前提として日本経済の安定化が必要であることを強調し、議会は、新しい援助科目の新設を否決して、かわりにガリオア予算の枠内で占領地経済復興資金（エロア資金）を支出することを承認した。その際、議会は、援助支出を早期に打ち切ることができるように、有効な経済安定政策を採用して日本の経済復興を速やかに実現することを要請した。議会は、アメリカ国民の税負担を軽減するために、対外援助の早期削減を期待したのである。対日援助は、ヨーロッパに対するマーシャル・プラン援助とは異なって全額贈与ではなく一部（最終的には約三分の一）は返済義務のある債務と考えられていたが、当面はアメリカのタックス・ペイヤーの負担になるから、その負担軽減が問題とされたわけである。

アメリカ政府は、冷戦対応型世界戦略の観点と納税者負担軽減の観点とから、日本経済の速やかな復興を政策目的に設定し、それを実現する政策手段の検討を開始した。具体的な政策提案は、一九四八年五月に日本に派遣されたヤング調査団によってなされた。軍用為替レート改定についてマッカーサーからの要請を受けた陸軍省が、国務省・財務省と折衝した結果、為替レート問題検討のために派遣されることになったヤング調査団は、六月に、単一為替レートの早期設定とそのための総合的な緊縮政策を勧告したのである。国内通貨改革の提案ではなかったが、円をドルに固定的にリンクすることによって、円の価値下落を阻止し安定させるという対外通貨改革の提案であり、一挙安定路線に近い政策の勧告であった。ヤング勧告は、占領軍の中間安定路線とは真っ向から対立する提案であったから、ヤング勧告を支持するアメリカ政府と占領軍との間には、激しい軋轢が発生した。

この政策選択の対立が、アメリカ政府の主張に占領軍が屈服するというかたちで決着するなかで、ドッジの日本派遣とドッジ・ラインの実施が行われたのである。ドッジ・ラインの課題は明確であったが、ドッジは、このような経緯からして、いささか複雑な力関係のなかで、与えられた任務を遂行することになった。

三　ドッジはどのように政策を決定したか

A　ドッジの履歴

ジョセフ・ドッジは、一八九〇年一一月にデトロイト市で生まれ、高等学校卒業の学歴で、デトロイト銀行頭取、全米銀行家協会会長にまでなった、いわゆるセルフ・メイド・マンである。しかし、日本やドイツでその政策家としての名声が高いものの、アメリカ本国では、むしろ、ひとりの銀行家として評価されるにとどまり、伝記はもちろん研究書や研究論文も書かれていない。ドッジの所蔵していた関係文書資料は、デトロイト公立図書館バートン・ヒストリカル・コレクションに寄託され、ドッジ文書（Dodge Papers）として閲覧が可能になっているが、まだ、本格的なドッジ研究は現れていないのが現状である。[6]ドッジ・ペーパーと一般人名録から判明するドッジの年譜は次表のようである。

B　Arenaの状況

この時期の政策決定機構の表舞台（Arena）は、占領下であるために、重層的構成となっている。まず、連合国側では、対日政策の最高決定機関としてワシントンに設置された極東委員会ＦＥＣがある。ＦＥＣは、日本と交戦した一一カ国（後に一三カ国）で構成され、採決は多数決を原則としたが、米・英・ソ・中の四大国には拒否権が与えられていた。しかし、ＦＥＣで政策決定がなされない場合には、アメリカが、中間指令（Interim Directive）のかたちで連合国軍最高司令官に政策実行命令を発することが認められていたから、事実上はアメリカが対日政策の決定権を握る仕組みになっていた。東京には、最高司令官への助言機関として、四大国代表で構成される対日理事会ＡＣＪが

ジョセフ・モレル・ドッジ年譜

西暦	和暦	月	事項
一八九〇	明治二三	一一月	一八日 デトロイト市に生まれる。父親はクエーカー教徒の貧しい芸術家
一九〇八	四一		デトロイト・セントラル高校卒業 〜一九一一年 デトロイト貯蓄銀行メッセンジャー、州立銀行検査役補、州立銀行検査役
一九一一	四四		ミシガン州職員、ミシガン証券委員会委員長 〜一九一七年
一九一六	大正　五		デトロイト銀行取締役
一九三二	昭和　七		デトロイト・ファースト・ナショナル銀行副頭取 〜一九五三年
一九三三	八		デトロイト貯蓄銀行（一九三六年デトロイト銀行に改称）頭取 〜一九四四年
一九三八	一三		シカゴ連邦準備銀行取締役 〜一九四三年
一九四二	一七		アメリカ空軍中央調達局価格調整委員会議長

西暦	和暦	月	事項
一九四三	昭和一八		〜一九四四年 陸軍省価格調整委員会議長・統合価格調整委員会議長・戦時契約価格調整委員会議長
一九四四	一九		〜一九四五年 ミシガン州銀行家協会会長
一九四五	二〇		〜一九四六年 ドイツ軍政長官財政顧問、アメリカ軍事政府ＯＭＧＵＳ財政部長、アメリカ欧州軍ＵＳＦＥＴ財政局長
一九四六	二一		全米銀行家協会副会長
一九四七	二二	五月	〜九月 対オーストリア講和条約会議アメリカ代表、アメリカ公使
		一一月	〜一二月 オーストリア問題に関する外相会議（ロンドン）にマーシャル国務長官代理として出席 〜一九四八年 全米銀行家協会会長
一九四八	二三	六月	欧州協力局 European Cooperation Administration 財政諮問委員会委員

西暦	和暦	月	事項
一九四九	昭和二四		～一九五二年
			SCAP財政顧問、アメリカ公使
			～一九五三年
			陸軍次官財政顧問
一九五二	二七		～一九五三年
			全国産業会議委員会議長
		八月	国務省日本経済問題顧問
一九五三	二八	一月	～一九五四年三月
			予算局長官
一九五四	二九		～一九五六年
			大統領特別補佐官、外国経済政策諮問
			会議議長
		四月	～一九六三年一月
			デトロイト信託銀行取締役会長
一九六二	三七	一一月	日本国より旭日大綬章授章
一九六四	三九	一二月	三日死去

（出典）ドッジ文書（デトロイト公立図書館バートン・ヒストリカル・コレクション所蔵）、*Who's Who* など。

設けられたが、マッカーサーがはじめからその存在を無視する姿勢をとったので、政策決定への影響力は、農地改革の場合を除いて、ほとんど持たなかった。

アメリカでは、大統領が中間指令の発出権者として最高の権能を持つが、事実上の政策決定は、政策内容に応じて、国家安全保障会議（NCS）、国務・陸軍・海軍三省調整委員会（SWNCC。一九四七年一一月に国務・陸軍・海軍・空軍四省調整委員会SANACCに改組）、国際通貨金融問題に関する国家諮問委員会NAC、そして、国務省・陸軍省など関係省庁が行った。

現地占領軍では、連合国軍最高司令官SCAPを最高意思決定者とし、その執行機関として、総司令部GHQが設けられていた。GHQは、参謀長の統括のもとに、軍政担当の部局（参謀第一課から第四課）と民政担当の部局（民政局・経済科学局・天然資源局など）とで構成されていた。

日本側は、戦後改革を経て、Arena は新しい姿に変わった。立法機関としては、貴衆二院制の帝国議会が、衆参二院制の国会に変わり、衆議院の優越が規定された。行政府は、議院内閣制となり、省庁組織も改編された。

経済政策関連では、政策官庁として経済安定本部が、行政委員会として持株会社整理委員会、公正取引委員会が設置されたことが占領期を特徴づけている。審議会として注目されるのは、芦田内閣期に設けられた経済復興計画委員会で、戦前（一九三〇―三四年）の生活水準を一九五二年に回復することを目標とした経済復興計画を一九四九年に第二次吉田茂内閣に提出した。戦後盛んに作成されるようになった経済計画の最初のものであったが、中間安定路線沿いの内容で、ドッジ・ラインが実施されるなかでは活用されることなく終わった。

言論・集会・結社の自由が保障されたので、政策に対する発言や意思表示の場は、飛躍的に拡大した。政党活動はもちろん、各種のジャーナリズムや街頭示威行動に至るまで、人々の政策決定への参加機会は増えた。とはいえ、占領軍は、占領地治安維持の名目で、検閲機関を動かして、出版・報道への規制を加えていたから、言論の自由にも枠がはめられていたのであり、特に、占領政策に対する批判は厳しく制約されていた。

C　Off-Arena の状況

(1) ドッジの内面

この時期の政策決定の舞台裏（Off-Arena）としては、まず、ドッジがどのような価値意識と状況判断能力をもとにドッジ・ラインを実施したかが問題である。ドッジ個人についての情報が乏しいので、ドッジ・ペーパーの目録にイントロダクションとして付されているドッジの紹介文を訳出しておこう。

イントロダクション

かつて、『サタデー・イブニング・ポスト』紙の編集者は、「記事として大当たりする類のもの（good bet）」ではないという理由で、ジョセフ・モレル・ドッジについての論考を雑誌に掲載する提案を拒否した。『フォーチュン』誌は、彼を「我が国の最も傑出した銀行家の一人」だが「やや無名に近い男（slightly anonymous looking man）」と呼んだ。

デトロイトの街の人は、「ドッジ・レポート」が現れるまでは、「ドッジ」という名は自動車だと思っていた。「ドッジ・レポート」はデトロイトの新聞読者に財政改革と同義語として認知されたが、その名の後ろの人物は、比較的知られてはいなかった。歴史の中で最も変動が激しく科学的進歩の速い時代に生きながら、彼は、ビジネスと金融の人で、自分の専門外の出来事の圧力からは遠いところにいる人物のように思われがちである。しかし、彼の専門知識は、世界がそれを探し求めたほどのものであった。一般大衆には無名であったとしても、彼の能力は関係者からは非常に高く評価されている。ドッジの金融関係の才能は、若い頃からはっきり現れていた。古風な中央貯蓄銀行の総簿記役のメッセンジャーから身を起こして、若くしてミシガン銀行検査役に任命された。当時の記録によると、彼は、銀行の二重取引事件を明るみに出したことで、危ない銀行に派遣するには適格な男だという評判を銀行業界でかちとった。当時の往復書簡を一見すると、彼は、履歴書から見て取れる以上に実業界に受け入れられていたことが分かる。たとえば、トーマス・J・ドイルの書簡を見ると、大恐慌期に彼の自動車販売事業は、ドッジの努力によって他社を上まわる成果をあげたが、ドッジは自分の給与が高すぎると思った。ドッジは、繰り返して辞意を伝え、とうとうドイルの抗議を押しのけて辞職してしまった。銀行一斉休業後の暗黒の時期に、ドッジは、後にデトロイト地域の金融の主柱のひとつとなるデトロイト国法銀行設立に加わるいくつかの銀行の資産救済の業務を与えられた。彼は、銀行家に必要な特性であるところの「信頼」を鼓舞した。

一九三三年に、ドッジは、デトロイト貯蓄銀行（その後いくつかの合併を重ねて現在はデトロイト銀行）の取締役頭取になった。この事業は、彼のその後の人生における最大の関心事となる。どのような名誉ある地位が彼に提供された時でも、彼が最初に考えたことは、デトロイト銀行の仕事からどのくらいの時間を割くことができるかであった。銀行の取締役達は、彼がどのような新しい任務に就くことでも、寛大に認めはしたが、彼らの懸念は、常に、ドッジなしにどうやってうまくやっていけるかであった。事業や計画が、彼の設定した路線の上を順調に進み続けるということは、銀行への彼の貢献であった。

銀行業界における彼の名声が高まるとともに、遠くニューヨークやサンフランシスコの銀行から誘いがかかるようになったのも驚くべきことではない。デトロイトはドッジが才能を発揮する場としては小さすぎるという考えには、実際上の根拠はない。ドッジの文書によれば、デトロイトは常に課業の最後に到達すべき目標地であり、魅力的な誘い（その時には秘密だった）にもドッジは動かされなかった。

第二次大戦中は、ドッジは陸軍省価格調整委員会議長に就任したが、ここで彼は政府関係者に知られるようになった。戦後、彼は、しばしば、調整が悪い世界の金融財政問題についての助けを求められた。彼が占領軍に続いてドイツに赴き、ドイツ経済を再建したことを、ドイツ人は彼の大きな貢献だと思っている。ヨーロッパのエコノミストの間で権威者として尊敬されているジャック・ルフは、ドッジの計画に従って一九四八年に実施されたドイツ通貨改革を「貨幣政策の分野でこれまでに達成された最大の成功、……通貨改革によってドイツ経済は決定的に回復に向かった、……通貨改革は死体状態のドイツにたいする『立ちて歩め』の信号を意味した」と評価している。日本も同じように、かつて緊縮政策の必要性を痛感させられたことが知られている。一九四九年に初めて日本に赴き、占領軍を後ろ盾にして予算を編成してから、ドッジは、毎年秋に次年度財政政策の決定を助けるために日本に呼ばれていた。これらの期間、ドッジは、ワシントン政府の意向と食い違いがちなアメリカ軍・新しい日本政府の要求について徹底的に議論した。多くの場合、ドッジは説得に成功し、その成功の証拠が、度重なる訪日要請であった。被占領国の政府指導者たちは、ドッジの誠実さと彼の決定の正しさを信じて、緊密な友人となったが、そのことは、厖大な往復書簡の山がよく示している。決定することの難しい問題があった。その多くは、短期的には厳しい結果をもたらすから、最終目標が判らない関係者には評判が悪いものであった。心うたれる例は、ある日本の若者からの手紙である。彼は、土台から柱をはずすようなやり方の反インフレーション政策が、彼の家族を困窮の淵に突き落とし、突然に学業を続けることを断念して働かざるを得なくしたので、ドッジの政策を憎んだ。しかし、やがて、ドッジの措置は、彼にとっては辛くても、祖国を救うものであることを悟るに至ったので、心が変わった。このことをドッジに伝えたいという手紙である。

この時期の書簡類は、政府が活動する上での障害、つまり、官僚的形式主義、外交的不手際、省庁間の協力の欠如などを描き出している。それらのすべての場合に、ドッジは善意と相手への敬意を失うことはなかった。ドッジは、仕事熱心で、よく働き、効率的で、私欲を持たず、最高に有能な男という人物像を示した。彼は、このような厳格さであらゆる場合に対処できたから、争うことが極めて難しい相手であった。

彼の名誉ある地位、役職、任命、会員加入などの一覧表は、多忙な人が仕事をこなすのに求められるものがなんであるかについての古い格言の正しさを証明している。「注意力をそそがないつもりの仕事には就くべきでない。人が成功するのは、その仕事に責任を持つからである。」彼に求められる時間は厖大なものであった。秩序正しい整然とした対応が、広汎な業務達成を可能にした基本的な要素であった。「ひとつの時間にはひとつの危機」というモットーが、アイゼンハワー大統領政権下の予算局長官やさまざまな相談役職としてワシントンに居た熱狂的な時代に、彼の精神を正常に保ったのであろう。この時期の文書は、アイゼンハワー政権の歴史を書く人の必読資料である。いくつかのアイゼンハワー書簡は、アビレーンの図書館に移管されたが、基本的な資料は、ドッジ文書の中に残されている。予算局は、政府の中心的機関に発展した。アイゼンハワー政権下では、戦時から平和時への転換期の調整機関として、また、国際貿易関係改革の試みにかかわって、予算局は重要な位置を占めた。

ジョセフ・ドッジの個人哲学は、すべての問題について保守的であるという傾向を持っていた。ビジネスと政府において、この哲学は、彼を硬貨主義者、安易な財政支出拡大への敵対者とし、負債を疑わしい眼で見る傾向を与えた。政治的には、彼は共和党寄りであった。反面では、彼の同僚達は、しばしば彼の決断のあるものが自由主義的であることに驚き、民主党も、必要な場合に彼を起用することを怖れはしなかった。

冷徹な性格の専門家であるにもかかわらず、彼は、決して、近づきがたい人物ではなかった。彼の書簡からは、さまざまな立場の人々から暖かく尊敬された人であることが判る。ルシアス・クレー将軍とアイゼンハワー将軍は、彼に情愛深い態度で接した。マッカーサー将軍とリッジウエー将軍は、彼が占領行政に不可欠な人物であるばかりでなく、好感の持てる人物として幕僚に迎え入れた。

ドッジには講演の要請が多かった。彼は、複雑な問題が含む本質的な問題点を明らかにする特別な才能を持っていた。彼は、しばしば、企業経営講座の講師を務め、一度は、反インフレーション政策を説く全国遊説を行った。これらの講演や各種雑誌への寄稿は、ドッジ文書のなかの少数ではあるが重要な部分となっている。

第二次大戦中と戦後の経済政策、講和問題（特に、彼が主席全権となった対オーストリア講和）、ドイツと日本の戦後経済におけるアメリカ合衆国の役割などを研究する学生は、構想をまとめるためにドッジ文書を閲覧しなければならないであろう。地域のレベルでは、いわゆるドッジ・レポート「一九五七―五八年度の租税と財政問題に関する市長諮問委員会の地方財政問題研究」は、デトロイト市の歴史のなかの金字塔となっている。ドッジ文書は、現代銀行業史を書こうとする学生も励ましてくれるであろう。

ジョセフ・M・ドッジ文書が寄贈されたことは、故郷の町の市民によりよく知られるべき人物が残した資料を利用可能にした点で、大きな貢献である。世界的な影響力を持ちながら、その根を生まれた町に残した人物にふさわしい記念碑が、このドッジ文書である。

この紹介文の筆者（氏名不詳）によれば、ドッジは、保守的（conservative）な思想の持ち主とされている。H・ションバーガーも、「ドッジはその全経歴を通じて、銀行家としてのオーソドックスな世界観に忠実だった」と書いている。[7]「保守的な銀行家」ドッジは、銀行経営について、次のように書き記している。[8]

「銀行をつくるものは借り手ではなくて預金者である。貸出資金の大部分は借り手以外の預金者の資金なのである。貸出資金を供給する預金者の利益よりも、借り手の要求に重きを置くようになると、銀行は必然的に弱體化するに至る。（中略）銀行業務を取締る色々な立法というものは、その大部分が投機的目的に傾く銀行資金を不健全なりとする根本原則を確立するにあつた。[9]」

「（財務相談に際しては）基本的に健全なやり方としては、次の原則を守ることが妥當であろうと思う。すなわち、一・相談を受けた場合だけ助言を與うべきであり、しかも自分の知つていることだけにこれを限定すること。二・銀行の営業及び取引、それに預金保護のため必要とされる處置に限つて相談に應ずること。三・投資相談については財産の保全のみを目的とし、利息以外の金儲けの助言をなすべきではない。[10]」

まさに、オーソドックスな銀行家の発言である。とはいえ、ドッジは古色蒼然とした銀行家ではなく、経営者の責任について、「経營者は自らの利益のために、又は自らと密接な關係のある事業の所有者の利益のために、事業を経營することを以て能事了れりとしてはならない。何故ならば會社組織が発展した結果、経營は所有より分離され、経營者の責任はいよいよ重きを加える傾向にあるからである。」として、株主・従業員・顧客・公衆の四つの基礎的集団間の公平を維持することに努力すべしという主張（一九三八年九月の国際経営者会議におけるジョーンズ・マンビル社社長L・H・ブラウンの演説）に賛意を表している。[11]

また、ドッジは、「良い事業と悪い事業の差、良い銀行と悪い銀行との差は資産、建物、設備、記録にあるのではなく、それよりももっと内面的なもの、つまり指導運營する人の心に存する。[12]」と述べて、経営者能力の重要性を強調し、経営者に求められる能力のひとつとして、「物事を簡略化して考えること」を挙げている。[13]「世間の多くの人々は自分のする仕事を簡單化する代りに、複雑化する傾向がある。その精神的過程は『中心的事實』以外の雑多な事物を考えることによって妨げられ、歪められ、害われている。」というわけで、このsimple thinkingは、ドッジ自身が身につけた思考様式の特徴と言えよう。

ドッジは、熟練した経営者になるには経験と観察のほかに他人の得た知識を取り入れることが不可欠であると書いているが[14]、これも彼を特徴づける行動様式のひとつである。ドッジ・ペーパーの「日本一九四九年」ファイルの中には、ドッジが、四種の研究書（論文）から抜粋・要約した四五ページに及ぶインフレーション・ノートが残されている[15]。作成月日は不明であるが、ドッジ・ラインを決定・実行する過程で、ドッジは、インフレーションの経済学やベルギー・イタリー・フランスの通貨政策についての研究を精読して知識を吸収したことが分かる。

インフレーションについてのドッジの考え方は、やはり、ドッジ・ペーパーの中の「インフレーション問題へのコメント[16]」というメモに述べられている。ドッジは、「無責任な財政政策はいかなる経済援助も無意味にする」、「インフレーション抑制を困難にする要因のひとつは、だれでも、インフレーションによって苦痛を伴わない財政金融政策が可能になり財政失政の責任から免れられることを歓迎することである」、「長い間、人々は、まるで生産費や貨幣価値は問題にしなくて良いというように振る舞ってきたが、そのような時期は終わった」、「生産能力と生産性の上昇によってしか貿易赤字は克服できない」、「インフレーションは、消費財生産に資源を偏らせて、経済の健全な回復を妨げる」、「経済安定は、自発的な自己犠牲、厳しい緊縮財政、経済統制の強化のいずれかによる貯蓄の大幅な拡大によってしか達成されない」、「投資計画は、適切な消費抑制措置を伴わないと、賃金稼得者の手に過剰な購買力を創り出してしまう」、「イギリスでは見返り資金は大部分が政府債務返済に用いられたが、フランスでは見返り資金の三分の一が産業に投資されて、インフレーションに拍車をかけてしまった」、「見返り資金の主要な機能の一つは、購買力を縮小するために使用されることである」、「生産と生産性の上昇に直接寄与する投資に最重点が置かれるべきであり、住宅・教育・福祉などへの資金投入は間接的にしか寄与しない」、「インフレーション問題は、単に輸出を拡大するだけでは解決できない。輸出拡大には、消費の縮小と生産の拡大が伴わねばならない」などの断定的短文を二八項目にわたって書き上げ、最後に、「ドルは、必要とされる努力の代替物ではありえない」と記している。

アメリカの対日援助を早期に打ち切ることができるように、日本経済を自立させるという政策目的を設定したときに、採用すべき政策の基本線を検討したドッジの、まさに simple thinking の成果がここに表現されている。財政・金融の緊縮→過剰購買力の削減→インフレーション抑制→輸出拡大、あるいは、緊縮財政→貯蓄増加（+見返り資金からの生産的投資）→生産能力・生産性の上昇→輸出拡大という政策路線が簡明に示されている。これに、単一為替レート設定による国際市場との関係の正常化を加えると、ドッジ・ラインの基本的政策体系が完成することになる。採るべき道が確定したときには、いかなる反対論に遭遇しても、断固として自己の選択を貫き通すことも、ドッジの信条であった。自己の経験に「他人の得た知識を取り入れ」ながら、simple thinking を行って得られた問題の本質の鋭い把握のうえに、断固として実行されたのがドッジ・ラインであった。

ドッジは信念の人ではあったが、理想を高く掲げてその実現に邁進するようなタイプではなかったし、政治的な野心家でもなかった。ションバーガーは、ドッジを「精力的なナショナリスト（vigorous nationalist）」[17]と呼んでいるが、これは、ドッジがアメリカとアメリカ企業の利益を擁護する立場に立って、共産主義との対決姿勢を鮮明にしていたことを指す言葉で、ドッジの行動には、アメリカ人が広く共有するアメリカ中心主義、反共主義が、やや強めに現れているに過ぎない。アイゼンハワー大統領のもとで予算局長官に就任するが、これも、共和党支持者としてというよりは財政金融専門家としての政権参加であった。

ドッジ・ラインの成果が現れてきた頃、一九四九年九月に、ドッジは、W・マーカット総司令部経済科学局長に、自分はマッカーサー最高司令官に取って代わろうなど考えてもいないという手紙を送っている[18]。これは、マーカットが八月に送った極秘の手紙への返事で、マーカットは、この手紙で、人騒がせな風評（alarmist data）をW・シーボルト総司令部外交局長がワシントンから持ち帰ってマッカーサーに報告したことをドッジに告げていた[19]。この風評とは、国務省が日本占領の主導権を握ろうとしており、ドッジを新しい最高司令官に据えようと画策しているという内容のものであった。ドッジは、本国政府の高官達は、だれも日本占領の責任をマッカーサーに代わって引き受けようなどとは考えていないと断言し、自分についても、その役に推薦されたこともなければ、そのようなことへの望みも、意図も野心もないと書いている。ドッジは、これまでも、政府や占領地での責任ある地位に就くつもりがあるかと誘われてきたが、すべて断っているとも述べている。この時期に、占領地行政の担当者を軍人から民間人に切り替えるべきであるとの考え方が表に出たことは事実であったらしく、ドッジもそれに賛成ではあったが、自身の問題としては野心のないことを強調したのである。ドッジは、「私は何も欲しくない（I want nothing）」と述べて、「そうすることで誰かが幸せになるのであれば、私はいつでも日本での職を辞任する」と言い切っている。ドッジ・ラインの実施途上で、マッカーサーとの関係が悪化することを避けようとした発言でもあろうが、ドッジは、本来、権力志向の強い野心家ではなかったと見ることができよう。

(2) アメリカ政府・GHQ

このドッジの弁明事件でも分かるように、アメリカ本国政府と占領軍の間には、しばしば意見・利害の対立関係が生じた。そもそも、アメリカ政府は対日占領政策に関しては、その基本線のみを指令する場合が多かったから、政策の具体的実施方針はGHQが決定することとなった。GHQは、決定した方針について陸軍省経由で本国政府の了承を求めるのが通常のルールであったが、冷戦体制に入る頃から、両者の間の認識のズレが表面化してきた。たとえば、非軍事化政策を徹底しようとしてGHQが立案した経済力集中排除法案は、占領政策の転換を模索し始めた本国政府にとっては不適切な措置と考えられ、法案承認の交換条件として集中排除審査委員会DRB派遣が行われ、集中排除政策は実施段階で大幅に緩和されることとなった[20]。

ドッジ・ラインの時期には、前に述べたようにヤング勧告を支持する本国政府と中間安定路線を主張するGHQが対立した[21]。対日占領政策の転換を進めていたアメリカ政府は、前述のように一九四九年一〇月には国家安全保障会議でNSC13/2文書を採択し、それをマッカーサー最高司令官に伝達したが、マッカーサーは、それを受容することを拒んだ。NSC13/2文書では、GHQの機能縮小、権限の日本政府への委譲、日本の警察力の強化などが新しい方針として掲げられていたが、マッカーサーはそれらに反対の意向を持っていた。そこで、マッカーサーは、NSC13/2は、アメリカ極東軍司令官を拘束する新政策文書ではあるが、連合国軍最高司令官にたいする正式指令ではないから、執行責任は負いがたいという態度をとったのである。

本国政府と現地司令官との間の軋轢が極めて大きくなった時に、ヤング勧告を軸とした経済安定政策を日本で実施するためには、マッカーサーに新政策を承認させることと、その実行を確実にするための方策をとることが必要であった。陸軍省では、W・ドレーパー次官が中心になって、新しい経済安定政策を連合国軍最高司令官にたいする「中間指令」として発出することと、政策の実行を担当する人物を日本に派遣することの両面での準備が進められた。

一九四八年六月にヤング勧告が提出されると、マッカーサーは、原則的には賛成できるが単一為替レートの設定時期（勧告では一九四八年一〇月）については全く同意できないことをドレーパーに伝えていた。ヤング勧告を検討した国際通貨金融問題に関する国家諮問委員会（ＮＡＣ）では、為替レート設定は「可能な限り早い」時期にという表現に改めた経済安定措置を決定した。ＧＨＱは、この決定を受けて、一九四八年七月には、日本政府に、ヤング勧告の内容を盛り込んだ「経済安定一〇原則」を非公式メモのかたちで指示した。しかし、公務員法改正問題などに忙殺されていた芦田内閣はこの指示に対応するゆとりがなく、一〇月に成立した第二次吉田内閣も選挙管理内閣を自認していたので積極的な取り組みを示さず、また、ＧＨＱも強く実施を要請することはなかった。本国政府がヤング勧告に沿った一挙安定政策の実施を求めたのに対して、ＧＨＱはこれまでの中間安定論寄りの路線に固執し、賃金統制を行うことでインフレーションを抑制する方針を採ったのである。一九四八年一一月には、いわゆる「ヘプラー賃金三原則」を提示して、まず公務員給与改定に厳しい姿勢を示した。

アメリカでは、一九四八年一二月のＮＡＣスタッフ委員会で、ＧＨＱの姿勢に厳しい批判が出され、ヤング勧告に沿った経済安定政策が直ちに実施されない限り対日援助予算を承認しないという結論が出された。ドレーパー陸軍次官は、マッカーサーに状況を説明した電信を送り、ＮＡＣ本会議では、ロイヤル陸軍長官が、マッカーサー最高司令官に為替レートの早期設定を含む経済安定政策を指令することを約束して、ようやく対日援助予算への同意を取り付けた。この経済安定政策は、国家安全保障会議ＮＳＣに付議された上で、トルーマン大統領の承認を受けて、「中間指令」として、マッカーサーに送付された。

マッカーサーは、正式な指令である以上、これを受け入れざるを得ず、結果についての疑義を述べながら、実施のために最善を尽くすと返電した。そして、マッカーサーは、中間指令を、「経済安定九原則」として、一九四八年一二月一九日に吉田首相宛の書簡のかたちで日本側に指令した。ただし、中間指令では、経済安定政策実施後三ケ月以内に単一為替レートを設定することが明示されていたが、この部分は日本側には示されなかった。為替レート設定は時期尚早としていたＧＨＱが、本国の指令で政策を転換せざるを得なくなったという事実を、日本側に知られたくない配慮が働いたと推察される。

一方、経済安定政策の実施を担当する人物の日本への派遣を考えたドレーパーは、まず、ドイツ占領時代の同僚であるドッジに協力を要請した。ドレーパーは、一九四五年から陸軍次官に就任する一九四七年まで、ドイツ軍政部経済部長・軍政長官経済顧問を務め、四歳年長の財政部長ドッジの力量を熟知していたし、ドッジが在職中の一九四六年五月に立案した西ドイツ通貨改革案（コルム＝ドッジ＝ゴールドスミス案、新通貨発行・旧通貨価値切り下げ・単一為替レート設定）が、一九四八年から実施されて大きな成功を収めたのを知っていた。

ドッジは、全米銀行家協会会長として多忙であることを理由に、最初はドレーパーの要請を断った。ドレーパーは、他の候補者と折衝したが合意を得られず、再びドッジに連絡して、日本行きは不可能でも経済安定計画立案への協力を求めた。ドッジは、日本問題を検討して、意見を示し、安定計画を主導する重要人物のグループの日本派遣を提案し、ドッジ自身もそのグループに加わる可能性を示唆した。そこで、ドレーパーは、トルーマン大統領とドッジの会見を斡旋し、中間指令を発出した翌日に、トルーマンはドッジをホワイトハウスに招いて日本赴任を要請した。ドッジは、デトロイト銀行の役員会の同意を得る必要があるし、長期間の日本滞在は無理であろうと述べて回答を保留した。デトロイト銀行役員会がドッジの要請を受けて三ケ月の離任を承認した後、ドッジは、日本行きを正式に受諾し、同行するメンバーを選んだ。GHQと本国政府間の軋轢も知らされ、マッカーサーとは面識が無いことを懸念するドッジに配慮して、ドッジには最高司令官財政顧問と同時に公使の資格が与えられ、日本派遣にはロイヤル陸軍長官が自ら付き添う手順が決められたのである。ドッジは、自分に課せられた任務の困難さを、十分に理解した上で、日本に出発したのであった。

（3） 日本政府・日本銀行・財界

この時期の日本側の舞台裏（Off-Arena）として、まず、政権政党を見ると、社会党・民主党・国民協同党が、三党連立の片山・芦田両内閣を組織した後には、民主自由党（のち自由党）の吉田内閣が続いた。諸政党の経済政策は、社会党が計画経済的な経済統制に力点を置き、民主党・自由党系が自由主義的な政策を主張するという違いはあったものの、ドッジ・ラインのような厳しい財政金融引き締め政策を提唱する政党はなかった。ところが、経済安定九原則が指令されると、表向きは各党ともそれに賛成の態度を示した。鈴木武雄は、「いかなる反対も許さないというマッカーサー書簡の強い態度のためか、民自党のみならず、共産党を含めたあらゆる政党が『九原則』には忠誠を表明したのであって、折からの総選挙において、あらゆる政党がわが党こそ『九原則』実行の適任者であるとして競い合ったことは、占領下とはいえ、まことに悲しいことであった。[22]」と書いている。

第三次吉田内閣でドッジと直接折衝したのは池田勇人蔵相であった。大蔵官僚として健全財政主義を身につけた池田ではあったが、ドッジの超緊縮予算の要請には、直ちに応えることはできず、緊縮の緩和に動いたが、ドッジの壁は固かった。財政面からドッジの緊縮方針を崩すことは困難であったが、金融面から緊縮政策の影響を和らげる余地があった。日本銀行の一万田尚登総裁は、政府の金融政策と協調しながら、貸出の積極化を進めた。

財界では、中島久万吉、加納久朗などの人々が、ドッジへの意見表明と情報提供を行い、ドッジは、丁寧に彼らに対応していたが、もちろん、ドッジへの影響力はほとんど持たなかった。このほか、池田蔵相の秘書官として宮沢喜一、大蔵省渉外部長の渡辺武らがドッジとしばしば接触して、かなり親密な関係を結んだが、同様に、ドッジの意思決定に対する影響力は無かった。

おおむね、日本側の舞台裏では、ドッジ・ラインをどのように受容するかをめぐっての駆け引きは盛んに行われたものの、ドッジへの影響力を行使しようとする試みは、ほとんどすべての場合、不成功に終わったと言って良かろう。

D　政策の選択

ドッジ・ラインについては、すでにかなり研究の蓄積が進んでいるから、ここでは、詳細にわたってその内容を記述する必要はなかろう。[23] 初期の政策としては財政緊縮と単一為替レートの設定を概観しておこう。

（1） 初期の政策選択

a　財政緊縮

ドッジは、一九四九年二月一日に、六名の専門家チーム[24]を連れて来日した。ロイヤル陸軍長官にエスコートされた一行は、厚木飛行場でマッカーサー元帥に出迎えられて東京に入り、GHQ経済科学局から提出された資料を分析することから活動を開始した。二月一六日に第三次吉田内閣が成立してから後、池田勇人蔵相との会談を通じて、ドッジは構想を確定していった。池田蔵相との会談は、二月一九日の顔合わせを最初に、三月一日、三日、九日と行われ、二〇日の会談の後、二二日に予算原案がGHQから内示された。この内示案に対して、池田蔵相は、二四、二五、二八日と三回にわたってドッジと会談して、民主自由党の公約であった減税の実施などを要請したが、ドッジに拒否され、結局、内示案を政府案として国会に提出することとした。国会でも修正提案が行われたが、GHQに拒否されて、昭和二四年度本予算は、四月二〇日に政府原案、つまり、ドッジ案のまま国会を通過した。

ドッジは、予算編成についての基本線を、二月一七日付のマーカット経済科学局長の非公式覚書[25]として日本側に文書で示した以外には、文書による指示は行わず、会談に際して口頭で要点を指示した。しかし、本国政府への報告の形では、方針の要点を記述しており、三月二二日付の報告書原案[26]がドッジ文書のなかに残されている。これによって、予算編成方針の要点を要約すると次のようになる。

すでに送付済みの電信では、①政府債務を増加させずに、一般会計・特別会計を通じて総合予算を均衡させること、②政府支出は、現実的な歳入評価の限度内で行うこと、③予算が均衡化しても支出の性質によってはインフレーショナリーであることに注意することを勧告した旨を報告した。以下の勧告は安定達成に必要な特別の問題に関するものである。

Ⅰ　政府の長期信用供与は、見返り資金以外には停止する。復興金融金庫の新規起債は停止する。
Ⅱ　合衆国援助は、見返り資金として、SCAPの承認の下で運用される。
Ⅲ　民間貿易のための適当な実行勘定を開設する。
Ⅳ　補助金は、すべてを予算に計上し、将来廃止する方向で削減する。
Ⅴ　累積政府債務の償還計画を樹立する。
Ⅵ　人件費の削減と定員削減を行う。
Ⅶ　主食穀物価格は適正な水準にまで引き上げ、公団赤字を増加させるような補助金支出は行わない。
Ⅷ　鉄道通信事業は収支均衡を原則とする。
Ⅸ　すべての政府専管事業は、現存施設の範囲で最大の純収入をあげるよう再編する。
Ⅹ　現在の税制を維持し、減税は行わず、完全な徴税を行う。
Ⅺ　地方自治は財政的自立を伴わねばならず、中央政府同様の均衡を保たねばならない。
Ⅻ　公共事業はインフレ圧力を高めるから、必要最少限にとどめる。
XIII　失業救済費は、失業保険分のみを中央財政に計上する。
XIV　すべての政府関係機関は、予算均衡を原則とする。
XV　財政余剰は、債務償却に充当する。
XVI　適正な予算統制法を制定する。

以上のような基本方針で立案された昭和二四年度予算案は、周知のように、前年度が一四一九億円の歳出超過であったのに対して、一五六七億円の歳入超過となる、超均衡予算となったのである。復興金融金庫の新規貸出も停止され、財政インフレ・復金インフレの根は断ちきられた。

予算に関連して注目すべきことは、隠れた補助金を含めてすべての補助金を予算に計上して、その削減と早期の撤廃方針が取られたことである。ドッジは、各種の補助金に支えられながら価格統制が行われている現状を不自然と捉え、市場を媒介として価格が決定される資本主義本来のメカニズムを回復させようとしたのである。また、援助物資の払い下げ代金を見返り資金特別会計で管理し、政府債務の償還原資と復興設備投資資金として運用する仕組みを作ったことも、ドッジの安定政策の一環であった。

b　三六〇円固定為替レート

一九四八年一二月の「中間指令」では、経済安定政策実施後三ケ月以内に単一為替レートを設定することが指令されていたが、ドッジは、予算編成を優先させて、為替レート問題については発言を控えていた。

GHQでは単一レート早期設定が不可避と判断して、一九四八年一二月に為替レート特別委員会を設けて算定作業を開始し、一九四九年二月には、一ドル三三〇円の単一レート設定をドッジ調査団に提案した[27]。日本側でも、一九四八年一二月に単一為替設定対策審議会が設けられ、三〇〇円〜四〇〇円の範囲の諸案が検討されたが、一九四九年一月末には三五〇円程度が妥当との合意が得られた。

ドッジは、GHQと協議し、三月下旬には三三〇円を適正レートと判断した。しかし、ドッジは、GHQが提案した三三〇円レートの論拠をそのまま承認したのではない。GHQが、三三〇円レートを適当と判断した際には、単一レート導入によって国内価格水準に大きなインパクトを与えないことを前提として、輸入補助金一二三五億円を支出し、さらに七二億円の輸出補助金も支出することを条件としていた。予算編成に際して、ドッジは、三三〇円レートを想定して作業を行ったが、補助金に関しては、輸出補助金はゼロ、輸入補助金は八三三億円と裁定している[28]。つまり、ドッジは、同じ三三〇円レートでも、輸出入補助金をGHQ案より引き下げることによって、一層厳しく、単一レート設定後の合理化を企業に求めたと言うことができる。

GHQは、三月二二日に本国政府宛に三三〇円レートの承認を求める電信を送った。この提案を審査した国際通貨金融問題に関する国家諮問委員会（NAC）は、三三〇円レートよりも三六〇円レートの採用を勧告した。NACは、ポンドの切り下げを見越して、円安レートを選んだと考えられる[29]。

NAC勧告を検討したドッジは、それを受け入れたが、円安レートは輸入補助金の増額を必要とするし、輸出企業の合理化努力を鈍らせる効果もあるから、ドッジとしては不本意であったに違いない。NAC勧告の検討メモ[30]によると、ドッジは、三六〇円レート提案は、輸出振興とそれによる国内消費抑制を重視した案であると分析し、今の政策選択肢は、①輸出促進を第一義として物価水準の上昇ないし輸入補助金の増加を伴う円安レートを選ぶか、②物価を現在の水準で安定させることを第一義として三三〇円レートを選び、補助金削減による合理化と原料割当方法の改善によって輸出を促進するかの二つであるとする。そして、GHQが、輸入補助金はじめ他の補助金を二年以内に撤廃し、原料割当を改善して輸出を促進する効果的な計画を実行することに原則的には合意しているが、それは、難しくて早急には実現しそうにないから、円安レートを選ぶことに同意すると結論を出している。また、国際価格が低下しつつあり、他の通貨の切り下げがあり得ることを勘案すると、円安レートは妥当だとも述べている。ドッジは、理想的には三三〇円レートが望ましいが、GHQの政策能力と世界経済の現状を考慮すると、三六〇円レートが現実的には妥当だと判断したのである。そして、三六〇円レートは、予算成立後に設定することが望ましいと提案した。それは、予算案は三三〇円レートを想定して作成してあるので、予算案審議中に三六〇円レートを設定すると、政治的に複雑な要因が生じて予算成立が遅れるおそれがあるとの判断によっている。

昭和二四年度予算は、三六〇円レートを前提に輸入補助金などを増額して四月二〇日に成立した。そして、四月二三日には、GHQの覚書「日本円に対する公式レートの樹立」が出され、四月二五日の大蔵省告示によって、一ドル三六〇円レートが設定されたのである。

(2) C時空変化後の政策選択

ドッジ・ラインの実施は、物価を安定させることには成功したが、日本経済を不況におとしいれた。ドッジは、昭和二五年度予算編成に際しても超均衡予算を維持することを指示し、総合予算歳出は前年比一五・二%縮減され、歳入超過額は前年度の一五六七億円より減少したもののなお四一五億円に及んだ。さらに、財政緊縮の影響を金融面から緩和させる効果を持った日本銀行の金詰まり対策、国債買オペレーションと貸出に対して、GHQが警告を発して、一九五〇年春頃から日本銀行の政策変更が行われたから、不況は深刻化した[31]。

安定恐慌と呼ばれるような状況に直面したときに、朝鮮戦争が勃発して局面は一変した。一九五〇年六月二五日の北朝鮮軍の攻撃で始まった朝鮮半島の戦争は、アメリカ軍中心の国連軍の派遣、中国義勇軍の介入とエスカレートし、在日米軍の戦争関連物資・サービスの調達で、日本経済は、いわゆる特需ブームに沸き返ることになった。ドッジ・ラインは、朝鮮戦争発生という偶然的な出来事、C時空変化によって、初期条件とは異なった環境に置かれることとなったのである。

一九四九年一〇月に来日したドッジによって編成された昭和二五年度予算の執行中に朝鮮戦争が発生したわけで、状況の変化がもたらした最初の財政問題は、マッカーサー書簡によって指示された警察予備隊創設・海上保安庁強化への対応であった。補正予算の提出によらずにポツダム政令で処理することとされたため、憲法の財政条項解釈にもかかわる問題となって日本側は苦慮したが、結局、補正予算は組まずに、財政法の特例に関するポツダム政令に基づいて、既定予算中の国債費からの移用で、二四六億円を支出することとなった。この予算内容の変更についてドッジがどのようにかかわったのかは判明しない。

次の財政問題は、昭和二五年度補正予算であった。朝鮮戦争勃発前の一九五〇年四月から五月に訪米した池田蔵相は、ドッジと面会して補正予算と次年度予算についての話し合いを行い、基本線で合意を得ていた。朝鮮戦争勃発によって、物価は再び上昇する気配を示してきたから、補正予算では、インフレーションへの対応が新たな問題点となった。一九五〇年一〇月にみたび来日したドッジは、インフレーション効果を打ち消すような財政運営を要求し、外国為替特別会計の運転資金補給、つまり、インベントリー・ファイナンスに関して、借入金による処理ではなく一般会計からの繰入を指示した。

昭和二六年度予算についても、ドッジは、緊縮財政の継続を求めた。その結果、予算規模は一般会計総額で七一億円の減少、総合予算の黒字額は前年度より縮小したものの、なお一二四六億円で、超均衡予算は継続されることとなった。日本側にとって意外であったのは、米穀統制の撤廃の提案に対して、ドッジが反対したことであった。本来、統制撤廃論者であったドッジは、朝鮮戦争の動向を見ながら、中国の参戦を予測して、米麦統制の撤廃には慎重になったと推測されている[32]。

ドッジの第四回目の訪日は、一九五一年一〇月で、昭和二六年度補正予算審議と昭和二七年度予算編成の時期であった。ドッジは、インフレーション抑制を政策目標とすべきことを要請したが、直接的な影響を及ぼしたのは、米穀統制撤廃の延期を再度強調して政府の撤廃案を阻んだことなどで、講和条約も締結されたあとでもあって、ドッジの発言力はすでにかなり減退していたのである。

四　ドッジ・ラインをどのように評価すべきか

占領期に展開されたドッジ・ラインは、日本を対象とした政策であると同時に、アメリカの政策でもあることから、その評価は、日本側からとアメリカ側からとの二つの立場から行うことができる。ここでは、日本側からの評価に重点を置いて検討することにしよう。

A　初期政策の合理性

(1)〈大状況場〉に規定された初期条件・課題との関連

資本主義対社会主義という対立の構図のなかでは、ドッジ・ラインはどのように評価できるであろうか。日本を資本主義国として西側陣営に参加させることは、アメリカの基本戦略であり、同時に、日本の保守政権の希望でもあった。前述のように、朝鮮戦争が開始される前の時点で、すでに、アメリカは対日占領政策を転換して、日本の経済復興を早急に実現することを政策目的としたのであり、ドッジは、日本を資本主義国として再出発させる課題を担ったのであった。

ドッジが選んだ政策は、経済統制と管理貿易という政府介入によっていわば人為的に維持されている日本経済を、市場原理が正常に作用する資本主義本来の姿に戻すことを大きな目的にしていたと見ることができる。国内的には各種の補助金によって、対外的にはアメリカの経済援助によって日本経済が辛うじて維持されている状態を、ドッジは、「日本経済は自分の脚に立って居ない。国内補助金と輸入物資によって松葉杖をついて居る。しかし松葉杖があまり長くては外したときに足を折って了ふ。[33]」と批判した。のちに「竹馬の二本の足」と表現されたふたつの「松葉杖」を取り去ることによって、日本を市場経済に復帰させることがドッジの狙いであった。

戦時経済から戦後経済への移行のなかで、経済統制が再編成され、物資の価格統制・配給統制が続き、公定価格は補給金によって支えられる状況は、たしかに正常な市場経済とは言えなかった。また、貿易は日本政府の円建て管理とGHQのドル建て管理という二元的システムで、日本経済は人為的に世界市場からは切り離されており、複数為替レートという実質的な貿易補助金支給によって輸出入が可能になる仕組みで、国際的な市場原理は作用しないという異常な姿であった。

各種補助金を削減・撤廃し、単一為替レートを設定することによって、国内的にも国際的にも市場経済の作用を回復させることに成功したのであるから、ドッジは、戦後日本経済が持っていた不正常さを払拭して、日本を正常な形で資本主義陣営に復帰させたと評価して良かろう。

もちろん、これは資本主義経済システムとしての正常化であるが、そのことが直ちに日本資本主義が経済的にも社会的にも安定して「アジア反共の砦」になったことを意味するわけではない。この点は、以下で引き続き検討すべき課題である。

(2)〈中状況場〉に規定された初期条件・課題との関連

二〇世紀資本主義という資本主義の発展段階における政策としては、ドッジ・ラインをどのように評価できるであろうか。戦後改革で階級宥和を実現させる枠組みはできたものの、経済復興が軌道に乗らない状況では、労働者に所得を保証することはできない。インフレーションの進行は、農民には生産物の闇流通による意外の所得をもたらす場合があるが、労働者にとっては実質賃金上昇が抑制されて不満は高まる。一九四八年の農家所得は、一九三四―三六年を一〇〇として一一三という水準に上昇しているのに対して、実質賃金は一九四八年で一九三四―三六年を一〇〇として四八にしか達していない[34]。インフレーションを克服して日本経済を成長軌道に乗せることは、階級宥和の面からも要請されていた。

とはいえ、ドッジ・ラインは、中長期的にはこの要請に応えられるとしても、短期的には、不況と賃金抑制、さらには失業増加をもたらす可能性が大きかったから、階級宥和とは相反する効果を持つことになる。かつての井上財政が、緊縮政策による階級宥和面でのマイナス効果に対して、労働組合法制定による同権化政策を提起したような対応策を、ドッジは用意しなかった。むしろ、ドッジは、まえに紹介したように、インフレーション抑制のためには「賃金稼得者の手に過剰な購買力」を与えないこと、福祉政策への資金投入は制限すべきことを主張したのであるから、階級宥和政策など眼中になかったと言えよう。ただし、ドッジは、労働者への影響を無視していたわけではない。池田蔵相が価格差補給金の即時撤廃を主張したのに対して、輸出補助金は撤廃したが輸入補助金・価格差補給金は削減に留めた理由を、ドッジは、「単一為替レート決定の影響が判然とせぬときに急に補助金をやめることは二正面作戦となり、特に労働者をあまり一度にshockすることになる」と述べている。[35] 宥和政策というよりも労働運動が激化することを回避しようとする配慮は、ドッジにもあったわけである。

岡崎哲二・吉川洋は、ドッジ・ラインを、賃金と物価の悪循環を切断する「所得政策」としての意味を持つと評価している。[36] つまり、補助金削減が企業に賃金抑制を余儀なくさせる効果を重視して、所得政策と評価するのである。用語の意味するところは異なるが、二〇世紀資本主義の政策として、賃金抑制によって資本に利潤を保証する「所得政策」がある。この意味の所得政策としてドッジ・ラインを評価することは可能であろうか。二〇世紀資本主義は、利潤保証と賃金保証という二律背反的目的を追求する政策体系を持つが、ドッジが、このうちで利潤保証を優先させて賃金保証は目標としなかったとすると、ドッジ・ラインを二〇世紀資本主義の政策と評価することはできない。単なる資本優遇政策に過ぎなくなってしまう。現実には、ドッジ・ラインは、労働者に厳しいばかりでなく、資本にも厳しい政策であった。補助金やインフレーションによって利潤を保証されていた資本にとっては、補助金の削減・撤廃と財政・金融面からの緊縮によるインフレーション抑制は、短期的には利潤形成が困難になる状況をもたらす。この限りでは、ドッジ・ラインを利潤保証政策そしてその一環としての所得政策と評価することはできないであろう。

資本にも労働にも厳しい姿勢で臨んだドッジが意図したところは、緊縮政策と単一為替レート設定によって、企業が徹底的な合理化を進めることであった。ドッジは、帰国後、一九四九年八月に池田蔵相に宛てた書簡では、「日本は何よりも生産性の上昇と輸出の拡大によって国際競争力を高めなければならない」と書き送っている。[37] ドッジは、合理化、生産性上昇によって日本経済が国際競争力を高めることを期待して、ドッジ・ラインを推進したのである。これは、かつて井上財政が、金解禁・緊縮政策によって産業の合理化を進め、国際競争力を強化して日本経済を真の繁栄に導こうとしたことと極めて類似している。前章で、井上財政を、二〇世紀資本主義の生産力保証政策と評価したのと同様に、ドッジ・ラインも、戦後日本の脆弱な企業、つまり、統制・補助金・対日援助・複数為替レートで温室的に保護され、国際競争力が著しく劣化している日本企業を、スパルタ的ハード・トレイニングで鍛え直そうという生産力保証政策と位置づけることができるであろう。ドッジ自身も、日本経済は温室経済(greenhouse economy)であり、温室の窓に穴をあけるか、企業を水に放り込んで泳がせる必要があると書いている(38)。

井上準之助が進めた金解禁は、第一次大戦時に金との関係を一時断ちきられていた円を、ふたたび金と結びつける措置であり、ドッジによる単一為替レート設定も、対外価値が変動的であった円を、ドルを介して金と緩い関係を持たせる措置であった。ともに、対外均衡を維持するためには国内均衡を犠牲にする政策選択を余儀なくされる仕組みを持つことになる。つまり、円の対外価値が国際収支の不均衡(赤字)によって不安定になる場合には、国内経済政策(緊縮政策)によって国内総需要を調整(縮小)することが必要になる。これは、資本蓄積と階級宥和のために国内均衡を重視する二〇世紀資本主義としては、政策展開の自由度が、対外関係によって制約される状態であるから、好ましいことではないとされる。その意味では、井上財政もドッジ・ラインも、二〇世紀資本主義とは不適合な面を持っているが、ともに、国際競争力の劣化という日本経済の再生産の危機に直面しての対応であり、生産力保証を最優先とする手段選択と見れば、二〇世紀資本主義的政策として評価することができる。

井上準之助が新平価解禁論を受け入れずにデフレ効果が強い旧平価解禁を選択したこと、そして、ドッジが、当初は、三六〇円ではなく企業にはより厳しい三三〇円レートを選んだことは、ともに、それが企業の合理化、生産性向上を一層強く要請する選択である点で共通している。二〇年の歳月をおいて、ふたつの緊縮政策は、おなじ政策目的を持って展開されたのであった。

（3）〈小状況場〉に規定された初期条件・課題との関連

インフレーションの抑制、経済復興と自立という課題に対して、ドッジ・ラインはどのように評価されるであろうか。浅井良夫の整理によれば[39]、鈴木武雄がマルクス経済学的な均衡財政論にたってドッジ・ラインを高く評価するのに対して、中村隆英はインフレ抑制が成功したのは実態経済面での条件が「中間安定」期までに整えられていたからであると主張し、インフレ抑制一本槍のドッジよりも生産復興とインフレ抑制を同時に推進しようとしたシャーウッド・ファインらの議論の方が「発想がより精緻」であったと評価し、ウイリアム・ボーデンは、ドッジ・ラインは物価にはあまり影響を与えず、むしろ産業復興を遅らせたと批判的な評価をくだしている。

ドッジ・ラインのインフレ抑制効果については、ディック・ナントも疑問を提出しており[40]、ドッジ来日以前から、物価の騰勢が衰える兆しが現れていたことは事実として確認されている。したがって、とめどないインフレが、ドッジ・ラインによってようやく抑制されたという理解は誤りと言える。そこで、ドッジ・ラインが実施されなくてもインフレーションは終息したかということが問題になるが、この判断は難しい。物価騰貴のみを対象とすると、一九四八年度の実質国民総生産が戦前（一九三四―三六年）の八五％程度にまで回復してきていたこと[41]を考えると、超緊縮政策が採られなくても、二～三年で騰勢は収まった可能性はあろう。ただし、これは、朝鮮戦争が起こらなかった場合を想定したもので、ドッジ・ラインが実施されていなければ、特需ブームのなかで、物価がふたたび急騰した可能性は大きい。

短期間でインフレーションを抑制したのは、やはり、ドッジ・ラインの作用というべきであり、朝鮮戦争の影響下の物価抑制効果を合わせて考えれば、ドッジ・ラインは、インフレーション抑制に大きな役割を果したと評価することができる。

では、ボーデンのような、ドッジ・ラインは産業復興を遅らせたという評価は正当であろうか。朝鮮戦争が起こらなかったと仮定した場合に、ドッジ・ラインがもたらしたいわゆる安定恐慌が、日本経済にどれほどの打撃をもたらしたかを推測すると、ボーデンの評価も当たっているかもしれない。しかし、ドッジ自身は、自らの政策を、デフレ政策ではなくディスインフレ政策であると規定していた。渡辺武大蔵大臣官房長に対して、一九四九年度予算は、「deflation にならぬ程度の disinflation を目途としている」と語っているし、池田蔵相の補助金撤廃提案に対して「補助金の減額には賛成であるが、今直ちに実行せんとするのは肺炎患者から酸素吸入をとって了ふやうなもので、完全な自由経済をすぐにやるわけには行かぬ」と反対しているところからすると、ドッジは、主観的には、「安定恐慌」のような事態の発生は避けようとしていたと言えよう。[42] ドッジは、復興金融金庫の新規貸付は停止させたが、見返資金特別会計からの生産的資金供給の道は開いたし、財政緊縮効果を日本銀行の資金供給増加によって緩和させることも初年度については容認したのであるから、政策として徹底的な緊縮、デフレ政策をとったわけではない。しかしながら、現実には、ドッジも予測していた世界経済の後退局面が続き、行政整理・企業整理が進む中で、ドッジ・ラインのデフレ効果は、強烈に現れたのである。この結果としての「安定恐慌」から、ドッジ・ラインを「産業復興を遅らせた」政策と評価するのは、いささかドッジには酷であろう。

B　C時空変化後の政策対応の合理性——朝鮮戦争への対応

二〇年前の井上財政が、世界恐慌と満州事変の勃発によって政策としては継続不能に陥ったのとは異なって、ドッジ・ラインは、朝鮮戦争の勃発によって、結果としての「安定恐慌」状態から脱出し、政策として継続することが可能になった。

特需ブームの中で物価騰貴が再燃する可能性が出てきた時に、ドッジ・ラインが継続されたことは、物価をある程度安定させる効果を持ったと評価できる。ドッジは、状況が変化した後も、財政については緊縮、国民生活については倹約、企業に対しては合理化を説き続けた。一九五〇年一〇月に来日した時に、ドッジは明治大学の七〇周年記念式典に出席して講演を行ったが、そのなかでは、現在の情勢にたいする過度の楽観主義（over-optimism）は危険であることを指摘し、この過度の楽観主義が、紙幣の刷り増しや公私の負債増加を是とするような考え方を生むとすると、将来、一九三〇年代の日本資源への過大評価がもたらしたものとは異なった形の災厄がもたらされるであろうと警告している[43]。緊縮路線を捨てた場合にもたらされる災厄とはなにかをドッジは明言していないが、世界経済のなかで自立困難なまま、再生産の危機に陥る日本経済を想定していたのであろう。

緊縮路線を固持しながら、ドッジは、米穀統制の撤廃提案に反対したように、状況の変化への敏感な反応を示した。この反応は、朝鮮戦争が長期化する場合を想定して食糧危機の発生を避けようという判断に基づくものと思われるが、結果としては、朝鮮戦争は短期に終結し、ドッジの反対は、その後長く食糧管理制度を存続させることになった。このことの評価には、別の議論が必要であるから、ここでは保留しておこう。

朝鮮戦争がもたらした特需ブームによって、日本経済は、復興への手がかりを掴み、一九五一年には実質国民総生産や鉱工業生産が戦前水準（一九三四—三六年平均）を越えた。ドッジ・ラインが目指した経済復興はほぼ達成され、ドル建ての経常収支は大幅な黒字を計上して、経済自立も一時的には実現した。日本（沖縄を除く）に対するガリオア援助は、一九五一年度限りで打ち切られたから[44]、アメリカの納税者の負担軽減という目標も実現されたことになる。

ここに至るまでに、ドッジ・ラインがどのような役割を果たしたかを評価することは、朝鮮戦争というドッジ・ラインにとってはC時空において生じた変化の及ぼした影響が極めて大きいから、かなり難しい。一般論としては、ドッジ・ライン下において企業が生き残りをかけて行った合理化努力が、特需ブームの時期以降に成果を結んだと見ることはできるであろう。あるいは、一人当たり労働生産性が一九五一年に戦前水準（一九三四—三六年平均）を越えたのに対して、一人当たり個人消費はようやく一九五三年に戦前水準に達したという推計を[45]、ドッジ・ラインの狙いとした国内消費の抑制と生産性の向上が成功した結果と読むこともできるかもしれない。より広く見れば、ドッジ・ラインが、国際関係においても国内関係においても、統制経済から市場経済への移行を推進した結果として、日本経済が復興から自立へと向かうことができたと評価することもできよう。

朝鮮戦争というC時空変化に負うところが大きいとしても、経済安定・経済自立政策としてのドッジ・ラインが果たした役割は高く評価すべきである。

五　むすび

現在までのところドッジを書名に掲げた唯一の刊行書である杉田米行とマリー・トーステンの共著では、ドッジは、日本におけるマッカーサーの権威を守るために「汚れ役（fall guy）」を演じたと評されている[46]。「ドッジは、最高司令官の上に落ちるであろう雷を引き寄せる避雷針の役割を引き受けた」というわけで、ドッジ・ラインがもたらす不愉快な結果は全てドッジが責任をとることによって、マッカーサーの名声を守るのが、ドッジの任務であったという評価である。面白い評価で、結果的には当たっている面もあるが、アメリカ政府のドッジ派遣の意図がそこにあったとは言えない。一方で、杉田とトーステンは、ドッジは、単にひとつのライン（Line）を引いたのではなく、日米関係が二〇世紀後半期における最も強力な経済関係を形成するための幅広い地政学的構造（a broader geometric configuration of political logic）を創りだしたとも評価している[47]。この評価は支持できる。

ドッジは、朝鮮戦争の恩恵で総合収支が黒字になった日本が、経済自立を達成したとは見ていなかった。特需に支えられた黒字には永続性があるはずはなく、対日援助が無くなり、さらに、中国貿易が断たれた後に、日本の国際収支が均衡する保証はなかった。GHQも日本側も、この点に危惧をいだいて、アメリカ対日援助打ち切り後にも、継続的にドル供給が行われるような仕組みをつくり出そうとした。これが、「日米経済協力」構想であった。

「日米経済協力」構想の歴史経緯は複雑であるが、中村隆英、浅井良夫らの研究によってかなり解明されてきた[48]。出発点は、朝鮮戦争のなかで日本の潜在的な軍需生産能力を動員してアメリカの軍需動員体制を補完するという軍事色の濃い構想であったが、同時に、アメリカのドル建て発注を対日援助の代替にする意図を含んでいた。一九五一年四月にはＧＨＱ経済科学局のマーカット局長がワシントンに出張して、構想の具体化について本国政府と折衝し、日本がアメリカの緊急調達計画に参加できるという経済協力の基本線を確認した。この際に、ドッジもワシントンでマーカットと会談し、日米経済協力構想を支持するとともにその実現に協力した[49]。その後も、ドッジは、講和後の日米経済協力関係についての公式覚書の策定にかかわり、さらに、トルーマン政権での日本経済問題に関する国務省顧問としても、あるいは、アイゼンハワー政権の予算局長官に就任してからも、日米の経済協力について積極的に発言した。もちろん、対日援助を松葉杖の一本と言ってそれへの依存を批判したドッジであるから、日米経済協力構想で、日本がアメリカの緊急調達計画に過度に依存することには賛成せず、あくまでも、品質と価格の競争をベースとする経済関係の樹立を促進しようとした。このために、ドッジは、機会あるごとに日本が緊縮政策を採るべきことを主張し続けた。

まさに、ドッジは、ドッジ・ラインを実施しただけではなく、その後の日本経済が、アメリカ経済との関係を安定的に持続することのために尽力したのである。これは、ショーンバーガーが指摘するように、「日本経済はアメリカ経済圏の中に再統合されねばならない The Japanese economy had to be reintegrated into the American economic orbit[50]」という観点からの、「精力的なナショナリスト」ドッジの行動であった。

ドッジは、日本資本主義が直面していた大・中・小〈状況場〉に規定された課題に対して、極めて的確な合理的な政策を実行すると同時に、アメリカ資本主義が直面した課題に対しても、合理的な政策を選択したと評価することができよう。

（1）　対日占領政策の転換過程についての筆者の分析は、『日本占領の経済政策史的研究』二〇〇二年、日本経済評論社、第三章「戦後民主化と経済再建」に略述した。詳しくは、通商産業省通商産業政策史編纂委員会編『通商産業政策史　二　第一期戦後復興期（一）』

（一九九一年、通商産業調査会）の第一章「対日占領政策の推移」（三和良一執筆）参照。

（2）前掲『日本占領の経済政策史的研究』第八章「戦後改革の評価――日本の非軍事化は成功したのか」、二七〇―二七一頁参照。

（3）前掲『戦間期日本の経済政策史的研究』第八章「労働組合法制定問題」参照。

（4）国民経済研究協会の推定数値。三和良一・原朗編『近現代日本経済史要覧』（補訂版）二〇一〇年、東京大学出版会、一四六頁。

（5）塩野谷祐一「占領期経済政策論の類型」荒憲治郎他編『戦後経済政策論の争点』一九八〇年、勁草書房所収。

（6）ドッジ・ラインについての研究は別として、ドッジ個人の名をタイトルに含む研究書として公刊されているのは、管見の限りでは次の一書のみである。Yoneyuki Sugita & Marie Thorsten, *Beyond the Line: Joseph Dodge and the Geometry of Power in US-Japan Relations, 1949-1952*, 1999, University Education Press.（大学教育出版、岡山市）。

（7）H・B・ショーンバーガー（宮崎章訳）『占領一九四五～一九五二　戦後日本をつくりあげた八人のアメリカ人』一九九四年、時事通信社、二四五頁。原文は、Howard B. Schonberger, *Aftermath of War: Americans and the Remaking of Japan, 1945-1952*, 1989, The Kent State University Press, p.199.

（8）ジョセフ・エム・ドッジ氏著「事業経営者の道　外貳篇」帝国銀行調査部『帝銀旬報附録』一九五〇年七月。これは、帝国銀行調査部がデトロイト銀行月刊機関誌 *The Teller* への寄稿論文を翻訳したもので、ドッジは、「克明な補正を加えた上」で論文を提供したという。本書の存在は、伊牟田敏充・黒羽雅子両氏にお教えいただいた。

（9）「銀行及び事業經營について」（執筆年不詳）、同上書、四九頁。

（10）同上書、五一頁。

（11）「事業經營者の道」（一九三九年）、同上書、四五頁。

（12）前出「銀行及び事業經營について」同上書、六一頁。

（13）前出「事業經營者の道」同上書、二八―二九頁。

（14）前出「銀行及び事業經營について」同上書、六六―六七頁。

（15）Notes on Inflation, by Joseph M. Dodge. Dodge Papers, Japan 1949, Box 6, Folder: Inflation Notes. ここでドッジが参照しているのは次の四種である。Bresciani-Turroni. *The Economics of Inflation*; Leon Dupres, *The Monetary Reconstruction in Belgium*; Bruno Foa, *The Monetary Reconstruction in Italy*; Pierre Dieterlen and Charles Rist, *The Monetary Problems of France*.

（16）Comments on The Inflation Problem, by Joseph M. Dodge. Dodge Papers, Japan 1949, Box 7, Folder: General Notes――

Comments.

(17) ショーンバーガー、前掲書、二四五頁（Howard B. Schonberger, op.cit., p.200.）。

(18) Letter from Dodge to Marquat, September 9, 1949. Dodge Papers, Japan 1949, Box 2, Folder: Correspondence――Marquat. この手紙に言及した最初の研究は、Sugita & Thorsten, op.cit., p.37.

(19) Letter from Marquat to Dodge, August 24, 1949. op.cit.

(20) 大蔵省財政史室編（三和良一執筆）『昭和財政史――終戦から講和まで』第二巻「独占禁止」、第四章「独占禁止法と集中排除法」参照、一九八二年、東洋経済新報社。

(21) 以下、ドッジ派遣までの叙述については、前掲『通商産業政策史二　第一期戦後復興期（一）』、一五九―一七二頁参照。

(22) 鈴木武雄『金融緊急措置とドッジ・ライン』一九七〇年、清明会出版部、二四一頁。

(23) ドッジ・ラインの研究書・論文は、前出の塩野谷祐一、Y. Sugita & M. Thorsten, H. B. Schonberger, 鈴木武雄、三和良一のほかに、以下がある。鈴木武雄『現代日本財政史』第三巻、一九七〇年、東京大学出版会。中村隆英「金融政策」大蔵省財政史室編『昭和財政史――終戦から講和まで』第一二巻「金融（一）」、一九七六年、東洋経済新報社。大蔵省財政史室編（秦郁彦執筆）『昭和財政史――終戦から講和まで』第三巻「アメリカの対日占領政策」、一九七六年、東洋経済新報社。塩野谷祐一「物価」大蔵省財政史室編『昭和財政史――終戦から講和まで』第一〇巻「国庫制度国庫収支・物価・給与・資金運用部資金」、一九八〇年、東洋経済新報社。D. K. Nanto, "The Dodge Line: A Reevaluation", O. J. McDiarmid, "The Dodge and Young Mission", H. Schonberger, "The Dodge Mission and American Diplomacy, 1949-1950", L. H. Redford ed., *The Occupation of Japan—Economic Policy and Reform*, The Proceedings of a Symposium Sponsored by the MacArthur Memorial, April 13-15, 1978 (Norfolk, Va.: MacArthur Memorial, 1980.). 江見康一「第六章　昭和二四年度予算編成ならびに二四年度決算について」「第七章　昭和二五年度予算編成ならびに二五年度決算について」「第八章　昭和二六年度予算編成ならびに二六年度決算について」大蔵省財政史室編『昭和財政史――終戦から講和まで』第五巻「歳計（一）」、一九八二年、東洋経済新報社。日本銀行百年史編纂委員会編『日本銀行百年史』第五巻、一九八五年、日本銀行。伊藤正直「第五章第三節　外貨・為替管理と単一為替レートの設定」通商産業省通商産業政策史編纂委員会編『通商産業政策史四　第一期戦後復興期（三）』、一九九〇年、通商産業調査会。同『戦後日本の対外金融――三六〇円レートの成立と終焉』二〇〇九年、名古屋大学出版会。山崎廣明「第二章　日本経済の再建と商工・通商産業政策の基調」通商産業省通商産業政策史編纂委員会編『通商産業政策史二　第一期戦後復興期（一）』、一九九一年、通商産業調査会。香西泰・寺西重郎編『戦後日本の経済改革――市場と政府』

一九九三年、東京大学出版会。浅井良夫『戦後改革と民主主義——経済復興から高度成長へ』二〇〇一年、吉川弘文館。同「一九五〇年代の特需について（一）（二）（三）」成城大学『経済研究』第一五八〜一六〇号、二〇〇二年一一月、二〇〇三年一月・三月。同「三六〇円レートの謎」成城大学『経済研究』第一九二号、二〇一一年三月。

（24）専門家チームは、財務省・国務省・陸軍省から各一名、コーネル大学とラトガース大学の二名の財政学者とヤング勧告を作成した連邦準備制度理事会調査統計局のR・ヤング（Young）の六名で構成されていた。

（25）前掲、大蔵省財政史室編『昭和財政史——終戦から講和まで』第五巻「歳計（一）」、三九四—三九五頁。

（26）Supplementary Budget Policy Recommendations, by J. M. Dodge, March 22, 1949. Dodge Papers, Japan 1949, Box 2, Folder: Budget Policy. 日本銀行金融研究所編集『日本金融史資料　昭和続編』第二五巻、SCAP関係資料（二）、二七三—二七七頁所収。

（27）前掲、伊藤正直「第五章第三節　外貨・為替管理と単一為替レートの設定」通商産業省通商産業政策史編纂委員会編『通商産業政策史四　第一期戦後復興期（三）』、三三三頁。以下の単一為替レート関連の記述は、特記以外は同書による。

（28）前掲、大蔵省財政史室編『昭和財政史——終戦から講和まで』第五巻「歳計（一）」、四〇〇頁。

（29）浅井良夫は、前掲「三六〇円レートの謎」で三三〇円レートが三六〇円レートに変更された経緯を詳細に追究している。NACがポンド切り下げを予測して三六〇円レートを決定したという通説は、NAC資料では実証できない（当該時期のNAC資料の一部が未発見のためか）ことを指摘している。

（30）Memorandum, by J. M. Dodge. Undated. Dodge Papers, Japan 1949, Box 9 Folder: Program Material Official Memos. 前掲、日本銀行金融研究所編集『日本金融史資料　昭和続編』第二五巻、SCAP関係資料（二）、七五六—七六〇頁所収。このメモは、大蔵省財政史室編『昭和財政史——終戦から講和まで』第二〇巻「英文資料」（一九八二年、東洋経済新報社）の六二五—六二六頁にもドッジが送った電信として収録されているが、原資料は検討メモである。

（31）前掲、大蔵省財政史室編『昭和財政史——終戦から講和まで』第一二巻「金融（一）」、四五〇—四五七頁。

（32）池田勇人『均衡財政』一九五二年、実業之日本社、二八〇頁。

（33）一九四九年三月一日のドッジ・池田会談での発言。渡辺武『渡辺武日記——対占領軍交渉秘録』一九八三年、東洋経済新報社、三一九頁。

（34）『経済白書』昭和二五・三〇年度版の数値。前掲、三和良一・原朗編『近現代日本経済史要覧』（補訂版）一四八頁。『経済白書』昭和三〇年版、付表七〇頁。

(35) 一九四九年四月二日の池田蔵相との会談での発言。前掲、渡辺武『渡辺武日記――対占領軍交渉秘録』三四〇頁。

(36) 岡崎哲二・吉川洋「戦後インフレーションとドッジ・ライン」前掲、香西泰・寺西重郎編『戦後日本の経済改革』八二頁。

(37) Letter from Dodge to Ikeda, August 9, 1949. Dodge Papers, Japan 1949, Box 6, Folder: Ikeda Letter. 前掲、大蔵省財政史室編『昭和財政史――終戦から講和まで』第二〇巻「英文資料」、七七七―七八一頁。前掲、日本銀行金融研究所編『日本金融史資料　昭和続編』第二五巻、三一四―三二一頁に所収。日本語訳文は、前掲、大蔵省財政史室編『昭和財政史――終戦から講和まで』第三巻「アメリカの対日占領政策」、四二五―四二六頁による。

(38) Summary of Meeting with Finance Minister Ikeda, by J. M. Dodge, March 4, 1949. Dodge Papers, Japan 1949, Box 1, Folder: Budget Ikeda Interviews. 前掲、大蔵省財政史室編『昭和財政史――終戦から講和まで』第二〇巻「英文資料」、七五九頁。この部分の最初の引用は、Sugita & Thorsten, op.cit., p.79.

(39) 前掲、浅井良夫『戦後改革と民主主義――経済復興から高度成長へ』一六三頁。

(40) D. K. Nanto, op.cit., The Dodge Line: Reevaluation.

(41) 経済企画庁『国民所得白書』（一九六五年版）の数値による。

(42) ドッジの発言は、一九四九年三月一九日、同年四月二日のもので、前掲、渡辺武『渡辺日記――対占領軍交渉秘録』三〇頁、三四〇頁による。

(43) 『七十周年記念祝典に於けるジョセフ・エム・ドッジ氏の講演』一九五〇年一二月、明治大学、七頁。一一月一七日の講演の英文から引用。なお、本書の閲覧に際しては、明治大学大学史資料センターの村松玄太氏にお世話になった。ここで感謝申し上げたい。

(44) ガリオア援助打ち切りに至る経緯は、前掲、浅井良夫「一九五〇年代の特需について（二）」で詳しく分析されている。

(45) 稲葉秀三・大来佐武郎・向坂正男監修『講座日本経済一　日本経済の現状と展望』。前掲、三和良一・原朗編『近現代日本経済史要覧』（補訂版）一五〇頁による。

(46) Sugita & Thorsten, op.cit., p.37.

(47) Ibid., p.38.

(48) 中村隆英「日米『経済協力』関係の形成」『近代日本研究四　太平洋戦争』一九八二年、山川出版社。前掲、浅井良夫「一九五〇年代の特需について（三）」。

(49) ショーンバーガー前掲書、二七九頁。以下のドッジの動きについても、同書による。

（50） H. B. Schonberger, *Aftermath of War*, p.233.

第八章　現代の緊縮政策——経済成長主義からの脱却の可能性

一　はじめに

日本の近代経済史に現れた三つの緊縮財政を歴史的に評価してみたが、現代の緊縮的経済政策といわれた小泉純一郎内閣の政策はどのように評価することができるであろうか。森喜朗内閣のあとを受けて二〇〇一年四月に登場した小泉内閣は、「構造改革」を旗印に平成不況からの脱出を図る政策を採った。経済財政構造改革の一環として、財政健全化を挙げ、公債発行を抑制しながら、いわゆる三位一体の改革などを進めようという姿勢は、従来の財政出動による景気回復政策を続けた内閣とは異なって、歴史のなかでは、緊縮政策の系列に近い。個人的な大きな人気を背景に、自民党内部の「抵抗勢力」を抑圧しながら、郵政民営化などの改革を強引に実現させた政治手法も、これまでの政権与党の手法とは大きく異なった特質を示すものであった[1]。

二度にわたる内閣改造を行って、二〇〇六年九月に安倍晋三に総理を譲るまで、五年五ケ月に及ぶ長期政権を維持した小泉首相の政策については、まだ、歴史的評価を確定できる時期ではないが、それが、どのような〈状況場〉から生じる課題への対応であるかを検討することはできる。現代日本経済を論じるにはいささか力量不足ではあるが、ここまで適用してきた経済政策史分析の方法を用いて、小泉緊縮政策を検討してみよう。

二　小泉緊縮政策の課題はなんであるか

A　〈大状況場〉に規定された初期条件・課題

〈大状況場〉とは、社会の経済的構成＝社会構成体の推転にかかわる歴史的状況である。現在の歴史状況をどのように位置づけるべきかはかなり難しい。一九一七年のロシア革命で資本主義に対抗する新しい社会構成体として社会主義が登場して以後は、世界史のうえでは、おおむね資本主義から社会主義への推転が開始された時期と見ることができた。しかし、二〇世紀末に、社会主義圏が崩壊し、旧社会主義諸国は、社会主義を捨てて市場経済、つまりは資本主義への転換を目指し始めたから、社会主義への推転期という位置づけは不適切となった。いまだに社会主義を放棄していない中国は、公式的には社会主義市場経済によって社会主義を完成させると主張しているが、経済的構成としては、限りなく資本主義に接近しつつある。

とすると、〈大状況場〉としての社会主義は、七〇年余の期間しか存在し得なかった社会構成体で、現代は、資本主義のみが正統性を主張できる体制になったといって良いのであろうか。そもそも社会主義が登場したのは、資本主義に内在する問題点、とくに失業と貧困（一般的表現では資産・所得分配の不平等）、あるいは、労働者の搾取（一般的表現では労働者の自己疎外）に対する批判からであり、平等で搾取のない社会として、社会主義はみずからを資本主義に代わるべき新しい体制であると主張した。しかし、ソ連社会主義は、権威主義的一党独裁のもとで、新たな不平等と実質的な搾取の体制を作り出し、正統性を主張する根拠は薄弱になった。反面で、資本主義は、社会主義への対抗上、福祉国家化を進め、所得配分の不平等をある程度まで是正し、体制批判的階級の宥和に成功した。社会主義と資本主義の間の社会的公正さを基準とする落差は縮小したのであり、基本的人権意識が高まるにつれて権威主義的政治と民主主義的政治との優劣も明白になっていった。東西対立のなかで、経済成長競争が展開され、「豊かさ」を実現するという尺度からは、資本主義に軍配が上がって、計画経済は市場経済の軍門に下った。権威主義的支配も民主化の大波に揺すぶられて、ソ連社会主義圏は崩壊した。

こうして、資本主義は、二〇世紀の体制対抗戦の勝者となったわけであるが、この勝者には、将来にわたる人類の基本的な社会構成体であると主張する正統性があるであろうか。勝者となってからの資本主義、特にアメリカ資本主義は、市場原理主義とも呼ばれる市場経済への絶対的信任を前提としたグローバル競争を先導している。市場における自由な競争という資本主義の大原則は、いわゆる資源配分のパレート最適を実現するとされるものの、その競争は、参加者の間に、所得・資産の不平等な配分をもたらさざるを得ない。そここそ、社会主義が批判者として立ち現れた原点であり、資本主義が福祉国家へ傾斜することによって贖罪を求めた原罪であった。しかし、勝利を収めた資本主義は、二〇世紀の福祉国家からは離脱し、政府による介入を最小限にする方向に進みつつある。原罪の告発者が自己消滅したのであるから、もはや、贖罪行為は不必要といわんばかりの方向転換である。原点回帰に向かった資本主義、二一世紀資本主義が、国内においても、また、国家・地域間においても、新たな貧富の格差を拡大しつつあることは、いわば当然の帰結である。社会的公正を問題にすれば、資本主義に人類史を担う正統性があるとは、とても言えるものではない。

しかし、資本主義は、社会的公正について、たとえ格差が拡大しても、最低所得層を含めての生活水準が上昇すれば、人類を幸せにする経済体制として正統性があると主張するかもしれない。たしかに、マルクスが想定した労働者階級の絶対的窮乏化は、資本主義の発展の中で現実化せず、むしろ、一部の先進国では「過剰富裕化」(2) 状態すら現れているのであるから、この主張には一理ある。資本主義が、人類史上、最強の経済成長促進型の経済体制であることは、理論的にも証明できるし、社会主義との成長競争にうち勝った事実によっても実証されている。ところが、まさにここにこそ、資本主義が、将来にわたる正統性を主張し得ない根拠がある。

これまで、〈大状況場〉を検討する際に、〈超状況場〉を考慮することはほとんど必要がなかった。〈超状況場〉とは、第二章で経済時空を四つの〈状況場〉に分節化したときに想定したもので、人間の経済活動が展開する外部環境としての生命圏と地球を中心とする宇宙空間を合わせた〈場〉である。生物種としての人間が、二〇一一年現在で七〇億人を超える数、哺乳類としては一種で最大と推定される異常な数にまで増殖するに至ったのは、生命維持を可能にする外部環境としての「自然」が、それを許容したからである。古代いらいの文明の盛衰に、「自然」という外部環境の変化が大きくかかわってきたことは明らかであるし、[3] 農耕社会での気象変動の影響は大きく、また、工業社会への推転の起点となった産業革命も、薪炭を供給する森林資源の枯渇をひとつの動因として展開された。[4]「自然」つまり〈超状況場〉が、経済時空に及ぼす影響はさまざまで、それを無視することはできない。とはいえ、これまで、〈大状況場〉としての資本主義や社会主義を論じる場合には、それらの経済体制の存続にとって、〈超状況場〉がいかなる意味を持つかについて、明示的に検討されることはなかった。これは、経済体制の如何にかかわらず、経済成長にとって、「自然」は、制約条件にはならないという、暗黙の前提があったからである。あるいは、「自然」が制約条件になっても、自然科学技術の革新によってその制約は解除できるという近代科学への確固たる信頼が存在していたからである。

このような〈超状況場〉への無関心は、二〇世紀の後半に世界的な高度経済成長が進むにつれて、反省を迫られるに至った。一九七〇年代のオイルショックや公害は、あらためて人間の経済活動が、地球の資源や環境の枠内で営まれていることを想起させ、〈超状況場〉への配慮の必要性を明確にした。知的な営為としては、R・カーソンの「沈黙の春」（一九六二年）[5] やメドウズ夫妻の「成長の限界」（一九七二年）[6] が、オイルショックの前から、〈超状況場〉軽視への警告を発していた。いらい、代替エネルギー、省エネルギー、省資源、廃棄物規制、環境保護が時代の合い言葉になったが、いまだに、将来への明るい展望を与えてくれる自然科学的技術も社会科学的対応策も出現してはいない。「成長の限界」の著者たちは、二〇年後には、「限界を超えて」（一九九二年）と題する再度の警告書を公刊せざるを得なかった[7]。地球という規制枠内での経済成長を、「持続可能な成長（sustainable growth）[8]」と呼んで、その実現への道を探る試みは多いし、「ゼロ成長」から「マイナス成長」の必要を提起する人々も続出している[9]。

二一世紀は、〈超状況場〉を意識化したうえで、人類の経済活動を規律していける経済体制でなければ、その正統性は主張できない時代となっている。代替エネルギー技術や環境破壊への対抗技術が未完成の現状を前提にすると、ひたすら経済成長を加速しつづける資本主義という経済システムに人類史を委ねることは、資源枯渇と環境破壊によって人類が破局を迎えることを容認するに等しいことになる。つまり、現在の諸科学技術の水準の下では、資本主義は、史上最強の経済成長促進型の体制であるからこそ、その正統性を主張することはできないのである。

資本主義は、〈超状況場〉から課せられる限界のなかでも、経済システムとして機能しうることを、自ら立証することを迫られている。さもなければ、人類史を担いうる新しい経済社会システムに道を譲らなければならない。小泉内閣が置かれた〈大状況場〉は、このように、極めてクリティカルな、まさに人類史上の危機的状況なのである。

B　〈中状況場〉に規定された初期条件・課題

〈中状況場〉は、資本主義の発展段階に対応した歴史的状況である。第三章で提起したように、資本主義は、二〇世紀の末期から、新しい段階、第三変質期に入った。二〇世紀社会主義に対抗するために福祉国家の方向に傾斜していった二〇世紀資本主義は、社会保障関連の政府活動の拡大が、財政負担の面からも、労働者の労働規律の面からも、経済成長にマイナスの影響を与えることから、一九七〇年代末から福祉国家化の見直しを始め、さらに対抗体制が自壊するとともに、アメリカを先頭にして福祉国家からの離反の姿勢を明らかにして、社会の経済的再生産は、全面的に市場に委ねるという政策を選択するようになった。市場原理主義とも呼ばれる経済政策姿勢は、経済活動にたいする政府の介入を最小限度にとどめ、企業などの経済主体が自由に市場で活動することで、最適な経済成長を実現できるという信念に支えられている。社会保障関連予算を縮減しての財政の健全化にはじまり、公益維持や労働者保護・

弱者保護の観点から設けられてきた企業活動に対する公的な規制を緩和・廃止することから、政府が所有ないし経営してきた事業の民有・民営化に至るまで、政府活動の縮小化が望ましい政策とされ、各国で実行に移されてきた。このような市場原理主義的政策は、歴史的には、第三章に述べたように、二〇世紀資本主義の福祉国家路線がもたらしたマイナス効果（経済成長の減速、生産力の劣化、国際競争力の低下）を払拭しようとする生産力保証政策と見ることができる。

市場における活動の自由を保証するからには、それぞれの経済主体が自己責任を原則として行動することが前提とされる。ある程度の社会的な安全保障、いわゆるセイフティ・ネットは準備されるにしても、国民の生活は、自らが労働することによって維持することが求められ、「ウェルフェア」から「ワークフェア」へと政策基調が転換した。(10) サッチャー政権下のイギリスに始まり、ドイツやスウェーデンなどヨーロッパの代表的福祉国家にまで広がった公的年金の民営化は、この転換を象徴する出来事である。福祉国家の遺産ともいえる少子高齢化が公的年金の維持を困難にするとの見通しのもとで、財政負担を軽減させるために進められた年金改革は、確定給付部分を縮小し、確定納付部分の運用を市場に委託することで年金維持力を高めたが、老後の期待年金給付額は変動的となり給付水準の低下も起こりうる制度となった。頼りがたい制度と感じる個人は、私的年金によって欠陥を補塡せざるを得ない。老後の生活にも自己責任原則が適応されることになったのである。

日本でも、一九八一年に設置された臨時行政調査会（第二次臨調、会長土光敏夫）で、それまで行政管理機構の改変にとどまっていた行政改革の枠組みから抜け出て、財政再建を目指した政府活動の点検にまで踏み込んだ議論が行われ、一九八三年までに、三公社の分割民営化などを含む財政再建方針が答申された。中曽根康弘内閣は、臨時行政改革推進審議会を設けて第二次臨調答申の具体化に取り組み、日本専売公社、日本電信電話公社、日本国有鉄道、日本航空の改組民営化を実行した。その後、第二次、第三次の臨時行政改革推進審議会で、規制緩和、国際化対応、特殊法人の統廃合、地方分権の推進などが提案された。一九八〇年代は、財政赤字の累積が大きな政治問題となって、行財政改革が促進されたのであるが、これは、世界的な規制緩和と民営化の流れに沿った新しい政策展開と見ることができる。

社会保障関連では、一九八〇年代の社会保障給付費の対GDP比は一一%前後で、イギリスの一七%前後、ドイツの二三%前後と較べてはもちろん、アメリカの一二%前後よりも低い数値[11]になっていたから、年金給付の急増が予測されてはいたものの、まだ、この時期には制度改革への関心は高くなっていなかった。そのため、一九八〇年代には、一九八三年の老人保健法、一九八四年の退職者医療制度と健康保険本人の一部負担など医療保険制度の改革、一九八六年からの国民年金法等の一部改正による「基礎年金制度」の導入が行われたにとどまった。これらの改革は、給付抑制を意図してはいたものの、主要なねらいは保険・年金グループ間の調整による制度整備に置かれていた。

一九八〇年代後半のバブル経済が破綻してから、一九九〇年代には長く続く不況の時代が訪れた。この不況のなかで、構造改革は新しい政策課題を抱えることになった。ひとつは、財政健全化からの課題である。不況にともなう所得税・法人税の減少は、景気対策としての減税とあいまって租税収入を縮小させた反面、景気対策経費の投入と雇用保険金・年金の支給増による社会保障費の増加で、歳入欠陥は拡大し、赤字公債の発行額は急増した。財政の健全化のために、社会保障制度の見直しが急務となった。もうひとつは、グローバリゼーションへの対応という課題である。社会主義諸国の市場経済への転換、アジア諸国の急成長、アメリカ主導のIT革命の展開は、日本の国際競争力の劣化をもたらし、新しい産業構造への変革が迫られた。グローバリゼーションのなかでは、社会保障制度に関しても、費用の企業負担が産業空洞化の一因になるとの理由から、その再検討が求められた。また、金融デリバティブを含む金融商品の国際的投機的取引が急拡大して、カジノ資本主義と呼ばれるような世界が展開するのに対応した金融構造の改革も、バブル後遺症の処理と相まって大きな課題となった。

社会保障制度に関しては、年金と健康保険の改革が行われた。一九九四年と二〇〇〇年の年金制度改正は、現役世代の負担増を保険料賦課対象の拡大程度に抑えながら、支給開始年齢の引き上げと給付水準の削減によって制度の維持をはかろうとするもので、負担・給付バランスから見れば制度としては改悪であった。健康保険では、患者自己負担率の引き上げ、老人医療負担の増加、保険料率の引き上げなどが、一九九七年以降相次いで実施された。また、二〇〇〇年からは介護保険制度が新設され、健康保険とは切り離した介護サービス給付が開始されたが、保険料の負担は加重された。この結果、国民の社会保障負担率（国民所得に対する比率）は、一九九〇年度の一〇・六％から二〇〇〇年度には一三・三％に上昇した[12]。

金融構造の改革は、橋本龍太郎内閣が取り組んだ課題で、一九九七年に金融制度調査会・証券取引審議会・保険審議会が、いわゆる「日本版ビッグバン」の答申を提出し、銀行・保険・証券についての政府規制を緩和する、Free（自由な）・Fair（透明な）・Global（国際的）な金融制度への改革が進められた。

規制緩和に関しては、第二次臨調と三次にわたる臨時行政改革推進審議会の審議答申を踏まえて、一九九五年に規制緩和推進計画（当初は五カ年計画、のち三カ年計画）が閣議決定（村山富市内閣）され、その後、計画の改訂を重ねながら、発電・電気通信・移動体電話・タクシー・医薬品・教育・職業紹介・建築資材・自動車検査などに関する規制緩和が実行された。

これらの二〇世紀末の構造改革、規制緩和は、新しい段階に入った資本主義の世界的な政策特徴と合致することは確かであるが、それが、グローバリゼーションへの対応として日本経済をどれほど活性化する効果を発揮したかについての評価は定め難いし、財政健全化の観点からは、あまり高くは評価できない。むしろ、構造改革や規制緩和が、既得権益、つまり、政治家・官僚・関係業界の相互依存的利害関係の壁に阻まれて、実現できなかったり、骨抜きにされたりする事例が目立った。二〇〇一年に登場した小泉内閣が、財政健全化と構造改革を政策として高く掲げた時、すでに進められてきた同じ方向性を持つ政策の達成点から、さらにどれほど前に進むことができるものか、内閣の政治力量が問われていたのである。

C 〈小状況場〉に規定された初期条件・課題

〈小状況場〉は、資本主義の発展段階のなかのある時期における歴史的状況である。小泉内閣が直面したのは、二一世紀に入ってからの日本経済が、かつてない長期間の不況に沈んだ状況であった。バブル崩壊以降、景気循環としては、一九九三年一〇月の谷、一九九七年五月の山、一九九九年一月の谷、二〇〇〇年一一月の山、二〇〇二年一月の谷と経過して、それ以後は第一四循環の拡張局面にあることになる。しかし、一九九三年の谷からの拡張局面は好況感を伴わず、橋本内閣の財政再建を目指した緊縮政策で景気は反転してしまい、一九九九年谷からの拡張局面は短く終わったから、日本経済は、二〇世紀最後の一〇年間をいわゆる平成不況の中で過ごし、新しい世紀を迎えても、出口の見えない状況に置かれていたといえる。第一四循環は、いざなぎ景気（一九六五年一〇月から五七ケ月）を超えて二〇〇八年二月まで七三ケ月という長い景気上昇局面を続けたが、所得が伸び悩んでいるので個人消費は拡大せず、消費者レベルでの好況感は盛り上がらないままに過ぎた。

平成不況をもたらした要因は何であったのか。一九八〇年代後半の異常なバブル経済が、一九九〇年頃に崩壊し、土地・証券・その他商品の投機に走った企業、それに資金を注ぎ込んできた金融機関が、巨大な不良債権債務を抱え込んだことが、まず第一の要因であった。財務状態の悪化した企業は、人員整理を含むリストラクチュアを余儀なくされ、生き残れても後ろ向きの経営を続けた。不良債権を抱えた金融機関の中からは、破綻するものが続出し、資本系列を越えての銀行再編が、金融持株会社制度を利用しながら進行した。財務健全化を急ぐ銀行は、債務回収に邁進し、「貸し渋り」はもちろん、「貸し剝がし」と呼ばれるような消極的な経営姿勢を露わにした。産業資金の供給力は衰え、設備投資意欲も減退して、資金循環面からの景気刺激力が微弱となる状況が長く続いた。

企業活動の低迷は、ただちに個人消費の縮小をもたらした。バブル期には資産価格の上昇が消費意欲を刺激する「資産効果」が現れたが、バブルが崩壊すると資産価格の急落が「逆資産効果」をもたらして、個人消費は減退していた。それに加えて、企業のリストラで離職者は増加し、賃金カットも行われ、残業も減ったから、家計の可処分所得は減少した。長引く不況の中で、将来への暗い見通しから、消費性向も低下し、個人消費の縮減は続いた。制度改革に伴う社会保障負担の増加は、この傾向に拍車をかけた。個人消費支出の減退は企業活動をさらに停滞させ、いわば悪循環のなかで不況は長期化した。

平成不況の第二の要因は、グローバリゼーションである。東西冷戦が終結して世界市場は一挙に拡大し、アジアNIESに続いて中国が急速に経済成長して国際競争に参入した。グローバル・コンペティション、メガ・コンペティションと呼ばれる厳しい競争の時代が訪れて、日本企業は苦戦を強いられることになった。国内市場が縮小する中で国外市場にかける期待は大きくなったが、一九九〇年代前半は円高傾向が続いて輸出は伸び悩み、機械・機械部品など資本財輸出の構成比を高める方向に活路を見出した。一九九〇年代後半の円安傾向の中では、耐久消費財輸出もやや回復したが、アジア通貨危機のあと、一九九八年、九九年には二年連続して輸出総額の減少に見舞われた。国際競争力の強化を意図して、労賃コストの低いアジア地域への生産拠点の移転を試みる企業も増え、国内での産業空洞化が懸念される状況も現れた。

このような長期不況に対して、政府は、景気政策を出動させた。金融緩和とともに、財政面からも、公共事業の拡大と減税を実行し、宮沢喜一内閣で総額二三・九兆円、細川護熙内閣では二一・三兆円、村山富市内閣では二一・二兆円の総合経済対策が採られた。当初、構造改革を掲げて財政再建に挑んだ橋本龍太郎内閣も、緊縮政策が景気を反転させたので、急遽、一六・七兆円の総合政策を決定した。小渕恵三・森喜朗両内閣も、財政面からの景気政策を続けた。こうした景気刺激的財政運営によって、一九九〇年度に一一六・九兆円であった財政支出（一般会計・特別会計歳出純計決算額）は、二〇〇一年度には二四八・三兆円に急拡大した。租税負担率（対国民所得比）は、減税政策も反映して、この間に二七・四％から二三・一％に低下したから、歳出増加はもっぱら、国債と借入金でまかなわれ、政府債務の残高は、同じ期間に二一六・七兆円から六〇七・三兆円へと増加した。財政規律を無視したような景気政策が展開されたにもかかわらず、景気回復効果は顕著には現れなかった。

バブル後遺症への対応としては、金融機関への日銀特別融資、政府資金の投入が行われ、一九九八年には金融再生法と金融健全化法が公布され、預金保険機構（一九七一年設立）の強化が図られ、整理回収機構も発足した（一九九九年）。しかし、不良債権の処理は期待されたほどには進まず、不況が続く中でむしろ残高は増加し、二〇〇一年三月期の全国銀行のリスク管理債権は約三二・五兆円、信用金庫などをくわえた預金取扱金融機関のそれは四三・四兆円と推計された。銀行と信用金庫の貸出残高は、二〇〇一年三月末で約五二〇兆円であるから、不良債権比率は八％を越える高い水準になる。

歴代内閣の懸命な景気回復政策、金融再生政策にもかかわらず、不況は長引き、不良債権処理も進まず、日本経済は戦後経験したことがなかった危機的状況に陥っていた。小泉内閣は、この危機への対応を政治課題に登場したのである。

三　小泉政権はどのような政策を決定したか

前の三章にならえば、次に、政策担当者が政策決定を行うに至る過程を分析する作業として、政策担当者 Actor の状況、Arena の状況、Off-Arena の状況を検討する手順になる。そのためには、現代日本の政治状況についての詳細な分析が必要である。小泉首相のユニークな価値意識や経済財政諮問会議を活用した手法は、極めて興味深いが、資料的な限界があるし、筆者の能力も不足しているので、ここでは、政策決定過程の検討は他の研究に任せて[13]、選択された政策の内容を概観するにとどめたい。

二〇〇一年四月に自民党総裁に選出された小泉純一郎は、前内閣に続いて公明党・保守党との三党連立内閣を組織した。組閣直後、小泉首相は、就任談話（四月二六日）で、内閣の最重要課題として「日本経済の立て直し」を挙げ、

「私は、政治に対する国民の信頼を回復するため、政治構造の改革を進める一方、『構造改革なくして景気回復なし』との認識に基づき、各種の社会経済構造に対する国民や市場の信頼を得るため、この内閣を、聖域なき構造改革に取り組む『改革断行内閣』とする決意です。」と語った[14]。そして、六月には、「今後の経済財政運営及び経済社会の構造改革に関する基本方針」、いわゆる「骨太の方針」を閣議決定した[15]。まず、経済再生の第一歩として不良債権処理の抜本的解決を進めるとして、債務企業の財務状況の開示と銀行による適正なリスク管理、銀行の不良債権処理の点検、債権回収機構の機能拡充、不良債権処理にともなう離職者の雇用対策の実施、安定した金融システムの構築を目標に設定した。そして、次のような「聖域なき構造改革」の七つの改革プログラムを明示した。

①民営化・規制改革プログラム（郵政事業の民営化、医療・介護・福祉・教育などの分野に競争原理導入）、②チャレンジャー支援プログラム（投資優遇、競争政策の実施、IT革命の推進）、③保険機能強化プログラム（社会保障制度を持続可能なものに改革）、④知的資産倍増プログラム（ライフサイエンス・IT・環境・ナノテクノロジー四分野の戦略的重点化）、⑤生活維新プログラム（多機能高層都市プログラム、男女共同社会参画、地球との共生、安全と治安の確保など）、⑥地方自立・活性化プログラム（市町村合併、国庫補助負担金の整理合理化など）、⑦財政改革プログラム（特定財源の見直し、公共事業関係長期計画の見直しなど）。

構造改革と経済成長の関係については、「創造的破壊としての構造改革はその過程で痛みを伴うが、それは経済の潜在的供給能力を高めるだけではなく、成長分野における潜在的需要を開花させ、新しい民間の消費や投資を生み出す。構造改革はイノベーションと需要の好循環を生み出す。構造改革なくして真の景気回復、すなわち持続的成長はない。」と説明されている。

財政については、現状は「もはや持続可能な状態ではない」と判定して、本格的な財政再建に取り組む必要があると宣言し、当面、二〇〇二年度予算編成に際しては国債発行を三〇兆円以下に抑制し、その後、徹底した行財政改革によってプライマリー・バランスの黒字化を目標とするとの方針を明示した。

この「骨太の方針」の特徴は、当面する日本経済が、短期間で回復できる状況にはなく、二・三年の調整期間が必要で、その間に、不良債権問題の処理と構造改革を行えば、成長軌道に復帰できると見通したところにある。これまでの財政出動を軸とした緊急経済対策が有効性を示さなかった経験を踏まえての、新しい視角からの政策選択であった。財政健全化は目標とされているが、小泉首相は、「三〇兆円国債の発行を認めて、なぜ『緊縮路線』と言えるのか」[16]と、「緊縮路線」を選択したとの世評に反発しながら、財政再建路線一筋ではないとして、当面は柔軟な対応をとる姿勢を示した。二〇〇一年七月の参院選挙で自民党は大勝し、小泉政権は、新政策が支持されたものとしてその具体化を進めた。

政策の基本線については、その後、「骨太の方針」を出発点に、成果と環境変化を評価しながら年毎にローリングする方式で見直しが行われた。二〇〇二年六月には、「経済財政運営と構造改革に関する基本方針二〇〇二」、二〇〇三年六月には、「同二〇〇三」、二〇〇四年六月には、「同二〇〇四」、二〇〇五年六月には「同二〇〇五」、二〇〇六年七月には「同二〇〇六」が、それぞれ経済財政諮問会議の答申を受けて閣議決定された。[17]

「基本方針二〇〇二」では、経済活性化戦略として、①人間戦略、②技術力戦略、③経営力戦略、④産業発見戦略、⑤地域力戦略、⑥グローバル戦略の六つと、それに沿った三〇のアクションプログラムが提案され、税制改革の基本方針として、公正・活力・簡素の三原則を掲げ、歳出の構造改革として、公共投資の重点化・効率化、社会保障制度の改革、地方への配分の改革（三位一体改革）を打ち出した。

「基本方針二〇〇三」では、政策目標としての三つの宣言と政策手段としての七つの改革を明示した。第一宣言は、「民間の活力を阻む規制・制度や政府の関与を取り除き、民間需要を創造する」というもので、①規制改革・構造改革特区、②資金の流れと金融・産業再生、③税制改革、④雇用・人間力の強化の四つの改革を推進し、第二宣言は、「持続可能な社会保障制度を構築し、若者が将来を展望でき、高齢者も安心できる社会をつくる」で、⑤社会保障制度改革を、第三宣言は「財政の信認を確保し、成果を重視する」で、⑥「国と地方」の改革、⑦予算編成プロセスの改革を、それぞれ実行することを公約した。

「基本方針二〇〇四」では、二〇〇四年を調整期間の仕上げの年と位置づけ、続く二年間を、デフレからの脱却を確実なものとしつつ新たな成長に向けた基盤の重点強化の期間と設定した。重点強化期間の主要な改革として、①「官から民へ」、「国から地方へ」の徹底（郵政民営化、規制改革、地方の自立）、②「官の改革」の強化（予算制度改革、公的債務管理の充実、行政改革、税制改革）、③「民の改革」の推進（少子高齢化対策、起業の促進、金融セクターの改革）、④「人間力」の抜本的強化（若年者就業対策・男女共同参画・障害者自立、雇用関連事業の再編、教育現場の活性化）、⑤「持続的な安全・安心」の確立（社会保障制度の改革、少子化対策、健康・介護予防の推進、治安・安全の確保、循環型社会の構築・地球環境の保全、司法制度改革・エネルギー安定供給確保）の五項目を掲げた。

「基本方針二〇〇五」では、調整期間を終えて、二〇〇五年からの二年間を重点強化期間と位置づけ、課題として、①「小さくて効率的な政府」への取り組み（資金の流れを官から民へ、仕事の流れを国から地方へ、行政改革の徹底と公務員総人件費の削減）、②「少子高齢化とグローバル化を乗り切る」（持続的な社会保障制度の構築、国際競争力の強化）、③民需主導の経済成長（規制改革、金融システム改革、税制改革、歳出改革の加速、経済の活性化）を掲げた。

「基本方針二〇〇六」では、「新たな挑戦の一〇年」の出発点に立っているとの認識が示され、三つの優先課題として、①成長力・競争力強化、②財政健全化、③安全・安心で柔軟かつ多様な社会の実現を掲げた。

政策項目の整理の仕方は年度ごとに改められて力点の置き方は変化しているが、主要な内容は一貫している。それぞれの政策の実施状況には、かなりのばらつきがあり、評価を確定するのは難しいが、暫定的な政策評価を試みてみよう。

四　小泉政権の政策をどのように評価すべきか

A　〈大状況場〉に規定された初期条件・課題との関連

小泉内閣の「骨太の方針」は、平成不況からの脱出と経済成長軌道への復帰を最大の目標としていることから、長期的な展望、資本主義のあるべき姿に論及する部分は少ない。資産・所得の配分面での社会的公正を問題にする視点は、ほぼ欠如している。社会保障制度の改革を取り上げる際にも、焦点は、制度の維持可能性にしぼられ、制度設計の思想的根拠にまで至る深い検討は行われていない。税制改正が提案されているが、所得再配分機能については検討対象にならず、所得税最高税率が一九八九年改正で六〇％から五〇％に、さらに一九九九年改正で三七％に引き下げられたような高額所得者優遇の姿勢に変化は見られない。やはり、経済を成長軌道に引き戻すことによって、パイの大きさを拡大すれば、その切り分け方についての不満は抑えることができるという考え方が大前提になっているに違いない。たしかに、戦後日本では、高度成長のなかでも、資産・所得の配分が先進諸国の中では比較的平等に行われて、「社会主義」的とさえ評されたが、一九八〇年代以降は、所得格差は拡大傾向にあると指摘されている。[18] 格差の拡大は、高齢化にともなって本来内部格差が大きい高齢者層の構成比が拡大したことなどに起因する見せかけの動向という判断もあり得るが、[19] 競争を重視する社会では、格差拡大傾向の出現は避けることができない。資本主義が正統性を主張するには、経済成長力を誇るのみでは不十分であるから、小泉内閣の政策姿勢は、〈大状況場〉からの課題に応えているとは言い難い。

また、〈超状況場〉から課される地球の限界への対応という課題に関しても、「骨太の方針」は、一般的に、環境関連技術の重視、循環型社会の構築、地球との共生などの政策を掲げるに止まり、人類史が危機的状況にあることの認識は無く、対応の必要性への切迫感は薄い。循環型社会形成促進基本法（二〇〇〇年六月公布）を軸に、家電製品・自動車・容器包装・食品・建設の各リサイクル法の施行、バイオマス活用（二〇〇二年、バイオマス・ニッポン総合戦略閣議決定）、低公害車・燃料電池車普及促進、風力発電・太陽光発電促進などが進められているが、京都議定書発効に備えての対策は十分とは言えず、環境税導入に関しても、環境省と経済産業省の意見対立が続いて決定には至らなかった。小泉内閣の政策は、人類史の観点からの〈超状況場〉への対応としては極めて不十分であるとしか評価できない。

〈超状況場〉からの課題を、特に、日本に限定して考え直すと、エネルギーと食糧の輸入依存度が世界でも希にみるほど高い状態にどのように対応すべきかという課題になる。世界的に資源枯渇や環境破壊が進行し続けたときに、化石燃料や第一次産品の需給バランスは崩れて、輸入価格は上昇し、供給不足の事態が生じることは明白である。自給率を過度に低下させた日本としては、緊急事態に至る前に、何らかの対策を講じておく必要がある。この点への小泉内閣の配慮は、ほとんどなされていない。「基本方針二〇〇四」では、「持続的な安全・安心」の確保と謳われてはいるが、多くの項目の中のひとつにエネルギーの安定供給確保が述べられているに過ぎない。中長期的に見れば、資源・食糧の自給率を高めることが不可欠な課題となるはずであり、それは、短期的に解決できる性質のものではないから、この課題への取り組みを欠落させている小泉内閣の政策は、全く評価することができない。

B 〈中状況場〉に規定された初期条件・課題との関連

資本主義の第三変質期が、福祉国家の見直し、公的事業の民営化、政府規制の緩和によって、市場経済の機能を再強化して、生産力の劣化を克服する方向性を示したのに応じるように、日本でも、一九八〇年代から、行財政改革が政策課題となってきた。小泉内閣の政策も、この流れのなかにあるが、中曽根内閣以来の改革が、日本経済の活性化と財政の健全化を一般的な政策目標としてきたのに較べると、平成不況からの脱出のためには「聖域なき改革」が必要であると断言して、行財政改革を経済成長軌道への復帰に不可欠の政策と位置づけたところに新しさがある。不況を長期化させた要因のひとつが、アメリカが主導する二一世紀資本主義のグローバリゼーションであるからには、それに対抗しうる体質に日本経済を改造しなければ、経済成長は期待できないという判断は、一面の的確さを持っている。つまり、市場原理主義的な政策姿勢を世界に拡張して経済成長を続けようとするアメリカに対して、たとえば、地球資源・環境維持のために「マイナス成長」を選択すべきであるという対抗路線を採用するのであればともかくとして、同様の経済成長路線を進もうとするのなら、類似の経済体質への改革が必要であることは確かである。「自民党をつぶしてでも」抵抗勢力と戦って構造改革を実行するという小泉首相の意気込みは、独特のパフォーマンスでもあろうが、かなり的確な確信に基づいたものでもあったと言える。

小泉内閣の構造改革は、極めて広範な分野を対象としているが、大きなものは、社会保障制度改革、公的事業改革、規制緩和である。社会保障制度に関しては、体系的な検討が行われるなかで、年金制度改革が先行して実施された。国会を大混乱に巻き込みながら二〇〇四年六月に可決された国民年金法等改正法は、厚生年金・国民年金の保険料率の引き上げ、厚生年金の給付水準の引き下げを骨子としたもので、少子高齢化に対応して年金制度を維持することを狙いとしている。議員の年金保険料未納問題などが国会混乱の原因でもあったが、根本的には、改正制度は維持できるかというところが問題であった。厚生年金の保険料率を現行の年収の一三・五八％から一八・三％に引き上げ、給付水準を現役世代の所得の五九・三％から五〇・二％に引き下げることで制度維持が可能になるという政府見通しが不適切であることが指摘されながら、共産党を除く野党欠席の参議院本会議で法案は議決された。審議の正当性に疑義があり、負担増・給付減を内容とする制度改悪に対しては、国民は反発した。将来への安心感を与えるつもりの年金制度改革は、むしろ国民の不安感・不信感を強める結果に終わったが、期待給付額の引き下げは、私的年金などによる不足分補填のための勤労と貯蓄へと国民を導き、公的年金制度の変質、年金の私営化、「ウェルフェア」から「ワークフェア」への転換へと、着実な一歩を進めたのである。

公的事業改革は、特殊法人等整理合理化計画に基づく特殊法人と認可法人の廃止・民営化・独立行政法人化、国営事業（郵政事業、大学、病院）の民営化・独立行政法人化の二つが主な内容である。特殊法人等の整理では、簡易保険福祉事業団・石油公団・都市基盤整備公団・日本育英会などの廃止（独立行政法人などへの統合）、道路四公団・電源開発・JR三社（東日本・西日本・東海）・帝都高速度交通営団などの民営化（あるいは完全民営化）、国民生活センター・国際協力事業団・国際交流基金・日本貿易振興会・水資源開発公団、住宅金融公庫・日本原子力研究所などの独立行政法人化、国民生活金融公庫など政策金融機関八法人の組織形態見直しが行われた。

国営事業では、大学と病院の独立行政法人化（二〇〇四年）が行われた。郵政事業については、中央省庁等改革基本法（一九九八年公布）によって総務省の外局として設けられた郵政事業庁が、民営化しないことを前提としながら二〇〇三年に日本郵政公社に移行したが、小泉首相は民営化に路線を転換し、二〇〇五年四月には、郵政民営化法案が国会に提出された。法案は参議院で否決され、小泉首相は衆議院の解散、総選挙の道を選択した。九月の総選挙では、郵政民営化を掲げた自民党が二九五議席を獲得して大勝し、郵政民営化関連法案は一〇月に参議院で可決成立した。これによって二〇〇七年一〇月に、日本郵政公社は、日本郵政㈱を持株会社とする、郵便事業㈱、㈱ゆうちょ銀行、㈱かんぽ生命保険、郵便局㈱の四社に分割民営化されることとなった。

これらの公的事業改革は、民営化・独立行政法人化によって、規制を緩和し、競争原理を導入し、資金投入と成果産出効果の評価を通じて事業運営の効率化を図ることを狙いとしている。たしかに、官僚天国と呼ばれるような天下りの受け皿であったり、官僚的・非効率的事業運営が行われていた特殊法人を改革することは、資金・資源の無駄遣いを少なくして日本経済の活性化に役立つ可能性はある。しかし、競争原理の導入が、新しい不効率やサービスの低下をもたらすおそれも伴うから、単なる組織改革の実行だけでは、その当否を評価することはできない。あるいは、郵政公社の民営化をめぐっては、自民党内部からも「なにを目的とするのか明白でない」との批判が出るほど、民営化イデオロギー先行型で政策決定が進められた。[20] 選挙の集票マシンとの関連で与野党内に反対勢力が存在するのは明らかであるが、民営化によるメリット・デメリットの検討が十分に行われないままに「明治以来の大改革」を「男子の本懐」とばかりにごり押しした小泉首相の姿勢には問題がある。民営化路線の選択自体は、世界的な流れに沿うものではあるが、「プライバタイゼーション」の経済効果は、まだ、世界的にも評価が確定されてはいない。構造改革の本命とも呼ばれる郵政民営化の適否は、まだ判定することが難しい。

規制緩和政策は、かなり多面的に進められており、政府公表では二〇〇四年六月までに一〇〇〇項目を越える規制改革が実行に移された[21]。項目数は多いが、その内容は深浅まちまちで、コンビニエンス・ストアでの医薬品販売規制緩和でも、かぜ薬や胃腸薬は、適用外とされた。コンビニ業界・製薬会社の利害、医師会・薬剤師会の利害、族議員の利害、厚生官僚の利害、国民の便宜性・安全性などの複雑な力関係が作用するなかでの規制緩和であり、その評価は難しい。一般的に、従来の規制にはそれなりの理由はあり、利害関係も複雑に絡み合っているから、規制緩和も妥協的な線に落ち着かざるを得ない。全国一斉の規制緩和が難しい事項への対応策として、地域活性化の名のもとに、構造改革特区の設置が考案され、二〇〇二年末から実施に移された。特定地域に限定しての規制緩和は、一種の実験的試みにもなり、成功例の全国化も視野に入れられている。規制緩和も、アメリカの航空運輸業の事例が失敗例として挙げられるように、適否の判断は難しい場合が多い。一般論としては、規制緩和は、民間企業の活動分野を拡大させ、経済の活性化につながるといえるが、それが結果として国民生活に及ぼす影響の善し悪しはまた別の基準で評価しなければならない。

規制緩和政策の中で、評価が明白なものとして、労働者派遣法改正がある。二〇〇二年一二月に総合規制改革会議が決定した「規制改革の推進に関する第二次答申—経済活性化のために重点的に推進すべき規制改革[22]」に沿って、二〇〇四年三月に労働者派遣法が改正施行されて、物の製造業務への派遣が解禁された。第三章で触れた世界的な「労働市場の柔軟化」改革の日本版である[23]。この規制緩和の後、二〇〇二年には三八三万人であった派遣・契約社員等の数は、二〇〇五年四九六万人、二〇〇八年五九四万人と急増した[24]。二〇〇二年でパート・アルバイト・派遣・契約社員等の非正規雇用者が雇用者総数に占める割合は、二八・七%であったが、二〇〇八年にはその割合は三四%に達している。雇用コストが低く、人員調整がしやすい非正規雇用者の増大は、企業にとっては収益性の向上をもたらしたが、雇用者間の賃金格差は拡大し、全体として雇用所得を引き下げる効果を発生させた[25]。長く続いた不況からの回復の一つの手段として、非正規雇用者拡大による賃金コスト引き下げを可能にした労働規制緩和策はその限りでは成功している。しかし、雇用所得引き下げは、景気回復を底の浅いもの（内需低迷）としたし、所得格差の拡大は、社会的不満を蓄積させたから、中長期的には適切な規制緩和とは評価できない。

構造改革に関して注目すべきは、アメリカとの関係であろう[26]。アメリカとの経済摩擦をめぐる交渉は、一九八九年からの構造協議ＳＩＩが九三年には包括経済協議となり、さらに九七年からは規制緩和及び競争政策に関するイニシアティブに替わった。一九九八年二月に発表された日米共同ステートメントでは、アメリカは「日本政府が規制緩和に向けて新しい提案をほとんど提出しなかったことに失望した」と述べ、改革に対する日本の省庁の執拗な抵抗に苛立ちを感じていると表明した。橋本、小渕、森の三内閣で規制緩和対話が続けられ、アメリカ政府は、一九九九年一〇月の年次要望書で、簡易保険制度の拡大は自由で公正な金融市場の推進と規制緩和の目標に反するとクギを刺し、二〇〇〇年一〇月の年次要望書では、郵政公社への移行に際しては内外の保険・金融業界と意見交換を行うことを求めた。

小泉内閣発足後、二〇〇一年六月の小泉・ブッシュ会談で、成長のための日米経済パートナーシップを立ち上げる合意が成立し、そのもとで規制緩和対話を発展的に改組した日米規制改革及び競争政策イニシアティブが開始された。二〇〇一年一〇月の年次改革要望書では、「改革なくして成長なし」の原則に勇気づけられたと小泉改革を歓迎することを表明し、郵政公社移行の際には透明性を保ち、新規金融商品の拡大は抑制すること、民間と同一の規制基準を適用することを提言し、小泉首相が郵政民営化を提案していることに注目している旨を述べている。民間と同一の規制基準については、二〇〇二年一〇月の年次改革要望書では、課税レベル、セーフティネット構築コストでの同一の負担を追加提言した。二〇〇三年一〇月の年次改革要望書では、郵政公社の民営化などは、競争を促進し資源の生産的な活用をもたらすと評価し、二〇〇四年一〇月の要望書では新しく民営化という項目を設けて、郵政改革については、保険、銀行、宅配便市場で「歪められていない競争」を確保することを主張している。そこでは、民間と同一の課税、負担、規制ばかりでなく、三事業間での相互補助の防止も提言されていた。郵政民営化法案が成立した後、二〇〇五年一二月の要望書では、民営化を特に歓迎することを表明し、競争条件の同一化を細部にわたって念押ししている。

このように構造改革特に郵政民営化についてはアメリカ政府がそれを要望する文書が公表されている。小泉首相がアメリカの要請に応えて民営化を進めたわけではないが、民営化の方向は、まさに、アメリカの利害と一致するものであった。郵政民営化の過程では、分離独立した四事業会社の間のサービス取引に消費税が課されることを強く懸念する意見があった。従来は内部取引で処理できたものが新たに課税対象となれば、コスト負担は確実に重くなって民営化会社の業績を圧迫するから、特別な措置を求める声は強かった。しかし、アメリカ要望書が競争条件の同一化、相互補助の防止を強く要請している以上、租税面の優遇措置の適用に踏み切ることは難しかったにちがいない。

小泉内閣が進めた構造改革が、日本経済の活性化、生産力保証政策として、どれほどの効果をもたらしたか判定するのは難しい。経済活性化・生産力上昇は、経済成長率や国際競争力に反映されるが、二〇〇二年二月からの景気回復（成長率回復）は、輸出主導によるものであり、輸出拡大は中国の急速な経済成長に起因するものであるから、構造改革の効果と評価するわけにはいかない。経済活性化の指標として、企業活動と雇用の動向を取り上げてみても、それほど顕著なプラス効果が現れたとは言えない。内閣府が二〇〇三年一一月に作成した『構造改革評価報告書――企業・雇用への改革効果の検証と「次の一手」』でも、「改革の効果は随所に表れ始めたと評価できる」としながらも、「改革は道半ばであり、その成果も国際水準からみて十分とはいえない」と書かれている。[27]

小泉内閣は、構造改革それ自身がプラスの効果をもたらすとの信念を持っていたが、その信念の正しさを保証する理論的根拠は薄弱である。そもそも、社会の経済的再生産を、全面的に市場の機能に委ねることの当否からして問われねばならない[28]。まして、歴史的に形成されてきた日本の諸制度が、すべて改革・規制緩和になじむかどうかは、慎重な検討を要する課題である[29]。小泉首相の信念は、日本をさらなる競争社会へと誘うものであったが、競争社会のなかでこれまでに失われてきたものの長いリストに、新しいものを加える結果をもたらすことになるのは確実である。それは、グローバリゼーションに、経済成長路線で立ち向かう選択をしたことの避けがたい帰結であった。

C 〈小状況場〉に規定された初期条件・課題との関連

出口の見えない平成不況への挑戦が、小泉内閣の〈小状況場〉での課題であった。財政再建を基本線として財政面からの景気刺激政策は取らない姿勢は貫かれ、構造改革政策が進められると同時に、不良債権債務関係の整理、金融再生と産業再生に力が入れられた。「骨太の方針」の具体化のために「金融再生プログラム」とその「作業工程表」が策定されて、銀行の資産査定の厳格化と早期是正措置の適用による不良債務処理、中小企業金融の円滑化の措置が実行された。全国銀行の不良債権（金融再生法開示債権）は、二〇〇一年九月末の三六・八兆円から、二〇〇六年九月末の一二・三兆円へと減少し、不良債権比率も八％台から二％台へと改善された。

この間、二〇〇三年には、りそなホールディングスへの公的資金注入による実質国有化のような事態も発生し、大銀行の財務基盤も弱体であることが示された。中小企業金融に関しては、「リレーションシップバンキング」の呼び名で、中小企業と地域金融機関の関係強化が目指され、都市銀行による中小企業向け融資商品の開発も進められた。

産業再生に関しては、一九九九年公布の産業再生法（産業活力再生特別措置法）の大幅改正が二〇〇三年に行われ、過剰供給構造の解消支援、過剰債務企業の再生支援が策定され、産業再生機構が新設された。産業再生機構は、中小企業の再生ばかりでなく、大手スーパー、ダイエーの再生も手がけることとなり、整理回収機構とともに、産業再生の実働機関として活動した。産業再生機構は、二〇〇七年三月に解散するまでの約四年間にダイエーを含む四一グループに対しての支援を行った。また、産業活力再生特別措置法による事業再構築計画の認可は二〇〇八年二月現在で一一四件、共同事業再編計画は七件、経営資源再活用計画は三一件であった。

金融再生・産業再生政策の展開は、バブル後遺症の症状改善にかなりの効果を発揮したと言えよう。金融機関が健全化の方向に向かったことは、二〇〇二年一月からの景気回復にとっては大きな前提条件になったといえるが、実態としては、景気が回復する中で金融機関の健全化が急速に進んだのであった。二〇〇二年九月の内閣改造で、金融担当大臣になった竹中平蔵が提起した金融再生プログラムは、個別金融機関が経営難や資本不足もしくはそれに類似した状況に陥った場合には、「特別支援」を発動し、日本銀行による特別融資、公的資金の投入を行うとともに、検査官を常駐的に派遣し、経営の改革と早期健全化を図り、経営者については責任の明確化を求めるなどの厳しい再生計画であった。しかし、このプログラムは、銀行業界と与野党からの強い反撥を受けて、実現するには至らず、既存の金融再生措置の継続にとどまった。これは、「銀行の強制的健全化に失敗することで不良債権問題の不作為解決をもたらした[30]」と言われるように、小泉内閣の金融健全化政策には、政治時空に規制された限界があったことを示している。

財政面から見ると、小泉内閣によって編成された二〇〇二年度予算は前年比で一般会計歳出総額で一・七%、一般歳出で二・三%の減少となり、国債発行額も公約の三〇兆円に抑えられた。しかし、二〇〇三年度以降は、歳出は再び拡大気味になり、国債発行も二〇〇三年度、二〇〇四年度と三六兆円を超えた。一九九〇年代に現れたような財政膨張の勢いは抑えられているが、社会保障関係費の増加と国債費の拡大は続くから、歳出の縮減は難しかった。政府債務（国債・借入金）残高は、二〇〇一年六月末の五五七・二兆円から二〇〇六年六月末には八二七・八兆円へと増加し、対GDP比率は一一二%から一六三%に拡大した。財政健全化政策は、成果をあげることはできなかったと見るべきであろう。

小泉内閣発足後、五ケ月たらずで九月一一日の同時多発テロ事件が発生した。これは株価下落を通して日本経済にも悪影響を与えたから小規模ながらC時空変化であった。与党内では、国債三〇兆円の枠にこだわらずに景気対策としてある程度の規模の補正予算を編成すべしと言う声が高まったが、小泉首相は、三〇兆円枠の堅持を主張して第一次補正予算を一兆円の規模に抑えた。第二次補正予算でも、国債整理基金特別会計からＮＴＴ株式売却積立分を活用することで、国債三〇兆円枠を守った。この国債発行枠へのこだわりは、財政健全化への信念にもとづくものではなく、公約を破ることが小泉政権の崩壊の引き金になることを危惧した政治的判断と言われている[31]。

景気対策として財政出動が禁じ手となるなかで、金融緩和政策は続けられ、記録的な低金利水準が維持され、量的緩和政策によってベースマネーは拡大した。しかし、資金需要自体が低迷する状況では、国債消化に向かう傾向が強く、マネーサプライ（M_2＋ＣＤ）の伸びは鈍く、金融政策の景気刺激効果は薄かった。低金利の持続は、金融機関の健全化には有効であったが、その裏側では、家計部門への利子配分を極端に低減させて消費支出を低迷させる原因のひとつにもなった。金融資産から生じる所得の配分を歪めたことは、一面では景気回復にマイナスの影響をもたらしたのである。

このような状況下での景気回復は、輸出拡大が牽引したと見ることができる。ＧＤＰの増加分に対する輸出の増加分の割合（実質・暦年）は、二〇〇一年から〇二年には五七九・六％、二〇〇二年から〇三年には五五・九％、二〇〇三年から〇四年には七一・一％であり、輸出が最大の増加要因となっている[32]。とりわけ、中国向けの輸出の拡大が著しく、中国の急成長が、日本の景気回復を促した姿になっている。小泉首相の靖国参拝が日中の政治関係を冷やしている反面で、首相が期待した景気回復が、中国によって促進されるという、ねじれた政経関係は奇妙である。小泉首相の国内の構造改革にかける意欲の強さは、その裏では、外交政策におけるアメリカ一辺倒の姿勢と通底していることが、この日中政経関係のねじれを生みだしたのである。グローバリゼーションへの対応を、内向的な政策中心に行おうとすることの限界が露呈したとも言えよう。

五　むすび

小泉内閣の政策は、従来の自民党中心の族議員間利害調整による総花的政策とはかなり異なっている。政策を、「骨太の方針」に描かれた政策群として目的別に区分けし、予算請求の際にも、政策群の中での位置づけと期待できる効果を明示した文書を提出させ、各省庁予算間の関連づけも図るなど、新しい予算編成方法を取り入れようとした。その限りでは、新鮮さを印象づけることに成功した政策手法と評価できる。とはいえ、その政策の中身は、これまで検討したように、二一世紀という新しい時代に対応するような政策意識を含むものではない。

本章のはじめに、小泉内閣の政策は、歴史的に見ると緊縮政策の系列に近いと位置づけておいたが、じつは、これまでの三つの緊縮財政と比べると、政策が目指す方向には違いがある。松方財政とドッジ・ラインは、ともにインフレーションの抑制を目指したが、小泉緊縮政策は、不況、いわゆるデフレーションからの回復を目指している。この点では、一九二〇年代不況からの回復を目指した井上財政と似ているが、井上がスパルタ的ハード・トレイニングで日本企業の国際競争力の強化、国際収支の改善を図ろうとしたのに対して、小泉緊縮政策は、構造改革による内需拡大を意図している。井上もドッジも、緊縮による内需の抑制と輸出の拡大を狙うのに対して、小泉は、内需の掘り起こしを目的とする。外貨保有高が大きく、輸出超過が続く中での平成不況であれば、小泉内閣の眼が内需に注がれるのは当然といえよう。

そもそも橋本内閣から小泉内閣へと引き継がれてきた緊縮財政の流れは、プライマリー・バランスの赤字が続いて政府債務が巨大化した実態に対するやむを得ざる政策対応であった。松方・井上・ドッジの緊縮財政が、それぞれの政策課題に対する政策手段として選択されたのに較べると、橋本・小泉の緊縮政策は財政健全化そのものが自己目的となった政策であった。財政健全化は、政府の経済活動を将来にわたって持続させる観点からも、現在世代と将来世代の負担の公平化を図る観点からも重要な政策課題である。とはいえ、小泉内閣が直面した小状況場の政策課題、不況からの回復に対しては、財政健全化は手段としての有効性は乏しい(33)。財政健全化が政策課題として掲げられはしたが、構造改革のほうに力点が置かれていたことは明らかで、小泉の政策を歴代四番目の緊縮財政と位置づけるのはミスリーディングであろう。

「骨太の方針」は、財政健全化を目標に緊縮路線を志向してはいたが、本質的には経済成長促進政策であった。構造改革によって日本経済をふたたび成長路線に戻すことができれば、税収が回復して、プライマリー・バランスを維持しながら政府債務の縮減が可能になるという筋書きである。小泉内閣の構造改革が、期待される成長刺激効果を発揮したかどうかは確定することが難しいが、現実の景気回復が輸出に先導されている事実は、日本経済が、依然として外需依存型であり、前川レポートで提起された内需主導型経済には転換していないことを示している。構造改革は、結果的には国際競争力を強化するかもしれないが、直接的には規制緩和と競争による内需拡大を目指しているのであるから、小泉内閣の政策路線と現実の景気回復の間には、ズレがあるといわざるを得ない。

小泉内閣の内需重視は、もともと戦後内閣の特質である対外政策不在、つまりはアメリカ一辺倒の対外姿勢と結びついて、小泉内閣の対外経済政策を極端に弱体化させることになった。外需依存型から抜け出せない日本経済が、その軸足を北米からアジアへと移し替えていく中で、アジアにおける日本の政治的・経済的役割を積極的に提起できないばかりか、靖国問題で日中関係を停滞させた小泉内閣は、いわば時代錯誤的ですらある。

時代錯誤はこれにとどまらない。自衛隊の海外派遣に踏み切り、憲法改正を目指す姿勢は、アメリカに歓迎されても、アジアでは受容されがたい。そもそも、軍備が不生産的な資源の浪費であり、戦争が最大の環境破壊をもたらすことは明白なのであるから、地球の資源環境問題が切迫する現代においてこそ、日本国憲法の平和主義、非武装主義理念は新しい意義を持つはずである。小泉内閣、自民党中心の憲法改正論は、現代という時代にたいする歴史認識の欠如を露呈するほかのなにものでもなかった。

そして、最大の時代錯誤は、経済成長主義そのものである。七〇億の人々が、先進国並の生活水準を実現したとすると、地球の資源は瞬時にして費消され、計り知れない環境破壊が発生するとの予測は、先進諸国を「過剰富裕化」と断じるときの馬場宏二の論拠であるが、これは否定しがたい予測である。先進諸国が過剰富裕化の度合いをさらに深める経済成長を続け、途上国がそれに倣う経済成長主義をとり続ければ、遠からず、地球資源・環境問題は、まさに限界に達するに違いない。中国の経済成長が続いただけで、石油や鉄鉱石の価格が顕著に上昇している事実は、今後起こりうる事態を端的に示唆している。

資源価格の上昇は、資源保有国と非保有国、高価格資源の購入力を持つ国と持たざる国の格差を拡大させるであろうし、一国内においても、所得格差に基づく経済的厚生の不均等を増大させるであろう。市場経済の不可避的な帰結である経済格差の拡大が、資源価格上昇でさらに増長されれば、社会的政治的不安定は、全世界的に拡大するであろう。また、大国の中からは、資源確保のために政治力を行使する動きが現れてくるに違いない。すでにして、中東へのアメリカの実力行使の背景に、石油に対する強い関心が存在していることを指摘する論者は多い。尖閣諸島近辺の東シナ海における日中の摩擦は、地下資源を原因としている。資源をめぐる国際関係の緊張の増大は、不幸な結末を招きかねない。

資源の配分を、経済成長主義を掲げる市場経済、つまり、資本主義に委ねることは、人類を破滅に導くことになる可能性が大きい。そもそも市場経済は、短期的な資源配分を最適に行う能力は備えているが、長期的な配分能力は持っていない。ネイティブ・アメリカンの部族が、木を一本切るときにもそれが七代後の世代にどのような影響を及ぼすかを考えるというように、世代を越えて公正に資源を配分することなど、市場経済ははじめから念頭に置いていない。環境破壊にしても、市場経済は、価値を持つ生産物やサービスは商品として取り扱うが、排ガス・廃熱を含むマイナスの生産物には基本的には関心を持たないから、京都議定書のような外部的強制が加わらない限り、環境破壊物質が市場による規制を受けることはない。資源にしても環境にしても、本来、市場経済によっては管理し得ない対象なのである。

現代の市場経済は、有限な資源の長期的配分と環境破壊の抑制という、自らは極めて不得意とする課題を抱え込みながら、本性としての経済成長主義を捨てようとはしない。その課題に対する解決策はあるのかと問われても、いまのところ明確な回答は出していない。あるいは、市場に任せておけば、資源価格の上昇が、新しい代替資源の開発を促進することによって問題を解決するとか、環境維持というニーズが強まれば、それに対しての企業の対応が、無公害・低公害の生産システムや商品の開発として現れ、また環境会計の社会的評価も重視されるようになって環境破壊は抑制されるとかの回答が予定されているのかもしれない。しかし、代替資源にしても、地球に優しい生産システム・商品にしても、現代の自然科学は、まだ、それらを実現させるだけの能力を備えているわけではない。未来に無限の可能性を求めたい気持ちは理解できるにしても、現有の力量を見極めないことには、現実的対応はできない。やはり、この際は、自然科学の実力と、地球の環境・資源の有限性を冷静に見定めて、経済成長主義一本槍の発想を再考すべきであろう。

いささか皮肉な見方をすれば、資源費消と環境破壊が進めば、資源価格の高騰や人間生活の劣化によって、経済成長は自ずから不可能になるから、市場経済に任せておいても大丈夫ということになるかもしれない。かつて、オイルショックによってスタグフレーションが蔓延したように、資源価格それ自体が、経済成長を不可能にする要因として作用する可能性は確かにあり得る。しかし、その時には、残された資源をめぐってのおぞましい争いが繰り広げられるに違いない。その時を座して待つのは、あまりにも無責任であり、ホモ・サピエンスの名に恥じる選択ではなかろうか。

経済成長主義から脱却することこそが、二一世紀に課された大きな課題なのである。市場経済、資本主義が、本質的に経済成長主義とは決別できないのであれば、われわれは、新しい経済社会を構想しなければならない。ヨーロッパの社会的市場経済や中国の社会主義市場経済も、新しい挑戦なのかもしれないが、経済成長主義を捨てきれない限りでは、期待すべき経済社会とは言えない。

新しい経済社会のイメージをここで示すことはできないが、ひとまず、第二章・第三章で提起した資本主義の歴史的特性理解からすれば、新しい経済社会が持つべき基本的特性は次の三点となるであろう。

第一は、平等原則を軸とする新しい共同体が内包されていること。

第二は、社会的余剰の形成とその配分を社会的に規制するシステムを内包すること。

第三は、社会的再生産の調整を市場に全面依存するのではなく、社会的に調整するシステムを内包すること。

このような特性を持つ社会は、経済成長を目標としなくても存続することができる社会となり得る。そこでは、失業と飢餓の恐怖に駆り立てられながら経済成長への競争を展開するかわりに、乏しさを分かち合う共同存在意識を形成することで、人々は和やかに生活できる。あるいは、記号論的消費の誘惑を退けながら、釈尊が示した「吾唯知足」の欲求基準[34]に従うことで、人々は充実した生活を楽しむことができる。そして、人類以外の生物を含めて他者を排除する独善性を捨てて、生命の本質理解に基づく「共生」関係を育むことで、人々は〈超状況場〉に流れる時間の限りを、人類として生きることができる。

経済成長主義、市場経済、資本主義の「悪魔の碾き臼」（K・ポラニー）から逃れることは、思われているほど難しいことではない。必要なのは、ただ、われわれが決断することだけではないのか？

(1) 小泉首相のこのような政治手法が可能となった要因は、一九九四年に制度化されて九六年総選挙から実施された小選挙区比例代表並立制と一九九九年・二〇〇一年に行われた行政改革にあると指摘されている。派閥の役割が低下して党首の自律性が高まり、内閣府の政策権限が強化されたことが、小泉流を出現させたといわれる。樋渡展洋「政治転回・小泉政権の意味」東京大学社会科学研究所編『「失われた一〇年」を超えて　二　小泉改革への時代』、二〇〇六年、東京大学出版会。上川龍之進『小泉改革の政治学――小泉純一郎は本当に「強い首相」だったのか』二〇一〇年、東洋経済新報社。

（2）「過剰富裕化」とは馬場宏二の造語である。まず「富裕化」という用語が使われ（『現代資本主義の透視』一九八一年、東京大学出版会）、のちに「過剰富裕化」という用語に代わった（『富裕化と金融資本』一九八六年、ミネルヴァ書房）。はじめは「窮乏化」理論への批判として「富裕化」論が提起され、やがてそれが、資源浪費・環境破壊をもたらす資本主義批判のキーワード「過剰富裕化」となった。過剰富裕化論については、戸塚茂雄の「過剰富裕化論と統計指標」（青森大学『研究紀要』第二六巻第三号、二〇〇四年二月）と「素描・過剰富裕化の中の貧困」（青森大学付属産業研究所『研究年報』第二七巻第一号、二〇〇四年九月）で検討されている。

（3）経済に及ぼす「自然」の影響については、アジア的生産様式をめぐる論議をはじめとして、研究史は古くまで遡る。近年では、社会経済史学会の研究史レビュー『社会経済史学の課題と展望』（同学会編、二〇〇二年、有斐閣）でもグローバル・ヒストリーへの「環境史からの接近」と題する編別に四つの章が設けられている。簡略には、石弘之・安田喜憲・湯浅赳男『環境と文明の世界史――人類史二〇万年の興亡を環境史から学ぶ』二〇〇一年、洋泉社。

（4）Richard G. Wilkinson, *Poverty and Progress*, 1973, Methuen & Co. R・G・ウィルキンソン著、斎藤修・安元稔・西川俊作訳『経済発展の生態学――貧困と進歩』一九七五年、筑摩書房。

（5）Rachel L. Carson, *Silent spring*, 1962 Houghton Mifflin Co. レイチェル・カーソン著、青樹簗一訳『生と死の妙薬――自然均衡の破壊者科学薬品』一九六四年、改題『沈黙の春』一九七四年、新潮社。

（6）Donella H. Meadows, Dennis L. Meadows, Jorgen Randers, William W. Behrens III, *The Limits to Growth*, 1972 Universe Books. ドネラ・H・メドウズほか著、大来佐武郎監訳『成長の限界――ローマ・クラブ「人類の危機」レポート』一九七二年、ダイヤモンド社。

（7）Donella H. Meadows, Dennis L. Meadows, Jorgen Randers, *Beyond the Limits*, 1992 Chelsea Green Publishing. ドネラ・H・メドウズほか著、松橋隆治・村井昌子訳、茅陽一監訳『限界を超えて』一九九二年、ダイヤモンド社。さらに、著者たちは、二〇〇四年に *The Limits to Growth: The 30-year Update*, Earthscan を公刊した（ドネラ・H・メドウズ、デニス・L・メドウズ、ヨルゲン・ランダース著、枝廣淳子訳『成長の限界――人類の選択』二〇〇五年、ダイヤモンド社）。

（8）「持続可能な成長」は、一九八七年の国連・環境と開発に関する世界委員会の報告で用いられた「持続可能な発展（sustainable development）」が政治家によって誤用された用語といわれる（一九九五年一二月一五日日本総合研究所開催のシンポジウムにおけるニール・メイヤー（Niels Meyer）デンマーク工科大学教授の発言、http://www.jri.co.jp/JRR/1996/199603/JRR199603sy-energy.html 二〇〇八年三月閲覧)。

(9) 室田武『マイナス成長の経済学』一九八七年、農山漁村文化協会。佐伯啓思『成長経済の終焉――資本主義の限界と「豊かさ」の再定義』二〇〇三年、ダイヤモンド社。月尾嘉男『縮小文明の展望――千年の彼方を目指して』二〇〇三年、東京大学出版会。馬場宏二は先進諸国の生活水準の三分の二切り下げを提起している(『新資本主義論――視角転換の経済学』一九九七年、名古屋大学出版会)。

(10) 加藤榮一「二十世紀福祉国家の形成と解体」加藤榮一・馬場宏二・三和良一編『資本主義はどこに行くのか――二十世紀資本主義の終焉』二〇〇四年、東京大学出版会、参照(特に、同書、九〇―一〇三頁)。

(11) 「社会保障費 国際比較基礎データ」(『海外社会保障情報(研究)』No.123 Summer 1998)による。

(12) 財務省統計、http://www.mof.go.jp/jouhou/syukei/siryou/sy1608n.pdf(二〇〇八年三月閲覧)。http://www.mof.go.jp/tax_policy/summary/condition/019.htm(二〇一二年三月閲覧)。

(13) 小泉内閣の政策決定過程については、前掲樋渡展洋「政治転回・小泉政権の意味」、上川龍之進『小泉改革の政治学――小泉純一郎は本当に「強い首相」だったのか』のほかに、御厨貴『ニヒリズムの宰相 小泉純一郎論』(二〇〇六年、PHP研究所)、大嶽秀夫『小泉純一郎 ポピュリズムの研究――その戦略と手法』(二〇〇六年、東洋経済新報社)、内山融『小泉政権』(二〇〇七年、中央公論新社)などで分析されている。

(14) 首相官邸ウェブサイト、内閣総理大臣談話(平成一三年四月二六日)http://www.kantei.go.jp/jp/koizumispeech/2001/0426danwa.html(二〇一二年三月閲覧)。

(15) 経済財政諮問会議ウェブサイト(http://www5.cao.go.jp/keizai-shimon/index.html)による。この「骨太の方針」は、経済財政諮問会議(二〇〇一年一月設置)が六月に答申したものである。会議構成員は、小泉首相議長以下、福田康夫・内閣官房長官、竹中平蔵・経済財政政策担当大臣、片山虎之助・総務大臣、塩川正十郎・財務大臣、平沼赳夫・経済産業大臣、速水優・日銀総裁、牛尾治朗・ウシオ電機会長、奥田碩・トヨタ自動車会長、本間正明・阪大教授、吉川洋・東大教授で、適宜、臨時議員(大臣)も加わった。森内閣時代の経済財政諮問会議では個別的な政策議論が行われたに過ぎなかったが、小泉首相は、総合的な政策提案を求め、竹中経済財政相が中心になって答申をとりまとめた。五月の第八回会議に提案され六月の第一一回会議で決定されるまでの討議の過程は、公開された「議事要旨」で追うことができ、竹中経済財政相のイニシアティブが強いことがわかる。

(16) 経済財政諮問会議(二〇〇一年六月二一日、第一一回)における発言。

(17) 各文書は、経済財政諮問会議ウェブサイトによる。

(18) 橘木俊詔『日本の経済格差――所得と資産から考える』一九九八年、岩波書店。

(19) 勇上和史「日本の所得格差をどうみるか」二〇〇三年、日本労働研究機構労働政策レポート、第三巻 http://www.jil.go.jp/institute/rodo/documents/report3.pdf（二〇一二年六月閲覧）。大竹文雄『日本の不平等――格差社会の幻想と未来』二〇〇五年、日本経済新聞社。

(20) 郵政民営化に関しては、郵便貯金を中心として、制度改革をめぐっての長い政策議論の積み重ねがあった。小泉政権は、この歴史的経緯を踏まえることなく郵政民営化を政治スローガン化して押し通した。従来の政策議論のなかで指摘されてきた論点を明確に処理することなく、新制度設計が行われたのであるから、積み残された課題が多い。歴史的経緯を前提としながら小泉改革を分析した研究としては、伊藤真利子『郵政民営化と郵便貯金――小泉改革の歴史的前提』（青山学院大学大学院総合文化政策学研究科博士論文、二〇一一年度学位授与）がすぐれている。

(21) 経済財政諮問会議ウェブサイトによる。

(22) 首相官邸ウェブサイトによる http://www.kantei.go.jp/jp/singi/kisei/tousin/021212/index.html（二〇一二年三月閲覧）。

労働の規制緩和については、最初の「骨太の方針」（二〇〇一年六月）第一章「構造改革と経済の活性化（三　経済の再生）」のなかで「医療、労働、教育、環境等の分野での規制改革は、サービス部門における今後の雇用創出のためにも重要である。本年発足した総合規制改革会議における、これらの重点検討分野の検討が期待される。」と明記された。さらに、「労働市場の構造改革」の項では、「円滑な労働移動が促進され、労働力の再配置が円滑に実現するように環境整備を進める必要がある。」として、①自発的な能力開発の支援、②派遣、有期雇用、裁量労働、フレックス就業等の多様な就労形態を選択することが可能になるような制度改革、③キャリア・カウンセリングの充実と職業訓練の円滑化などが重要であると指摘されていた。

(23) この日本版「労働市場の柔軟化」では、ヨーロッパで試みられているフレキシキュリティ（flexicurity：柔軟性 flexibility と安定性 security の合成語）を実現する政策とは異なって、security への配慮は欠落している。二〇一〇年にOECDが刊行した *Activation Policies in Japan*（OECD Social, Employment and Migration Working Papers, No.113. OECD編著、濱口桂一郎訳『日本の労働市場改革――OECDアクティベーション政策レビュー　日本』二〇一一年、明石書店）では、日本では積極的労働市場プログラムへの取り組みが鈍く、関連支出の規模（GDP比）は、OECD平均の約三分の一であると指摘している（訳書三四―三五頁）。

(24) 厚生労働省『平成二二年版　労働経済の分析』付表による。各年一～三月平均値。http://www.mhlw.go.jp/wp/hakusyo/roudou/10/dl/05-1.pdf（二〇一二年三月閲覧）。

(25) 二〇〇二年からの景気回復過程で、企業利潤率は上昇して二〇〇六年度には売上高経常利益率が三・五％と高度成長期にも達成できなかった高水準を実現したが、国民所得中の雇用者報酬は二〇〇二年から二〇〇四年まで減少を続けたのである。三和良一『概説日本経済史　近現代（第三版）』（二〇一二年、東京大学出版会）二三二頁、図一八－一参照。

(26) 以下のアメリカ政府文書は、在日米国大使館のウェブサイト（http://Tokyo.usembassy.gov）による。

(27) 内閣府編『構造改革評価報告書――企業・雇用への改革効果の検証と「次の一手」』二〇〇四年、国立印刷局、八五頁。これは、タスクフォース委員（香西泰座長、他六名）の評価と内閣府の検証をもとに内閣府が編集し、二〇〇三年一一月に経済財政諮問会議に提出された報告書である。

(28) たとえば、日本の事例として、金融市場の機能不全が報告されている。一九九八年から一九九九年にかけて、金融機関による選択的融資行動の結果として、生産性の低い企業が存続して、生産性が高い企業が倒産するという現象が発生したというのである（西村清彦・中島隆信「失われた市場の淘汰機能」日本経済新聞二〇〇三年四月一七日朝刊）。バブル後遺症に冒された金融機関が異常な融資行動を行った結果ではあるが、金融市場が正常に機能しないケースも生じるわけである。

(29) 小泉改革以前であるが、大規模小売店舗法（一九七三年制定）がアメリカからの市場開放要求に押されて緩和から廃止（二〇〇〇年）に追い込まれ、地方商店街の衰退に拍車がかけられた事実を想起すべきである。

(30) 樋渡展洋「長期経済停滞下の財政運営と銀行部門再建」前掲、東京大学社会科学研究所編『「失われた一〇年」を超えて　二　小泉改革への時代』、一八五頁。

(31) 上川龍之進、前掲『小泉改革の政治学――小泉純一郎は本当に「強い首相」だったのか』第四章「官邸主導の予算編成はどこまで実現したのか――予算編成の政治学」。

(32) 内閣府社会経済総合研究所、国民経済計算時系列表による実質・暦年確定値。数値は、（当年輸出額－前年輸出額）÷（当年GDP－前年GDP）×一〇〇で計算。各年のGDP成長率＝（当年GDP－前年GDP）÷前年GDP×一〇〇は、二〇〇二年が〇・一三％、〇三年が一・七八％、〇四年が二・三〇％である。

(33) 財政健全化によって、国債への信用が高まって長期金利が低位に安定して景気を下支えする効果が期待できるし、社会保障制度が安定化すれば現在の所得を現在の消費にまわす消費者行動（消費性向の上昇）によって国内市場が拡大する可能性はあるが、短期的には、国民負担（税と社会保障負担）が増えて、可処分所得を圧迫する効果が出る。

(34) 三和良一「当前全球危機背后的真正危機（The Real Crisis behind the Current Global Crisis）」南開大学世界近現代史研究中心

『世界近現代史研究』第六輯、二〇〇九年、中国社会科学出版社。

あとがき

青山学院大学を退職する際に、卒業論文として『日本近代の経済政策史的研究』（二〇〇二年、日本経済評論社）、『戦間期日本の経済政策史的研究』（二〇〇三年、東京大学出版会）、『日本占領の経済政策史的研究』（二〇〇二年、日本経済評論社）の三冊を上梓したが、経済政策史の方法論については「その後の論文と合わせて別に一書にまとめたい」（『戦間期日本』「あとがき」）との願望を持っていた。本書は、その願望を実現する作品である。当初は、既発表論文の集成として刊行しようと思ったが、学術書出版事情の厳しさから難しかった。東京大学出版会の黒田拓也氏に相談したところ、論文集原稿を検討の上で、新しいかたちでの刊行を勧告してくださった。論文集では、頁数が多く、論点も不明確になるから、旧稿を整理した上で、経済政策史方法論に基づく現代の経済政策分析を追加すると、興味深いのではないかとのご提案であった。

黒田提案に添うべく旧稿整理と現代の緊縮政策として小泉内閣の政策検討を行った。小泉内閣の政策検討はあまり自信がないが、結果としては、提起したい論点が明確になった書物が誕生したと思っている。旧稿との関連は、次の通りである。

第一章　「経済政策史の可能性」（『経済政策と産業』年報・近代日本研究一三、一九九一年、山川出版社）の一部。「経済史の可能性——歴史時間試論」（一九九二年、『青山経済論集』第四四巻第三号）の一部。

第二章　「経済史の可能性——歴史時間試論」（同上）の一部。「資本主義の発展段階——経済史学からの接近」（二〇〇四年、加藤榮一・馬場宏二・三和良一編『資本

主義はどこに行くのか』東京大学出版会）の一部
第三章　「資本主義の発展段階——経済史学からの接近」（同上）の一部。
第四章　下記三論文の再編成。
「経済政策の比較史的研究の方法について」（田島恵児教授と共同執筆。一九七七年、『青山経済論集』第二九巻第一号）。
「近代日本の政策決定機構の変遷」（一九九三年、『経済成長と経済政策』経済研究センター研究叢書第一号、青山学院大学総合研究所）。
「経済政策史のケース・スタディ——松方財政」（二〇〇二年、『青山経済論集』第五四巻第三号）。
第五章　「経済政策史のケース・スタディ——松方財政」（同上）の改訂稿。
第六章　「経済政策史のケース・スタディ——井上財政」（二〇〇三年、『青山経済論集』第五四巻第四号）の一部省略。
第七章　「経済政策史のケース・スタディ——ドッジ・ライン」（二〇〇四年、『青山経済論集』第五五巻第四号）の一部省略。
第八章　新稿。

論文集に入れるつもりで、本書には収容しなかった論文は、下記二点である。
「宇野発展段階論の可能性——馬場宏二説と加藤榮一説の検討を通して」（二〇〇〇年、『青山経済論集』第五一巻第四号）
「資本主義経済は何故速く成長するのか——「資本主義は何なのか」」（二〇〇一年、『青山経済論集』第五三巻

第二号）

経済政策史の方法論を考え始めたきっかけは、故安藤良雄先生が主宰された共同研究「日本経済政策史の総合的研究」（一九七〇・七一年）に参加したことであったが、ややまとまった着想を得たのは、「金解禁政策決定過程における利害意識」（一九七四年、『青山経済論集』第二六巻第一・二・三合併号。『戦間期日本の経済政策史的研究』第七章）を書いたときであり、それを仮説として提起したのは「経済政策の比較史的研究の方法について」（一九七七年、前出）であった。政策過程を、政策提起局面、政策決定局面、政策実施局面に分けて、経済的基礎過程に規定された諸階級・諸階層の利害状況から利害意識が形成され、そこから政策が提起され、政策主体が政策目的・政策手段を選択し、政策が実施され、それが経済的基礎過程に影響を及ぼすまでを分析するという方法仮説である。その後、『日本近代の経済政策史的研究』と『戦間期日本の経済政策史的研究』に収録した経済政策史関連のいくつかの論文を書いたが、この方法仮説を十分に援用できたとは思っていない。

阿部武司氏と一緒に『年報　近代日本研究一三　経済政策と産業』（一九九一年、山川出版社）を編集した時に、「経済政策史の可能性」を書いた。ここでは、まず、経済という人間行為が、他の政治・社会・文化という人間行為とどのような関係にあるのかを考えてみた。人間科学が、精密化するとともに専門領域が細分化されすぎて、相互の交流が難しくなり、現代が直面する人類史的課題に総合的・科学的に対処することができていないという現状をなんとか打開する糸口を見いだしたいと考えての、ささやかな試みであった。人間行為の分節化はなかなかの難題であるが、経済行為を分節化することで、特に、政治行為との関連が深い経済政策を分析する方法の深化が可能になると期待しての作業である。

長年、公私にわたってご指導いただいた青山学院大学の田島恵児先生の名誉教授記念号には、「経済史の可能性」（一九九二年、前出）を寄せた。人間行為の分節化仮説を前提に、経済行為が展開する〈場〉、つまり空間と時間の性質を確認する作業を、歴史時間論として考えてみた。人間が生きる〈場〉を、身体的個が生きる時空、人類が生きる時空、生命体が生きる時空、地球・宇宙が存在する時空の四つに区分し、個人はこの四つの〈場〉を生きるとおおまかに考えた。そのうえで、経済行為もこの四つの〈場〉で生起するものとしながら、歴史的分析に便利なように、個人が当面する〈小状況場〉、特定の経済的構成が段階的に変化する〈中状況場〉、人類史のなかで経済的構成が変遷する〈大状況場〉、そして経済行為を可能にする生命・地球・宇宙的な〈超状況場〉の四つの〈状況場〉を仮設した。そして、人類史に現れた社会の経済的構成（社会構成体）、〈大状況場〉を、共同体（その類型・有無、一般的には人間と生産手段との関係）、支配（社会的余剰の生産と配分の仕組み）、再生産の調整機構の三位相から類別する方法を提起した。この類別法は、放送大学の印刷教材として『近代日本経済史』（一九八四年、放送大学教育振興会、のち『概説日本経済史　近現代』東京大学出版会）を書いた時から、資本主義を歴史社会として特定する方法として用いているものである。さらに、この三位相から、資本主義の発展段階、〈中状況場〉を区分する仮説を提起し、段階区分としては宇野経済学の区分に重なるが、区分法が異なることを主張しておいた。

この「経済史の可能性」に対しては、山之内靖氏から、前半は面白いが、資本主義段階区分で宇野経済学に依拠するのは興醒めだとの批判をいただいた。宇野経済学とは違う区分法を提起したつもりであったが、三位相からの段階的特徴を並列的に書いたので、意図するところが伝わらなかったと反省し、機会があれば、時系列的な記述を再提示したいと思っていた。

一九九三年には、青山学院大学総合研究所の研究プロジェクトの一環として、「近代日本の政策決定機構の変遷」（前出）を書いた。「経済政策の比較史的研究の方法について」（一九七七年）では、アレクサンダー・ハミルトンと松方正義の比較研究を念頭に方法論を考えたので、政策決定局面の捉え方に資本主義初期という時代性が付着していたから、この部分を改めてどの時代にも適用できるモデルを考案した。経済主体をアクター、政策決定の場をアリーナと規定する政治学の方法を援用しながら、政策決定過程が見えやすく公開度の高い場と秘匿性が高く見えにくい場とを区分して、前者をアリーナ、後者をオフ・アリーナと呼ぶことにした。オフ・アリーナは、オフ・ステージ（舞台裏）に倣った造語である。思想性・価値意識・利害意識など政策主体の内面まで分析対象に加えようという狙いである。新しい方法モデルを作った頃から、経済学部長職などでの過労が重なって体調を崩し、しばらく研究活動から離れざるをえなくなった。

幸いに多くの方々からの暖かいご支援に支えられて研究に復帰することができたので、方法論検討の一環として宇野経済学の新しい展開を進めている馬場宏二・加藤榮一両氏の発展段階論を跡づける学説整理作業を試みた（「宇野発展段階論の可能性——馬場宏二説と加藤榮一説の検討を通して」二〇〇〇年、前出）。両氏の手で、それぞれに独自の視角から宇野発展段階論が洗練されてきたことを明らかにしながら、それとは異なる私の三位相からの区分法も有用性を主張できることを確認した。二〇〇一年の「資本主義経済は何故速く成長するのか——「資本主義は何なのか」」（前出）は、南開大学日本研究中心（現南開大学日本研究院）の楊棟梁所長からの依頼で同中心の紀要『日本研究論集』（二〇〇一年、天津人民出版社）に寄稿したエッセイの日本語版である。中国の市場経済化のあまりの速さに驚きながら、資本主義の経済成長体質の歴史的特性と限界を描くことによって、中国の路線選択に慎重さを求める意図での小論で、市場経済化批判を内包していたから公表の適否をやや危惧したが、楊教授（現在は、南開大学歴史学院院長・南開大学世界近現代史研究中心所長）の決断で紀要に収録された。資本主義の成長体質を三位相からの〈大状況場〉区分法によって説明したものであり、本書第二章と重なる部分があるので収録しなかったが、補論的な関係を持つ小論である。

長い青山学院大学での研究生活の締め括りに書いたのが、日本の代表的な緊縮政策、松方財政、井上財政、ドッジ・ラインを対象とした経済政策史のケース・スタディ三部作である。方法論としては、「近代日本の政策決定機構の変遷」の新モデルを用い、さらに、「経済政策の比較史的研究の方法について」では一般的に「経済的基礎過程」とした政策の形成基盤を、「経済史の可能性」で提起した三つないし四つの〈状況場〉に区分する方法に換えた。〈状況場〉に規定された、政策の初期条件と課題を明らかにしたうえで、政策決定過程を解明し、さらに、その課題に照らしての政策の評価を行うという分析パターンを採用した。

また同じく青山学院大学での最後の共同研究として、加藤榮一・馬場宏二両氏にご参加いただき、同僚の杉浦勢之・田野慶子（故人）・平出尚道三氏、卒業生の上田章・林敦夫・斎藤滝子・多田祐希子・雲大津・杉山裕諸氏らとともに研究プロジェクト「資本主義はどこに行くか　Quo Vadis, Capitalism?」を進め、『資本主義はどこに行くのか』（二〇〇四年、東京大学出版会）を刊行し、「資本主義の発展段階――経済史学からの接近」を載せた。三位相から、資本主義の発展段階、〈中状況場〉を区分する作業で、「経済史の可能性」では説明不足に終わっていた三位相区分法を、時系列的な記述によって明確にしようという試みである。

以上のような経済史・経済政策史の方法論的な検討作業と、それを適用したケース・スタディから生まれたのが本書である。大学・大学院時代から、故安藤良雄先生、故山口和雄先生をはじめとして、数多くの先輩・学友・同僚の方々からのご教導・ご教示を賜りながら、研究生活を続け、喜寿を迎えて本書を纏めることができた。皆様の学恩に報いるにはいささかささやかな作品ではあるが、ここに厚く感謝申し上げたい。

特に、方法論に関して多くを負うのは、今は亡き三人の研究者、大内力先生と加藤榮一、馬場宏二両氏である。大内先生には直接ご指導いただく機会はなかったが、著作を通じてご教示いただいたものは極めて大きい。加藤・馬場両氏は、東大大学院時代から常に知的刺激を与えてくれる学友であり、また、いわば、資本主義批判の戦友である。お三方からの鋭い批判を本書に期待することができないことはあまりにも悲しいが、残された者として、なおしばらくは戦いを続けることを誓いながら、本書を捧げたい。

方法論を扱った本書の刊行で、経済政策史研究論文集は、四部作として完結した。これに財閥解体研究（『昭和財政史――終戦から講和まで』第二巻「独占禁止」、一九八二年、東洋経済新報社）、通産政策史研究（『通商産業政策史』一・二、所収論文、一九九一・一九九四年、通商産業調査会）、海運史研究（『占領期の日本海運』一九九二年、日本経済評論社、等）を加えたものが、ここまでの研究生活の産物である。

ここで、研究生活を物心両面で支え続けてくれた妻恵子への感謝を記しておきたい。東京で孤児院を運営した社会事業家を両親とし、貧乏学者と結婚した恵子は、「過剰富裕化」とは異質な生活を守った（正確には、守らざるを得なかった）。この生活は、現代社会を批判する知的営為にとっては、まさに管制高地ともいうべき環境であり、それを貫くことによって、恵子は私の研究を支えてくれた。私の研究になにがしかの意義があるとすれば、それは恵子との協業の成果である。

さて、残された時間には、いままで前提条件・所与のものとして解析を加えてこなかった、人間の欲望、個的アイデンティティ維持機構、社会関係維持機構から国家にいたるまでの、経済行為にかかわる要因について考えを重ね、さらには、歴史における偶然と必然の問題にも取り組んでみたい。すべては、「限界を超えた」現代社会が直面する人類史的危機への対応の道を探るための営為と考えている。

困難な出版事情の中、出版助成を持たない本書の刊行を引き受けてくださった東京大学出版会、特に、内容構成にいたるまで助言してくださった黒田拓也氏と陰で支えてくださった大江治一郎氏、刊行企画と制作を進めてくださった大矢宗樹氏には、心から御礼申し上げたい。

二〇一二年七月

三和良一

三和良一著	概説日本経済史 近現代	第三版	A5	二五〇〇円
加藤榮一・馬場宏二・三和良一編	資本主義はどこに行くのか 二十世紀資本主義の終焉		A5	三八〇〇円
三和良一・原朗編	近現代日本経済史要覧	補訂版	B5	二八〇〇円
石井寛治著	日本経済史	第二版	A5	二八〇〇円
橋本寿朗著	大恐慌期の日本資本主義		A5	五八〇〇円
大石嘉一郎著	日本資本主義百年の歩み 安政の開国から戦後改革まで		四六	二六〇〇円
石井寛治・原朗・武田晴人編	日本経済史	全六巻	A5	四八〇〇～五八〇〇円

ここに表示された価格は本体価格です．御購入の際には消費税が加算されますので御了承下さい．

著者略歴
1935年　東京に生れる．
1963年　東京大学大学院社会科学研究科
　　　　博士課程修了．
現　在　南開大学・海南大学客員教授，青山学院大
　　　　学名誉教授．

主要著書
『昭和財政史　終戦－講和　2独占禁止』（1982年，大蔵省財政史室編，東洋経済新報社）
『占領期の日本海運』（1992年，日本経済評論社）
『日本占領の経済政策史的研究』（2002年，日本経済評論社）
『日本近代の経済政策史的研究』（2002年，日本経済評論社）
『戦間期日本の経済政策史的研究』（2003年，東京大学出版会）
『資本主義はどこに行くのか――二十世紀資本主義の終焉』（共編，2004年，東京大学出版会）
『近現代日本経済史要覧』（補訂版）（共編，2010年，東京大学出版会）
『概説日本経済史　近現代』（第3版）（2012年，東京大学出版会）

経済政策史の方法――緊縮財政の系譜

2012年9月20日　初　版

［検印廃止］

著　者　三《み》和《わ》良一《りよういち》

発行所　財団法人　東京大学出版会
　　　　代 表 者　渡辺　浩
　　　　113-8654 東京都文京区本郷7-3-1 東大構内
　　　　http://www.utp.or.jp/
　　　　電話 03-3811-8814　Fax 03-3812-6958
　　　　振替 00160-6-59964

印刷所　大日本法令印刷株式会社
製本所　牧製本印刷株式会社

ISBN 978-4-13-040256-9　Printed in Japan

人名索引

ア 行

カ 行

サ 行

タ 行

ナ 行

ハ 行

マ　行

ヤ　行

ラ 行

ワ 行

事項索引

カ 行

サ 行

タ 行

ナ　行

ヤ 行

ラ 行

ワ 行